中传学者文库编委会

主　任： 廖祥忠　张树庭

副主任： 蔺海波　李　众　刘守训　李新军　王　晖
　　　　　杨　懿　柴剑平

成　员（按姓氏笔画排序）：

王廷信　王栋晗　王晓红　王　雷　文春英
龙小农　付　龙　叶　龙　刘东建　刘剑波
任孟山　李怀亮　李　舒　张绍华　张　晶
张根兴　张毓强　林卫国　郑　月　金　炜
金雪涛　周建新　庞　亮　赵新利　徐红梅
贾秀清　高晓虹　隋　岩　喻　梅　熊澄宇

中传学者文库
1954-2024

主编／柴剑平　执行主编／龙小农　副主编／张毓强　周建新

传播·关系·建构

李智自选集

李智 著

中国传媒大学出版社
·北京·

图书在版编目（CIP）数据

传播·关系·建构：李智自选集 / 李智著. -- 北京：中国传媒大学出版社，2024.8.

（中传学者文库 / 柴剑平主编）.

ISBN 978-7-5657-3709-1

Ⅰ. G206-53

中国国家版本馆 CIP 数据核字第 2024H3D498 号

传播·关系·建构：李智自选集
CHUANBO · GUANXI · JIANGOU: LI ZHI ZIXUANJI

著　　者	李　智
责任编辑	温晓芳
封面设计	锋尚设计
责任印制	李志鹏

出版发行	中国传媒大学出版社			
社　　址	北京市朝阳区定福庄东街 1 号	**邮　　编**	100024	
电　　话	86-10-65450528　65450532	**传　　真**	65779405	
网　　址	http://cucp.cuc.edu.cn			
经　　销	全国新华书店			
印　　刷	北京中科印刷有限公司			
开　　本	710mm×1000mm　1/16			
印　　张	17.25			
字　　数	265 千字			
版　　次	2024 年 8 月第 1 版			
印　　次	2024 年 8 月第 1 次印刷			
书　　号	ISBN 978-7-5657-3709-1/G · 3709	**定　　价**	85.00 元	

本社法律顾问：北京嘉润律师事务所　郭建平

总　序

　　媒介是人类社会交流和传播的基本工具。从口语时代到印刷时代，再经电子时代至今天的数智时代，媒介形态加速演变、融合程度深入发展，媒介已然成为现代社会运行的基础设施和操作系统。今天，人类已经迈入媒介社会，万物皆媒、人人皆媒，无媒介不社会、无传播不治理。今天，无论我们怎么用力于信息传播的研究、怎么重视信息传播人才的培养都不为过。

　　中国传媒大学（其前身为北京广播学院）作为新中国第一所信息传播类院校，自1954年创建伊始，即与媒介形态演变合律同拍、与国家发展同频共振，努力探索中国特色信息传播人才培养模式、构建中国信息传播类学科自主知识体系，执信息传播人才培养之牛耳、发信息传播研究之先声，被誉为"中国广播电视及传媒人才摇篮""信息传播领域知名学府"。

　　追溯中传肇始发轫之起源、瞩望中传砥砺跨越之未来，可谓创业维艰而其命维新。昔日中传因广播而起，因电视而兴，因网络而盛，今天和未来必乘风破浪、蓄势而上，因人工智能而强。在这期间，每一种媒介兴起，中传均吸引一批志于学、问于道、勤于术的

学者汇聚于此,切磋学术、传道授业,立时代之潮头,回应社会需求,成为学界翘楚、行业中坚,遂有今日中传学术研究之森然气象,已历七秩而弦歌不断,将传百世亦风华正茂。

自新时代以来,中传坚守为党育人、为国育才初心,励精图治、勠力前行,秉承"系统治理、创新图强、交叉融合、特色发展"的办学理念,牢牢把握高等教育发展大势、传媒业态发展趋势,瞄准"智能传媒"和"国际一流"两大主攻方向,以世界为坐标、以未来为向度,完成了全面布局和系统升级,正在蹄疾步稳、高质量推动学校从传统高等教育向未来高等教育跨越、从传统传媒教育向智能传媒教育跨越、从国内一流向世界一流跨越,全力建设中国特色、世界一流传媒大学。

中国特色、世界一流,在于有大先生扎根中国大地,汇聚古今、融通中外;在于有大先生执教黉门,学高为师、身正为范;在于有大先生躬耕杏坛,敦品积学、启智润心。习近平总书记更强调,高校教师要立志成为大先生,在教书育人和科研创新上不断创造新业绩。中传广大教师素来以做大先生为毕生职志,努力成为新时代"经师"与"人师"的统一者,做真学问、立高品行,践履"立德树人"使命。

2024岁在甲辰,欣逢中传建校 70 华诞,学校特邀约部分学者钩玄勒要、增删批阅,遴选已公开刊发的论文汇编成集,出版"中传学者文库",意在呈现学校在学科建设、科学研究、服务行业实践等方面的最新成果,赓续中传文脉,谱写时代新声。

文库汇聚老中青三代学者,资深学者渊渟岳峙、阐幽抉微;中年学者沉潜蓄势、厚积薄发;青年学者踌躇满志、未来可期。文库与五十周年校庆所出版的"北广学者文库"相承接,大致可勾勒中传知识生产薪火相传、三代辉映之概貌，反映中传在构建中国特色新闻传播类、传媒艺术类、传媒技术类学科体系、学术体系和话语体系方面的耕耘与收获，窥见中国特色信息传播类学科知识体系构建的发展脉络与轨迹。

这一构建过程，虽筚路蓝缕，却步履铿锵；虽垦荒拓野，亦四方辐辏。一批肇始于中传，交叉融合、具有中国特色的学科，如播音主持艺术学、广播电视艺术学、传媒艺术学、数字媒体艺术学、政治传播学等，从涓涓细流汇入滔滔江河，从中传走向全国，展现了中传学者构建中国自主知识体系的学术想象力和创新力。文库展示的虽然是历史，实则是呈现今天；看似是总结过去，实则是召唤未来。与其说这套文库的出版，是对既有学术成果的展示，毋宁说是对未来学术创新的邀约。

回首过往，七秩芳华。我们深知，唯有将马克思主义基本原理与中华优秀传统文化相结合，才能推动中华学术创造性转化和创新性发展，推动中国自主知识体系的构建。我们深知，唯有准确把握媒介形态演变的脉动、深刻认知媒介形态变革所产生的影响，才能推动中国信息传播类学科自主知识体系的构建与时俱进。

展望未来，星辰大海。我们深知，以人工智能为代表的产业和科技革命正迅疾而来，媒介生态正在加速重构，教育形态正在全面重塑，大学之使命与价值正在被重新定义；我们深知，唯有"胸怀国之大者"、面向世界科技前沿、面向经济主战场、面向国家重大需求，才能确保中传始终屹立于中国乃至世界传媒教育发展之潮头。

如何应对人工智能带来的深刻变革，对中传而言是一场要么"冲顶"、要么"灭顶"的"兴亡之战"。我们坚信，不管前方是雄关漫道，还是荆棘满途，唯有勇敢直面"教育强国，中传何为？"这一核心命题，奋力书写"智能传媒教育，中传师生有为！"的精彩答卷，才能化危为机，奋力开创人工智能时代中传智能传媒教育新纪元。

功不唐捐，芳华七秩；风帆正举，赓续创新。

是为序。

第十四届全国政协委员，中国传媒大学党委书记、教授、博士生导师

序

如果从第一篇学术论文的发表算起,我的学术生涯始于1997年,迄今已有27个年头了。当时在硕士研究生阶段,我发表了两篇篇幅不长的学术论文,它们分别是《海德格尔论人诗意的栖居》和《尼采的"超人"与人的生存的本真性》。这两篇带有现象学(存在主义)意蕴的哲学论文的发表播下了我学术研究的种子,同时也开启了我的学术航程,并在很大程度上决定了我一生的学术旨趣和偏好。到2001年博士毕业,我基本上完成了哲学本体论、价值观和方法论的自我形塑。此后20多年,我虽然辗转于国际关系学、传播学、国际传播学和媒介哲学等学科专业领域,但学术研究的底层逻辑始终没变,那就是:对人本主义的本体论、人道主义的价值观和人文主义的方法论的执守与超越。

在从人文学科转向社会科学的学术发展历程中,我逐渐确立起了关系主义(而非实体主义)的世界观和建构主义(而非本质主义)的方法论,并把这种世界观视角和方法论范式贯穿于对个人、国家、社会、国际社会、人类命运共同体等社会存在的理解,尤其是对人类传播现象的理解(把信息传播的过程理解为人类关系的建构过程)中。这种哲学立场和取向在对国家形象的重新解读和界定中得到了最集中的体现(参见论文《本质主义与建构主义:国家形象研究的方法论反思》《再论国家形象的内涵及其塑造》)。

论文遴选的基本原则是独立性和系统性。就独立性而言，除了三篇有同学或学生署名外，所有论文都是独著的；就系统性而言，三个篇章的论文力求较为全面准确地反映我的学术研究版图、重心和旨归。

为保持学术轨迹的历史原貌，我未对原文的内容作出修改（除非有文字上、引用上的错谬），哪怕其中的某些观点现在看来并不妥当而已被修正，也一仍其旧。

最后，感谢中国传媒大学把我列为"中传学者文库"的供稿学者，使得我有机会把20多年来所发表的20多篇代表性论文编纂成册，集合起来呈现给读者。同时，感谢高冉博士，博士生宁煜程、肖响，硕士生李雨濛、潘欣奕、朱灿、胡警丹、谢金桃、刘晓瑜等参与了文集的收集整理工作。

李　智

2024年3月16日

目 录

上篇　哲学

海德格尔对"现代性"的批判 …………………………………… 003

论信息化生存的两重性及其出路 ……………………………… 014

析"时中"在孔子生存境域中的魅力 ………………………… 024

从权力话语到话语权力
　　——兼对福柯话语理论的一种哲学批判 ………………… 030

新世界主义：人类命运共同体的世界观基础 ………………… 041

中篇　传播学

论网络传播中的对话精神 ……………………………………… 055

人类交流发生和早期发展的基本逻辑
　　——以古希腊口语传播的历程为视角 …………………… 063

谣言、流言和传说
　　——人类意义生产的三种非常信息传播形态 …………… 072

在"理论"与"经验"之间
　　——对中国传播研究二元路径的再思考 ………………… 083

互联网时代中国新闻舆论监督的发展态势
　　——基于传媒公共性的考察 …………………………… 096
对新闻事实的一种建构主义解读
　　——兼对客观性新闻报道辨正 …………………………… 104
走向人伦主义的关系本体论
　　——媒介深度融合进程中"媒介人"的人文主义思考 …… 113

下篇　国际传播学

试论文化外交 ……………………………………………………… 127
试论美国的文化外交：软权力的运用 …………………………… 136
试论国际传播在国家树立国际威望中的作用 …………………… 145
国际政治的文化建构
　　——对建构主义方法论的一种解读 ……………………… 155
大众传播下的国家身份建构 ……………………………………… 164
文化软权力化的一种传播学解读 ………………………………… 170
软实力的实现与中国对外传播战略
　　——兼与阎学通商榷 ……………………………………… 177
国家资源软权力化的路径分析
　　——一个传播学的视角并以美国为例 …………………… 186
再论国际话语权及其提升路径 …………………………………… 195
本质主义与建构主义：国家形象研究的方法论反思 …………… 209
新世界主义：中国文化对外传播的新理念 ……………………… 217
新媒体时代国际传播的社会化转型 ……………………………… 228
从并立到综合：国际政治传播研究范式的创新发展 …………… 233
构建中华文化对外传播话语体系，提升国际传播效能 ………… 244
再论国家形象的内涵及其塑造 …………………………………… 248
自主构建和对外传播中国式现代化话语体系 …………………… 258

上篇　哲学

海德格尔对"现代性"的批判[*]

就一般而论,现代与近代并无明确的分界线(英文共用一个词"modern")。在《世界图像的时代》一文中,海德格尔(Heidegger)所提出的近代五种基本现象,即科学、机器技术、近代艺术、文化论、非神化(Entgoetterung),都传到了现代。海德格尔把近现代称为"技术时代"。他认为,近现代的最基本现象是科学,而根本的现象是技术,技术在近现代生活中尤为突出,标明了近现代的本质;所谓近现代本质的"现代性"就在于"技术性"。因而,他对现代性的批判,首先集中体现在对近现代技术的批判上。

一、技术批判

在海德格尔那里,技术从来不具有工具技术学的狭隘意义,而是拥有一种形而上学的意义,它构成和决定了人们与其置身的世界之间所维持的关系类型及其特征。这可从他对"技术"一词所做的词源学分析看出。根据海德格尔的考证,"技术"(Techne)这个词来自希腊语techne。而希腊语techne作为poiesis的形态,作为生产的形态,实际上是一种去蔽,因为"唯就遮蔽者入无蔽领域到来而言,产出才发生"。这种解蔽首先把事物的外观、质料聚集到有待产出的东西,并由之规定着制作的方式。"因而,techne之决定性的

---

[*] 本文原载于《厦门大学学报(哲学社会科学版)》2000年第3期,收入《新华文摘》2000年第12期"篇目辑览"。

东西绝不在于制作和操作,绝不在于工具的使用,而在于上述的去蔽。作为这种去蔽或解蔽,而非作为制作,techne才是一种产出。"依海德格尔之意,"techne"的原初含义就在于揭去遮蔽(a letheia;a,非、否定;letheia,遮掩),让存在者显现出来,即"带上前来"(her-vor-bringen)或"让其展示"(erscheinenlassen)。①

在海德格尔看来,近现代技术也是一种揭蔽、解蔽或去蔽;而问题在于"完全支配近现代技术的这种揭示具有逼索(催促、促逼、强征、强求)(herausfordern)意义上限定(框定、预定)(stellen)的性质"。②自然界从此被显示、展现为不断地被开发、转化、贮存、分配等一系列环节,纳入一个密不透风的技术系统里。在其中,空气为氮料的产出而被限定;土地为矿石的开掘而被摆置;矿石以生产出铀,铀以生产出原子能,而原子能则可以为毁灭和平利用的目的而被释放出来。由此,莱茵河不再具有荷尔德林(J.C.F. Holderlin)这位抒情诗人所描绘的诗情画意,它被大坝拦腰截断,建造起水电站,被限定作为水压、电力的供给者,这种逼索性行为与古代顺其自然的风车动力迥然不同。海德格尔特别提到农民"耕作"不再意味着关心、照料,把种子交给生长之力,并且守护着种子的自然发育:现在它竟然也已经沦为一种摆布着自然、土地的"订造"(bestellen)。于是,原本意义上的"耕作农业"堕落为机械化的食物工业。

海德格尔在显示近现代技术这种逼索性的展现方式的本质时,借用了日常语言的词"das Ge-stell"(座架、框架、构架),并赋予该词新的含义,即构设、安置。"座架",是摆置(stellen)活动的聚集,而摆置活动,绝不是纯粹的人的行为;相反,它设置、摆弄人,亦即逼索人去以构设活动的方式把现实事物当作持存物(bestand)即现成状态去蔽(显现)出来。"座架,意味着那种去蔽方式,它统辖着近现代技术的本质,但其本身不是什么技术因

---

① HEIDEGGER M. Vortraege und aufsaetze [M]. Pfullingen: Neske, 1978: 154.
② HEIDEGGER M. The question concerning technology and other assays [M]. New York: Harper & Row, 1977: 16.

素。"① 作为 Gestell 的近现代技术并不仅仅在人们利用机器的地方起支配作用，而是渗透到存在者的所有领域，支配着整个现代世界。

人处于逼索性行为这种技术情境内，不再与一般的对象（Gegenstand）发生联系，更不与真正的事物（chose）即自然发生联系，而是把周身的一切纳入自己功利、算计性视域内，视之为可由自己绝对自由使用的本钱、原料、能源、储备物。总之，"在面对的客观中立中，什么也不再能出现（锁闭了）；一切处于现成状态（Bestande）"。在此，不仅是人在逼索自然界，千篇一律地把它纳入技术需要、技术程序中，使其万物丧失独立的对象性；而且，人并不是自由的，人又是被背后的更宏大、深刻的技术"座架"框定，只允许用一种非本源、原发性的技术性目光去看待一切，只专一于单一技术性的展现活动。人不得不"受命"去无止境地开发、发掘、剥削、掠夺自然，甚至人自身也被当作仅限于技术所需的所谓"备料""人力资料""人才"。人的人性和物的物性一样，融化为可算计的（市场）价值。② 人彻底忘记了他自身的"存在"。总之，技术的任何一种形态无时不在纠缠人、压榨人。"人的位置越来越窄"，而人又情不自禁地把自己的一切都交付给技术。

然而，作为 Gestell 的技术，是一种非来自人，超过了人的意志和决断能力的力量，海德格尔称之为类似尼采（Nietzsche）的、盲目膨胀的"意志之意志"（willing will）。这种意志对人和自然发号施令，人与自然沦为听命者，成为被无条件地镶嵌在"座架"内，被"架构"起来的东西（das Gestellte）。

在海德格尔看来，座架是命定（das Geschick）式的展现方式，人命中注定要投入这种把现存物只是作为可计算性的常备被揭示的揭示方式中。人被发送乃至被驱赶上这样一条确定形式的揭示之途。而人一旦走上此途，自身就自然而然地被揭示为支配和控制万物的东西（主体），他本人也不由自主地自信为"一切存在者关系的中心"（他所遇到的一切也确实是他所构造的），并因此陷入错觉，以为他在任何地方任何时刻遇到的都是他自己。也就是说，

---

① HEIDEGGER M. The question concerning technology and other assays [M]. New York: Harper & Row, 1977: 20.
② HEIDEGGER M. Holzwege [M]. Frankfurt: Klostermann, 1950: 310.

人只关心他自己及其外物等一切存在者，而完全不可能再与"存在"发生关系，彻底遗忘了自身在本质上是生存的人，要时刻保持开放、敞开，要倾听劝诫、呼吁和要求。而人一旦逃离了自由地存在这种超验活动，万物因而无从作为其自身、继而作为人的对象被显现出来。物被遮蔽了，进入隐蔽状态，真理因之逃逸了。

海德格尔认为，座架的到来及其后果之所以是命定的，是因为从人类生存发展的历史看，就一般而言的技术不只是人的事务，因为人一到这世上，就走上了包括技术性揭示的存在揭示之途。尽管存在揭示不可能独立于人的行为发生，但也并不只通过人产生。就近现代技术而言，作为存在揭示的座架，把人送上了这条揭示之途上的这么特殊的一段路。"我们当前的时代（近现代——引者）是一个存在作为技术的世界出现的时代"，[①] 以动力机械制造为特征的近现代技术不再是具有初始、本真意义的原始技术，诸如手工技术那样以自然的方式让事物以纯粹自然的状态显示出来。人进入了近现代，就不得不顺命于近现代技术的本质——座架的奴役，这就是现代人类生存世界的真正危机之所在——这是一个"存在被极度遗忘，远远抛弃（die Seinsverlassenheit）"的时代。而且，海德格尔更进一步认为，最大的危机，是危机的自我掩蔽，"执迷不悟""迷途不知返""忘了忘"，再也恢复不了"原初的对存在的记忆"，这才是近乎绝望的。

然而，海德格尔并未绝望，他认为在近现代技术的本质的自身中掩蔽着拯救的生长点，会出现转机。因为本质中固有的危险一旦显示出来，就会立即冒出一种解放性、救助性的力量。近现代技术一旦从座架的本质中逃脱出来，撤回、回归到（一般）技术的本真、本己（原初）的自然揭示的本质意义上，一种新的存在出现的形态就会诞生。海德格尔把"Gestell"展示为守护门户的两面神（Janus）的头，一面可视为存在的因在逼索下去蔽功能无限放大、过度曝光而极为外露的形象，另一面可视为"降临的预兆"。Gestell 是 Ereignis（真理发生）的摄影底片。当然这种"降临"同样是命定

---

① HEIDEGGER M. Identitaet und differenz [M]. Pfullingen：Neske，1961：26.

的，没人能知道转机将在哪一瞬间发生以及怎样发生。这如同闪电的闪光，海德格尔称之为"洞见"（Einblink）。但一旦洞见发生，人就被它照亮，人自动放弃人（主体）的立场，离开他自己，而根据洞见的方向去筹划自身；同时，万物也因此被照亮，它不依赖于人，亦依循洞见而自我谋划，由此作为存在自由地揭示的真理又发生了，人类顿然从现代技术世界中"抽拔"出来了。

海德格尔认为，尽管 Gestell 蕴含着拯救，但其本身并不就是拯救，而在于人对于技术本质的"关注"："这就是技术的本质没有人的本质的帮助就不能引向其本质的变形。"实现转折（kehre）的关键还在于人，人是命的倾听者（Hoerender），却不是唯命是从者（Hoeriger），这全在于人的深思的生命本质。因为人本质上是自由的，人在"命定"下还是有所作为的。人只是必须做到时刻也不能"否定和抛弃他最本己的东西"，即非理性、非逻辑、非表象性、非计算性的"深思之思"（das besinnliche nachdenken）。这种"思"是期许应和性的、诗意般的看护和神秘的启悟。海德格尔称之为"对神秘的虚怀敞开"（die Offenheit fuer das Geheimnis）。这种特殊之"思"能允诺我们一种可能性，即以一种完全不同的方式栖居于同一个物质的世界，给予我们重获新的"根基持存性"的一线希望。

海德格尔把对现代技术的这种积极"倾听"的顺命态度称为"对于物的泰然任之"（die Gelassenheit zuden Dingen）。他深知，对于我们所有人，技术世界的装置、设备和机械是不可缺少的，盲目抵制技术世界是愚蠢的；而我们"可以利用技术对象，却在所有切合实际的利用的同时，保留自身独立于技术对象的位置，使我们时刻可以摆脱它们"，"让技术进入我们的日常生活，同时又让它们出去，作为物而栖息于自身之中"。"对物的泰然任之"指的就是这种对技术世界既说"是"又说"不"的态度。如果说"对神秘的虚怀敞开"是一种向原初、本真"技术"的撤回、复归，那么"对于物的泰然任之"则意味着面对现代技术坐怀不乱，超然于这种技术之外。

二、主体性形而上学的批判

从对标志"现代性"的技术的批判中，我们可以看出，由于把技术形而上学化，海德格尔已经从近现代的技术现象层面深入了本体论的层面。他意识到，要彻底批判现代社会，就必须颠覆"现代性"的基础。而"现代性"的基础是什么呢？就是近现代主体哲学，即主体性形而上学。

海德格尔在《世界图像的时代》中认为，形而上学建立了一个时代，因为每一种具体形式的形而上学都通过规定某种对于存在者的明确解释和真理的明确概念，给它发生的那个时代奠定基础。这个基础完全支配着构成这个时代的特色的所有现象，因而完全可以从这个形而上学基础出发来认识时代的本质。当然反过来，一种对这些现象的充分的沉思，可以作为在这些现象中认识形而上学的基础。具体到近现代，从上面对近现代社会中根本性的技术现象的分析、批判中，可以看出，一种以对象化思维、人类中心主义为特征的主体性形而上学作为基础支配了这个时代及其本质。

在《世界图像的时代》中，海德格尔详细分析到，近现代的本质，即"现代性"在于：人把自己从中世纪的羁绊下解放出来成为他自己。但在这一过程中起决定性作用的不是自我解放，而是人的本质同时发生了变化，人成了主体。"主体"（subjectum）这个词是从希腊文"根据"（hypokejmenon）翻译过来的，指"眼前现成的东西"，这个东西作为基础，把一切的东西都聚集到它上面。"主体"这个词最初与人没有特殊的关系，同自我更无关联。因为在近现代这个新时代开始之前，"主体"这个概念不单纯意味着人，石头、植物、动物等等都曾被当作过主体。直到近现代，随着人在世界中的突出显现，"主体"这个名称和概念才在新的含义上转化成人的专有名称和本质概念。当人成为基本的和唯一真正的主体时，人这种存在者就处于一切存在者的中心，成了一切存在者的存在方式和真理的基础。可是，只有当对存在者整体的理解发生变化之际，人成为主体这样一回事才有可能。那么，这种变化在何处显示呢？按照这种变化，近现代的本质是什么呢？

海德格尔认为，一旦我们沉思近现代，就会追问近现代的"世界图像"（weltbild），发现近现代的本质即现代性，就在于世界图像，即所谓"现代之世界图像"（weltbild der neuzeit）或"现代世界图像"（neuzeitliches weltbild）。世界被图像化，人的表象活动把世界把握为"图像"，于是近现代是一个世界图像的时代。现代的基本进程乃是对作为图像的世界的征服过程。何谓世界图像？世界图像并非指世界的一幅图画、画像或摹本，而是指世界本身，即存在者整体。人把存在者带来，存在者本身像为我们所了解的情形那样摆着，站立在我们面前，于是我们持久地在自身面前拥有如此这般被摆置的东西。所以从本质上看，世界图像无非是指世界被把握为图像。这时，存在者整体便以下述方式被理解和看待，即唯就存在者被具有表象和制造作用的人摆置而言，存在者才是存在着的。也就是说，存在者的存在是在存在者之被表象状态（Vorgestellheit）中被寻求和发展的。一旦存在者整体如此这般被把握，人才在此中成就为主体。在此，海德格尔总结说："对于近现代之本质具有决定性意义的两大进程——世界成为图像和人成为主体——无独有偶，交互为用，这一相关性说明了初看起来近乎荒诞的现代历史的基本进程。这也就是说，对世界作为被征服的对象世界的支配越是广泛和深入，客体之显现越是客观，则主体也就越主观地，亦即越迫切地突现出来，世界观和世界学说也就越无保留地变成一种关于人的学说，变成人类学［按海德格尔的意思，他在这里所谓'人类学'（Anthropologie）实可译为'人类中心主义'或'人类中心论'——引者］。毫不奇怪，唯有世界成为图像之际才出现了人道主义。"[1]

在此，海德格尔进一步看出，是人的表象活动使得世界被对象化、图像化了。"这种对存在者的对象化实现于一种表象（Vorstellen）。"所谓表象，是"对……的把捉和掌握"。更具体说来，"表象在这里的意思是，把现存之物当作某种对立之物带到自身面前来，使之关涉于自身，即关涉于表象者，并且把它强行纳入这种与作为决定性领域的自身的关联之中"。正因为人以表象的

---

[1] HEIDEGGER M. Holzwege [M]. Frankfurk: klostermann, 1980: 91.

方式把其他的存在者看作与人对立的东西，即对象与客体，于是就构成了我与物、人与自然的分离的态势。这种以主客二分的表象主义知识论世界图式以及建立于其上的以主体和主体性原则为鲜明特征的主体形而上学（它构成了近现代形形色色的人道主义、人本主义和人类中心主义思想的基础），正是海德格尔批判的根本所在。

海德格尔在《克服形而上学》一文中，明确地把"形而上学"看作要"克服"的对象。他所说的形而上学是指从柏拉图（Plato）到尼采的人类中心论，特别是指在中世纪结束后由笛卡尔（Descartes）所开创的主体哲学（主体形而上学）。这种主体形而上学是古代存在论的近现代"翻版"，或者说，是亚里士多德（Aristotle）的实体形而上学和柏拉图的理念论在近现代的综合。用海德格尔本人的话来说，即是承接希腊存在论之本质部分的近现代"形而上学"。这种主体形而上学开端于笛卡尔的"我思故我在"。"我思"的自明性和不可怀疑性乃是近现代哲学的逻辑起点和"唯我论"方法论原则，对存在者整体的一切意识，都被归结到人的主体的自我意识，这种自我意识是作为一切信念的不可动摇的基础。后来，现实物的现实性被规定为客体性，被规定为通过主体并为主体而被理解的东西，是由进行表象的主体所表象的状态。而尼采则把近现代的主体性形而上学推到最终的完成和终结，即主体性已膨胀到无以复加并引起严重灾难的地步。海德格尔坚持："我们必须把尼采的哲学理解为主体性的形而上学。"[1] "尼采的学说使一切存在着的东西都成为'人的财产和产物'，它只不过极端地展开了笛卡尔的学说。"[2] 海德格尔解释了尼采经常反对笛卡尔的缘由："他之所以反对笛卡尔，是因为笛卡尔还没有完全地和足够坚决地把人规定为主体。把主体想象为自我，'利己地'阐述主体，这在尼采看来还不够主体主义。直到在超人的学说中（作为人在存在者中的无条件的优先地位的学说），新时代的形而上学达到了对形而上学的本质的极端的和完全的规定。"[3]

---

[1] HEIDEGGER M. nietzsche, 2bande [M]. Pfullingen: Neske, 1961: 99.
[2] HEIDEGGER M. nietzsche, 2bande [M]. Pfullingen: Neske, 1961: 129.
[3] HEIDEGGER M. nietzsche, 2bande [M]. Pfullingen: Neske, 1961: 61-62.

按海德格尔对现代技术的本质揭示,其哲学基础就是以笛卡尔为代表的把人当主体,以主客二元对立为特征的近现代主体性形而上学。这种哲学基础下的人的世界观表现为人类中心主义,即把人自身视为世界的中心,而把人类以外的其他一切表象作为对象,因而对技术自然地持一种工具论的态度,即仅仅从狭隘的工具对象的角度去把握一切技术。可见,这种最突出地体现在近现代技术上的二元论思维模式,同样深沉地支配着一般现代人对近现代技术及其所代表的"现代性"的反省、批判方式。畸重于技术对象或畸重于人本目的,其实是近现代主体性形而上学哲学的两个不可或缺且同涨同消的方面。具有讽刺意味的是,这些对现代技术做工具主义解释因而给它加上了工具主义的目的的批判,反过来强化了现代技术的工具性力量,无情地违逆了张扬人道主义的初衷。显然,仍囿于主体性形而上学及其主客二分、二元对立型的近代哲学思维方式,无法从根本上揭示近现代技术的本质,因而也无法实现对现代技术的真正批判和解放。正因此,20世纪对"现代性"纷纷扬扬的那些批判[包括倡导"交往理性"的哈贝马斯(Habermas)的批判]一般都受马克斯·韦伯(Max Weber)关于工具理性与价值理性二分思维模式的影响,习惯于在事实与价值、工具与目的、科学与道德、理论与实践之间的二元对立中,批判、抑制一方而张扬、增进另一方,最后的结论往往是拒斥技术、科学,回归人文(人道、人本)。20世纪的文化实践证明,以现代技术批判为代表的反"现代性"并没能阻止人类的现代化进程,而且最终的结局总是对技术压制愈强,技术对人类生活的控制愈烈,"现代性"的时代特征愈突显。

三、纯"存在论"下的"现代性"批判

毫无疑问,海德格尔对现代技术的批判及其找寻出路的途径都是极其独特的,超出了所有同时代的技术批判者的视域、眼光、立场和态度。他一开始就彻底从近现代的二元论思维的陷阱里抽拔出来,以一种全新的视域和眼光来看待"现代性"、一般技术与现代技术。在此,他超越了人类学("把世

界观和世界学说无保留地变成一种关于人的学说"）、人类中心论乃至人道主义或人本主义的狭隘眼界。技术不再仅仅是人的工具，而是具有本体论意义的形而上学性，是"存在"即存在之揭示，是人在其中被揭示的一种去蔽方式，本身就是一种决定人的存在（生存）的世界观。与此相应，近现代技术，首先作为技术，同样是"存在"之揭示的去蔽方式，只是这种揭示和去蔽是在逼索状态下，以扭曲、无限膨胀、过分曝光的形式实现的。因而人与自然物都在其中被促逼成丧失了自然的"自我"，无法本真地"去存在"。而人如果想要从近现代技术控制下摆脱出来，回归"存在"，则首先要让近现代技术回归原初的技术本身，退回到自然的去蔽方式和状态这一技术的"本质"（"本质的技术"）里去。可见，现代技术批判和解放不在于人主动一味地逃避或抛弃现代技术，而在于揭示现代技术作为技术的原初含义，并"虚怀若谷"地接纳其作为宏大而本真的"存在"去蔽方式，人因此在其中也得以"去存在"而获救。总之，面对现代技术，最为明智的态度就是当下"泰然任之"，这恰恰是对"现代性"及其现代技术最为彻底的、真正的超越，无异于釜底抽薪。

海德格尔之所以能如此超然地对待现代技术与"现代性"，就在于他终结了传统形而上学，而开启了他特有的纯"存在论"本体论，作为"现代性"及其现代技术批判的哲学基础，给予"技术"一种全新的理解。他首先揭示出：一部西方形而上学史，就是一部遗忘"存在"的历史，即"忘在"史。因为形而上学自始就把存在同存在者混为一谈，把存在本身同存在者之存在之间的差别忽略了。以往哲学家探究的都只是存在者或存在者的存在状况，把"存在"看作由被主体人所表象的被表象状态，而不是"存在"本身。他给自己立下的哲学使命是：从整体上彻底"解构"这部形而上学史。他通过对"存在（Sein）"与"存在者（Seiende）"之间所谓"存在论区分"的明确，不仅回归到对此在做生存论分析的基础存在论，而且在后期更彻底返回到追究"存在"本身的纯"存在论"。这种宽广而敞开的新本体论（形而上学）视域，完全超越了他所揭示的以人本主义为特征的近现代"主体性形而上学"的根基，由此展开对现代技术本质的揭示和探求"现代性"的自我解放及在其中的人类的拯救。

海德格尔对"现代性"的批判振聋发聩。然而，这种批判在理论上仍有不可克服的内在矛盾，在人类实践生活中的作用同样是引人怀疑的。首先，在纯存在论的观照下，他把技术本身归结为具有本体论地位、完全自足自如地作用于人的"存在"（揭示）方式，而"存在"是超然于一切经济、政治、法律和道德的，因而技术的变异与自我拯救和解放完全超然于人类社会历史的发展，是由"存在"自身的揭示逻辑所决定的，因而是"命定"的，即非人力所能及的"存在的天命"。而另一方面，又不得不承认它同时取决于人作为本质上自由的"存在"是否愿意永葆深思的生命本质——"对存在之思""虚怀敞开"，以倾听"存在"的呼声。可见，海德格尔同样陷入了技术与人这种"存在"与人的"存在"之间某种程度上的分离（尽管人归根结底要从属于技术，正如人的"存在"要从属于一般性的"存在"），而且这种分离最终难逃脱超人类（中心）与人类（中心）、超人道与人道之间二元对立的二元论思维的宿命，这实质上是他后期纯存在论同前期的基础存在论之间不可完全弥合的思想裂痕所造成的。但是，海德格尔把人的存在的本质——"思想"，即对"存在"的"沉思之思"当作一切，他唯一确信的是：行动本身改变不了世界，只有人的"思"能够为现代技术文明的可能性超越准备条件，为"存在"的历史新时期的到来而努力。这不是因为思想给人类指明该做些什么，而是因为思想把堕落成现代技术的技术驱赶到它自己本真的本质里——思想本身就是某一种较高意义上的行动。这正如海德格尔在《论人道主义的信》中所言："当'思'思维着的时候，思就行动着。可以料想此一行动是最简单的行动，同时又是最高的行动，因为此行动关乎存在对人的关系。"仅作为"听命者"的"思"真如海德格尔所言，是现代技术被解放、人类因而得以拯救的唯一而又充分的条件吗？"思"能代替现实的感性物质性实践活动吗？现代技术控制下的人类生活历史真因"思"而扭转了吗？海德格尔在晚年似乎也感到面对"太伟大"的"存在"，人的"思"的脆弱与苍白。他不无悲怆地喟叹："只还有一个上帝能救渡我们！"

论信息化生存的两重性及其出路*

一、虚拟世界里的人的自由自在

从语义学上来分析,"信息"有四种意义:当指代"informational"时,这意谓"有关信息的一切的东西",这是一种与"物质的""能量的"并列、最为广泛的科学上的含义;当指代"informative(或 informatory)"时,则意谓"报告消息的、提供情况(或资料)的,用于传播知识、增进知识的,有教益的",这显然是教育学上的含义,而且恐怕是一种比科学含义上的"informational"更为原初、古老的生活概念;当指称"informed"时,意谓"有知识的、见闻广的、消息灵通的、有情报根据的",这一含义无疑最为古旧、具体形象和生活化,我们在日常生活中用得最滥,此义即是我们所说的"消息灵通人士"说法中所包含的(当然,这同时升格为一个新闻传播学术语)。而我们今天——尤其是在我们称为"电脑"的计算机广为普及的今天,我们大部分工作所做的是把实物虚化为符号、文字、声音、图像等信息,即所谓"信息化";而"信息化"不仅要求将实物信息化,还进一步要求将信息归为 0 和 1(0 和 1 成为所有信息的通用语言,继而 0 和 1 反过来可派生出信息万物),重构为以 0 和 1 组合的比特(bit)形式,因此,"信息化"的另一种说法是"数字化"(digitalized)或"比特化"。而且正是通过"数字化""比

---

* 本文原载于《自然辩证法研究》2000 年第 12 期,与陈爱梅合作。

特化"过程，才实现了"实物的信息化"。另外，这种"信息化"又是建立在电脑网络上的，正因此，从硬件载体上而言，"信息化"又可称为"网络化"。毫无疑问，无论是信息的"数字化"还是"网络化"，都是在传统时代里所不具有的，这里的关键不在于拥有一般的信息，而在于把非信息的东西"信息化"，因而，今天我们所谓"信息社会"（information society），更准确地说，是"信息化社会"（informationalized society）。

显然，由数字化的信息所建构的"信息化社会"是一种"虚拟社会"（virtual society），它如同普遍性的"虚拟现实"（virtual reality），处于一种"虚拟状态"（virtuality）。然而，从文化的角度讲，"文化即人化"，纯粹由物质"转化"（一种世界构成要素上的"拟人化"）而来的信息所"网络"成的"信息化社会"，无疑是一个完全由人自身的符号力量，即观念构造能力所创造出来的属人的全新的"人工世界"（artificial world）。这个人化了的文化世界，是在自然基础上，通过人自己的文明"虚构"出的具有间接、抽象现实性的新的实在。由于构成这个虚拟社会的比特的非原子特性，如没有体积、重量等物理性质及其超越自然时空、传播快、复制再生能力强、越用价值越高的特点等等，它摆脱了对自然及其规律（包括外界物理自然和自身肉体自然）的依赖，是对人所立足的由物质实体所构成的现实生存世界最大限度的突破、延扩、补充乃至取代。"信息化"的社会的到来突出地表现出人作为有生命的、有限的个体存在的自我超越性与作为自为存在的为我能力的淋漓尽致的发挥——这是人化的顶峰：信息化的极致意味着人化的极致。

依照现代德国存在主义哲学家海德格尔的说法，"语言是存在之家"，[1]即是说语言造就人的存在，语言为人的生存营造一个家园，在先地决定了人的生存状态。网络及其网络条件下的信息语言构筑了人类存在的新的家园，成就着他们的生存——虚拟化生存（virtual being）。在此，以"信息语言"构筑起来的信息化社会，作为通体人化的世界，不仅仅是作为人的技术工具而存在，而且是一个"家园"，它时刻守护着"家人"，通过衍生出诸多全新的

---

[1] HEIDEGGER M. Ueber den humanismus [M]. Frankfurt: Klostermann, 1991: 5.

人的活动方式而深深地渗透、感染、改造着人的包括思维方式、价值取向在内的整个精神世界和生存方式。在这个"虚拟的世界"里，它没有中央控制，是一个没有政府的社会；它同时反主机型电脑，打破了信息霸权、垄断体系，彻底摧毁了严重意识形态化的大一统管理体制。它最为充分地成就了"公民自治"的社会理想。毫无疑问的是，由于社会超越自然束缚、限制的全面属人化而实现了生活、工作与生活上的最大限度的开放、独立、自主、平等、民主、自由，这是一种彻底个人化、个性化的生存，标志着以人为本、以（个）人为中心的人本主义、人道主义等近（现）代人文启蒙精神的最终完成。

不错，这种张扬至极的人本主义、人道主义的人文精神是前述的世界的人化展现、发挥至极的必然结果，是人类文化历史的一个奇迹和当代文明高度发达的一个标志。它无愧为人类文明之树上的最美丽的花朵；然而这朵怒放得最为灿烂夺目的花，却又是文明之树上的一朵黑花、恶花——这是泡沫般的虚幻的人本主义、人道主义。这种人本主义、人道主义发展到最极端（极致、极限）之日，就是其走向终结（灭亡）之时。在充盈着彻底人本主义、人道主义精神的信息化社会这个虚拟世界里，人们恰恰处于一种极端的生存状态——存在不可承受之"空"（the unbearable emptiness of being），存在不可承受之"轻"（the unbearable lightness of being），存在不可承受之"快"（the unbearable fastness of being）。

二、虚拟世界里的人性异化

海德格尔早在20世纪就预见到拥有这种信息语言的"语言机器"（die sprach maschine）是一种促逼、逼索性的去蔽方式，它如同座架控制着这个世界的万事万物（包括人）。[①] 同时，人们却仍然保持着这样的印象：人是语言机器的主人。但事实的真相恰恰是：语言机器把语言纳入它的操纵之下，并

---

① EIDEGGER M. Vortraege und aufsaetze [M]. Pfullingen：Neske，1978：18-23.

且因此掌握着人类存在的本质。它会全面深入地浸透到人的整个生存活动之中，侵蚀着人的生存状况。

在信息化社会中，人的虚拟生存状态最为根本的表征是对时空的麻木，而承受着"生命不可承受之空"。安东尼·吉登斯（Anthony Giddens），英国这位研究人类走向"现代性"的社会学家就是从时空的延伸或分离（断裂）即时空"脱出"（disembedding）来定义"现代性"（modernity）的。一方面，组成信息化社会的信息，具有超自然特性，无体积，超越时空，于是在其中，远在天边的东西一瞬间近在眼前，实现了"海内存知己，天涯若比邻"的"灵境"；但另一方面，近在眼前的东西可能在一瞬间内远在天边，即所谓"咫尺天涯"。总之，信息化在超越突破时空限制中把时空平均化了，甚至可以说时空被虚无化。一旦从时空制约的存在（time-space being）中抽拔出来，我们便在不知不觉中又被囚禁、封闭在一个被抽掉了空气而一尘不染、无限透明、无边无际的虚拟化（虚假）的"开放社会"。信息化社会就是这样一个真空态的开放社会。20世纪英国哲学家卡尔·波普尔（Karl Popper）在《开放社会及其敌人》中曾批判过一种叫作完全抽象的或非人性的"抽象社会"的"开放社会"："我们可以设想这样一个社会，在这个社会里人们实际上从不直接接触——那里的一切事情都是各个孤独的个人，通过打字的信件或电报互通消息，出门都坐封闭的汽车（人工授精，甚至会出现没有个人因素的生殖）……他们生活在默默无闻和孤立无援的死寂状态之中，因而是在郁郁寡欢之中……"[①] 其实，波普尔所描绘的还只是20世纪的现代社会的人的生存状态；而信息化社会的存在之"抽象"有过之而无不及。因为在信息化社会中根本就不存在有血有肉、呼吸空气的具体、真实而实在的个人，有的只是数据、符号化了的人，除了信息，还是信息——人被异化为其文化（人化）产品——信息（正是"人"的被信息"化"，决定了"人"如同信息般的"空""轻""快"），人由此被物化了。不要说人性淡薄、人的社会性（社会关

---

① 波普尔.开放社会及其敌人：第1卷中文版[M].陆衡，郑一明，等译.北京：中国社会科学出版社，1999：326-327.

系）匮乏，而是根本就无人之为人的"真人"的本性，就无"真人"的社会性，因而谈不上实际的个人接触与真正的社会交往、关系。可见，信息化社会是一个抽象得不能再抽象的"家园"，生活在其中的人空虚（"空灵"）得不能再空虚（"空灵"）了。

在信息化社会这个家园里，不再有实物的沉重的压迫（因为有的只是无重量的信息），摆脱了受地球引力作用的"原子化生存"（atomic being），甚至摆脱了自身血肉之躯的制约的"大地式生存"（earthly being），进入一个远离大地（earth）的"数字化（信息化）生存"状况（digital or informationalized being）。信息语言（从本质上来说，无非是一堆死的有待处理的数据、材料，充其量只是知识）倾向于销蚀、磨灭人沉重的反思批判力而导致人的智慧的退化、衰竭，在此状态下，人无思无念，就像无足轻重的羽毛、断线的风筝，在风中飘零；又像是无根的浮萍，在水中游荡，整个社会好一派"颠狂柳絮随风舞，轻薄桃花逐水流"的局面。这种身不由己、永无定所的失重的感觉，绝不是自由，而是一种"生命不可承受之轻"，一种新的奴役。对此，20世纪的米兰·昆德拉（Milan Kundera）已前瞻性地作出了最令人信服的说明："重的（heaviness）便是真的悲惨，而轻的（lightness）便真的辉煌吗？……也许最沉重的负担同时也是一种生活最为充实的象征，负担越重，我们的生活也就越贴近大地，人们就变得越是实在和真实……相反，全然没有负担，人就要变得比大气还轻，会高高地飘飞起来，远离大地和血肉之躯，变得亦真亦幻，因而也变得毫无意义。"在信息化社会中，人所要承受的不仅有不可承受的"空""轻"，还有不可承受的"快"（fastness）。在信息化社会，速度与效率是一个至上的理念，成为一种准宗教式的崇拜。追求"快"的欲望是如此强烈，以至于都像是神话中的那个因中了妖术而疯狂舞蹈却欲罢不能的人，又像是一个醉汉驾车驶上了快速道，却找不到出口而不可能从道上拐出、减速歇下来。这正印证了米兰·昆德拉在《慢》（slowness）中所揭示的现代人的生存状态：人本是像逃避恶魔一样去逃避"慢"，却浑然不知自己早已被"速度之魔"（demon of speed）死死地纠缠住而不得脱身。而且恐怖到了这样的地步：人们愈是求快，技术愈是满足快，人们却愈是嫌不快，愈是忙乱——一种永远跳不出的恶性循环"怪圈"。

人活得如此"快",一切为"快"而"快","快"的本身就是一切,于是"快"失去了在原初生活中所意指的、所追求的东西而取代了生活本身。生活的目标一旦被取消,过程就是一切,更准确地说,"现在""当下""此时此刻"就是一切。正如《慢》中所分析的:"骑跨在摩托车上的人在风驰电掣中只可能注意到现在每一瞬间发生的事情,他完全被现在掳掠住。现在成为从过去和未来链条中分割下来的一块碎片,相应地,他从时间的连续性中被甩了出来。现在在时间之外,相应地,他处于一种孤独的狂欢的状态;在那种状态下,他想不到他的年龄、他的妻子、他的孩子、他所操心的事,这样他也就无所畏惧了(因为畏惧的根源在于未来,一个人如果从未来脱身出来,他也就无所畏惧了)……他自己的身体就处在过程之外,他让自己委身于一种速度,这是一种非肉身的、非物质的、纯粹的速度,是速度本身,是狂欢的速度。"

从上述分析中,可以看出人们并不能真正享受过程,获取快乐、快感,因为,人活在"现在",而"现在"其实处于时间之外,处于过程之外,人们除了感受到"快"外,感受不到任何其他的东西。"当事情发生得太快的时候,任何人对于任何事情都没有真切的感受(feeling),一点也没有,甚至对于他自己也是如此。"为什么会如此呢?正如在生命总量一定的情形下,生命的厚度与生命的长度成反比,而加快生命进程,就等于延伸了生命的长度,这自然地使生命的厚度变薄,剥夺了生活的"血肉""声色"与"滋味",人再也不会有悲喜交集般的惊心动魄了。在人生存的字典里,不再有"刻骨铭心""耿耿于怀"。另外,在"快"的信息化社会中,速度还与遗忘之间结成某种相辅相成、互相促进的关联:快的速度与遗忘的密度成正比。快速导致遗忘,而遗忘又使更快的速度得以实现。面对这样一条"铁律",米兰·昆德拉就感喟:"速度之魔驱赶着我们这个社会。我们这个社会在向我们表明:它不再希望自己被人记住,它对自己也失去了兴趣,对自己厌倦了,它想吹灭一切微弱而颤抖的记忆火焰。"没有了感受,也没有了记忆,过程就同样被虚无化了。事实上,信息化社会中,一切现代技术的唯一价值取向本来就是尽可能地缩短、消解以至于省略、勾销人的追求的过程。于是，人生目标的迷失和过程的消解共同加剧了人的生活的彻底虚无（虚幻）化。对这种生存的虚无（虚幻）化，正如乔斯坦·贾德（Jostein Gaarder）在《灵魂的出口》中所描绘的：在资讯的洪流中，在提醒各位观众"世界在这里、在此刻"的报刊报道面前，我们忘了自己的存在，忘了自己还活着。

三、在超越中实现虚拟而诗意的生存

信息化社会，一方面是人化的彻底完成及人本主义、人道主义的极度张扬，另一方面却又是人性的异化及人的存在不可承受之空、之轻、之快——这确是信息化社会最深刻的内在悖谬。

许多信息化社会的评论者，分别洞察出其中的一方面。以《数字化生存》一书闻名于世的尼葛洛庞帝（Negroponte）就认为"数字化"（信息化）是人类生存的福祉，大呼"没有比特，就没有人类前途"，强调要建立"新的交往共同体"。他无疑是数字（信息）社会的福音传道士。可以推想，他对"数字化"（信息化）能决定我们的存在本质，并提升我们人类人本主义、人道主义的人文精神是充满信心的。而另一些所谓批判"现代性"（modernity）的"后现代主义者"，却看到了"信息化"给人类生存、生活带来的负面影响。米兰·昆德拉所预示的人类"生命不可承受之轻"，暗含了信息化未来在人性上的消极效应。人们依此倡导要高度警惕"信息化生存"，而必须回归传统的"原子化生存"或"大地式生存"，恪守自然与血肉之躯，"持重""守拙"。

然而，评论者双方都只是各执一端，而无视了对方的存在的合理性，因而意识不到悖论的真实存在；更无法穿透障壁，勘破双方所察识到的方面的共同本质——两极相通而化解这个悖谬。

其实，信息化社会中人生存的这个悖谬是可解的，其内在的矛盾是虚幻的，因为，它无非包含着信息化社会的同一个本质的两个不同的方面，正如同一枚硬币有正、反两个面。我们已经明智地翻看了信息化社会的正、反两面，发现了这两面的同一性可体现为"轻快"，你可以轻快，而且你不能不轻

快（不得不轻快）。"轻快"，是你的幸运，又是你的宿命。人的这种"轻快"的悖谬的深刻性甚至超出了萨特（Sartre）所揭示的现代人的"自由"的二律背反（你可以自由，你又不能不自由，"自由"是你唯一的选择，正因此，你又必须义无反顾地承担起这无可逃避的自由所带来的一切后果或责任），因为在信息化社会中，"轻快"根本就不是选择，因而也无所谓责任的承负。一切是在彻底的无意识状态下进行的，取消了因与果、罪与罚。此悖谬的深沉性可以表示为："痛快"即"痛着的快"，"快活"即在"快"中求"活"（结果是走向"快死"）。

从根本上说，因为人化的全面完成而发挥至极致的人本主义、人道主义已经严重地脱离了其人性的根基——万物彻底被人化为属人的信息的同时，人自身的生存本质也被信息"信息化"（数字化），即物化为"信息存在"。这时，人本主义、人道主义中的"人"已不再是现实生存、生活中的有血有肉、有滋有味的人，而是被抽象化为一堆信息（数字）的人、虚拟的人；是数类（digital being）而非人类（non-human being）。由此，人本主义、人道主义被异化为"非人"本主义、"非人"道主义，结果是：非"人本主义"、非"人道主义"。可见，物人化（为信息）至极就是人物化（为信息）至极，这一点决定了人本主义、人道主义的自我背叛。

我们评述两种对信息化社会本质与前景的相互对立的立场、观点，不是要从外部以其中一种立场去克服、代替另一种立场，在这两种立场的对立关系中颠来倒去，而是要深挖这两种立场相互对立的根源，而使双方均失去存在的合理性，从而超越它们。

这种超越又绝不是一种"自作聪明""技高一筹"的折中、调和，而是旗帜鲜明的"第三种立场"，即通过揭示和解决双方间真实地存在的"虚幻的矛盾"，以彻底摆脱积极与消极、乐观与悲观的二极对抗。我们的立场是：全身心接受、拥抱信息化社会。人，毕竟是人，不是神，人的选择是有限的，甚至是唯一的，"鱼与熊掌不可兼得"。"To be, or not to be"，要么投身于信息化社会，要么脱身于信息化社会，正如我们不能像仙女下凡般上下自由往来于"天上""人间"，似乎一切只在于一念之间。我们必须选择信息化社会，我们不能不选择信息化社会，正如海德格尔所揭示的：以大机器为代表的现代技术社会是人类自身"存在""天命"的命定的遣送，哪怕是被引领着进入一个历史性的迷茫之境地。同样，信息化社会的到来亦是人类存在的历史必然。甚至，与其说是我们选择了信息化社会，倒不如说是信息化社会选择了我们。

最好的态度是：对信息化社会"泰然任之"，即让信息化社会所属的一切东西——信息，自由进出于我们信息化社会中的日常生活，我们可以对其物的必要利用说"是"；我们同时也可以对其压迫、扰乱我们生命本质的独断要求说"不"。并且对在信息化社会中隐藏着的人的自由开放的生存态势保持开放的态度，即对这种生存态势的"虚怀敞开"。

无论是"泰然任之"还是"虚怀敞开"，都离不开，甚至取决于人作为本质上自由的"存在"是否愿意永葆深思或沉思的生命本质——对社会、对整个人类乃至包括宇宙万物的存在之"思"。"思"是拯救信息化社会的人生存境况的命根子。

到底什么是"思"？我们在信息化社会里，所求的"思"，不是在传统"原子社会"（atomic society）日常所用的对外物施以压迫的一般之思，而是指"深思""沉思""深沉之思"。日常之思都是把一切立为"对象"，而且是完全功利性地看待为可算计的"对象"的"表象性思维""计算性思维"或"对象性思维"；而所谓"深思"之"思"，是"期待性""应合性"的，"思"一切即是去期待、召唤、倾听和应合一切，而不是去把一切视为外在的对立面（对立物），这就是所谓"诗意的思"。一旦怀抱着这"诗意的思"，就会以一种超越"物喜""己悲"的非功利性的"诗意的心态"投入，使人在信息化社会中入乎一种"乘天地之正，任信息之性而无不可顺""胸怀信息而不相害，无不可游"近乎道家的逍遥至境。一旦入于此道境中，人人就仿佛生长出一对游泳的鳍（感觉），插上了一双飞翔的翅膀（想象力）而游戏于被点化、激活了的活灵活现的信息之间，出神入化，忘乎所以。

相反，倘若人人停留在过于执着功利算计的太沉重、压榨的传统日常性思维中，人在以对象性思维逼索、"强奸"信息时，信息反倒会锁闭自身，永远停留为外在于人的异己物，永不会真正内化为人的存在。而且，更可怕的是，信息反过来会外化、物化、奴化（异化）人，掏空人轻灵澄彻的心智，使之沦落为信息的奴隶。当然（另一方面，而且对信息化社会来说，至为要命的），我们要摆脱的只是传统的思，我们决不能放弃"思"（深思、沉思），又不能不"思"，且要发扬"思"，否则我们同样会被信息信息化、同化（异化）成"信息化生存"，而堕入一种不可承受的"空""轻""快"的生存态中。唯有"思"，才使我们免于堕入一个"失实""失重""失稳"的世界，这个世界方会转化为一个澄澈而不空虚、轻盈而不缥缈、欢快而不急迫、美丽而又动人的人类"精神的家园"——因切己、切身而真正最使人自由自在的家园。在其中，人人如羽化成蝶的庄周在至大无边的天地间做真正的逍遥游——"海阔天空我自飞"。

至此，我们的结论是：唯有"思"，信息化社会中的人才能真正"诗意地栖居"在这个虚拟的世界里，这是"超越"（内在地）了信息化（数字化）生存的一种"艺术化生存"（"诗意的或诗化的生存"）。从此，人人不是都变成了弹奏鲜活、灵动的信息音符的艺术家？！

析"时中"在孔子生存境域中的魅力*

一、中

在《论语》中,孔子提到"中"的次数并不多,"允执其中"(《论语·尧曰》,下引《论语》,只注篇名)、"不得中行而与之,必也狂狷乎"(《子路》)、"力不足者,中道而废"(《雍也》)、"中庸之为德也,其至矣乎!民鲜久矣"(《雍也》)。依后人注解,常以"中"为"不偏不倚""无过无不及""恰到好处"。《论语》对此解提供了不少的佐证,如孔子论君子、论为人,要做到"和而不同""群而不党""周而不比""矜而不争"以及"文质彬彬";论从政,要做到"惠而不费""劳而无怨""欲而不贪""泰而不骄""威而不猛"以及"刑罚中";艺术活动,则要做到"乐而不淫、哀而不伤"。而且,孔子在品评弟子的为人时,曾说"师(颛孙师子张)也过,商(卜商子夏)也不及"。于是乎,"不走两个极端",而"中"是孔子看待世间万事万物、待人接物的一个总的原则、尺度,并以之来规范一切。然而,同样是在《论语》中,孔子自己多处的所作所为与上述所立的准则大异其趣。其惊人之举,如有时不顾师道尊严,破口大骂学生"非吾徒也""朽木不可雕也";有时一反温、良、恭、俭、让的谦谦君子形象,竟然同远道而来的朋友开起玩笑来:"老而不死""死而不僵"。而最为出格的时候莫过于"颜渊死,子哭之恸"(《先

---

* 本文原载于《孔子研究》2003年第5期。

进》)。在此刻，我们不难想见，当时的孔子竟然老泪纵横，捶胸顿足，伤心至极。

如此"放肆"、不节哀，岂不与其"哀而不伤"的训导大为相左？按理，孔子最为憎恨的一类人就是言行不一（"言不顾行，行不顾言"）的"伪君子"，强调要"听其言，观其行"，他理应"以身作则""以身正法"，忠实地践履其训导的"不走极端"的"中"道，而事实上何故如此"伪"而"不中"？

不过，通观《论语》，孔子从"十有五而志于学"至"七十而从心所欲，不逾矩"的一生，他大抵做到了言能由衷，行出于心声，少说违心话，少做违心事。就拿他为颜渊死而恸哭一事来说，在当时，人们对"天"有一个根深蒂固的信念，即"为善者，天报之以福；为不善者，天报之以祸"（见《荀子·宥坐》，所引为子路语）。但偏偏"不迁怒，不贰过""其心三月不违仁"的颜渊却英年早逝了，这一残酷现实同道义理念之间的强烈反差（德福不相称）怎能不令"畏天命"的孔子愤然若头撞南墙？！由此观之，孔子那一声痛彻心魂，惊天地、泣鬼神的"天丧予"的嗟叹，不仅是师生之间的情痛，更是为人类命运中太多的不幸所生的义理、道义之痛。此时不痛，更待何时（这不由得令人想起孔子在另一场合对恶人恨之切切的咒语：此时不恨，更待何时？是可忍，孰不可忍）？！此时此刻，我们设身处地于其处境，就不禁深切体贴、"同情"于孔子这痛之切切的大伤了。相反，设想孔子若无动于衷，"鼓盆而歌"，就倒显得故作高玄、超脱不"仁"了。

二、时中与生存境域

依此推而广之，孔子的所作所为似乎都涉及一个生存境域或情境问题，即待人接物都处于特定的时间里，因此都得顺应、应合时机，体贴、贴切入具体的机缘中。一切均在"时"的境域（"时境"）中开启、展开和完成。人投身、浸淫于具体的情境或时境内，行事游刃有余般地处于时机化的境域（horizon）的纯自身呈显、显示（揭示）中，由此生发出喜、怒、哀、乐、

惧，缘构（originally constitute）成起伏跌宕的人生来。在此"时境"的观照下，我们会豁然开朗，顿时参悟透、化解开孔子的"中"道。所谓"不偏不倚""无过无不及"都有赖于具体的生存情境，都是处于特定时境中的"中"，即所谓"因时制宜"。没有超越时间、脱离时境的永恒凝固的"中"，正如没有绝对不变的"偏"或"倚"与"过"或"不及"。于是，孔子的"大恸"这一"过"，一旦做了时境化的处理，就可视为"因时而动"，恰恰是"中"了——一种在"时"中之"中"，即"时中"。而所谓"恰到好处"，"恰"就"恰"于"此时"，因此是一种"时恰"。如果说"时恰""因时而动""因时制宜"可视为"用"和"权"的话，那么，"时中"概念就最为中肯而贴切地诠释了中国文化"体用合一""经权结合"的生存价值取向："体（中）"在"用（时）"中，"经（中）"在"权（时）"中，也印证了中国传统文化、人生结构、态势——"极高明而道中庸"的圆融。

回到孔子大恸颜渊之死这件事上来，我们可以进一步推想，孔子在经历了"伤"之"过"这一"偏颇"之后，痛定思痛，无疑会对"天"的"四时行焉、百物生焉"的好生之常德有所参而会之于心，进而对"遇不遇，时也；死生者，命也"这一层有所悟而不为（"天"）所羁，如此则能"知祸福终始而不惑"，进而"博学深谋、修身端行、以俟其时"（《荀子·宥坐》）。如果说"顺天而行、因时而动"还蕴含着孔子"有执有着"于超验理念、抽象义理而对"天命"诚惶诚恐、忐忑不安，从而几近乎生存的"时中"之境，那么悟透了"死生有命，富贵在天"而无所求，则把外在于最直接、原本的生命体验的形而上学教条及其思辨通通化解掉了。一切纳入了有"肌肤之亲""膏肓之痛"的切己（切身）化生存境域内，则生存升腾入"无执无系""无滞无碍""无染无累"的"无待"之境，这是一种自然而自由地超"时"（最大限度地内化"时"）而"至中"之境。诸如"尽人事而待天命""无所为而为（不计个人利害得失、成败而为）"，乃至"知其不可为而为之"，都是对这种人生"有无（时）之（中）境"的最鲜明写真（即便我们今人，仍以"谋事在人，成事在天""世事我曾抗争，成败不必在我""尽力而为，问心无愧、死而无憾"等来自勉、自慰人生）。正是由自觉地"时中"到自然而自由地"至中",才生发出了"君子之德风""君子坦荡荡"的狂者胸怀,才缘构出"匹夫不可夺志""士可杀,不可辱""杀身成仁"的英雄壮举。这些激越的"决断",与其说是为遵从某种理念化的目标而殉道的人生境界,不如说是人处于其中的生存境域本身时机化的舒卷开合自如之所至。

依孔子自述,"七十而从心所欲,不逾矩",他终于做到了"可以仕、可以隐""可以行、可以止""可以进、可以退""无可无不可",日臻于"不勉而中,不思而得"之从容"中"道的"时中"之境。这是一种何等超拔、高妙而令人仰羡的人生境界!孔子"乐"亦"中","忧"亦"中";"文"亦"中","野"亦"中";"言"亦"中","默"亦"中"——时时"中"。正因此,孟子称之为"圣之时者也",也无怪乎子贡赞老师如日月般无以超越:"仲尼,日月也,无得而逾焉。"(《子张》)"夫子之不可及也,犹天之不可阶而升也。……其生也荣,其死也哀,如之何其可及也。"(《子张》)"太史公曰:《诗》有之:'高山仰止,景行行止。'虽不能至,然心乡往之,余读孔氏书,想见其为人。"(《史记·孔子世家》)真是难以捕捉的人世中之精灵——此乃孔子的真气象、真神采、真风貌。

然而,真要臻此人生的时机化之"时中"至境,却又绝非易事。在"时"中求"中",绝不是可以随心所欲,肆无忌惮,恣意妄为,"时中"恰恰反对"愚而好自用、贱而好自专"(《礼记·中庸》)。孔子为此提出"绝四":"毋意,毋必,毋固,毋我。"(《子罕》)即反对、远弃不入具体时境,而偏执于某种存在者(现成者、在场者:无论是感官经验观察所获的器物,还是精神反思推衍所获的观念),却还自以为是的表象—概念式思维方式与现成性生存形态。应处于境域式生存内,一切方可"因时而动""恰到好处",而达"时中",万不可"行险以徼幸"(《礼记·中庸》)。孔子"十有五而志于学",自此,"博学深谋、修身端行",不敢有一丝一毫的懈怠,从未自暴自弃,方得以对"时"自觉内化,体贴入微,修炼到自然而然、时时处处圆熟的地步。真可谓"修十年以求'中',修百年以成'时中'"。在此,不能不提及"子见南子"一事。孔子从不以"圣"自居,一生修炼,亦多有不"时中"之时。本来,"好德如好色"的孔子,一见到才学貌俱佳的南子,自然怦然心动;却又临场心慌、惶恐,露出一副手足无措、捉襟见肘的尴尬模样来,最后不得不落荒而逃。事后,他还迁怒于南子坏了他的"正人君子"的形象,赌咒发誓"天厌之",并留下"唯女子与小人难养"这一千古不实之言。除此以外,孔子还在该仕还是隐时的几次优柔寡断和自我解嘲上,都无情地表现出恰"时"求"中"是多么难以企及。

三、艺与时中之境

人凭何"机""缘"而涵养于"时中"的生存之境并永葆"中"道呢?综观孔子的一生,"艺"在其人生中占据着一个极为凸显的位置,他如此钟情于音乐等"艺",似乎活脱脱地活在一种"艺境(乐境)"之中。"艺"不能不说是解读孔子人生境界的一把金钥匙。"艺"在孔子身上,不仅仅是某种作为谋生手段的"技艺""艺术",更意味着一切能点化、激活任何鲜活、灵动而有尺度感、节奏感的东西,能开启、引发时机化情境(contextuality)的思想方法与生存方式。"子云:吾不试,故艺。"(《子罕》)孔子认定一切不为世用而得以习于艺而通之。因此,"知之者不如好之者,好之者不如乐之者"(《雍也》)。《史记·孔子世家》中讲:"孔子以诗、书、礼、乐教,弟子盖三千焉,身通六艺者七十有二人。"想象着孔子与弟子们"浴乎沂,风乎舞雩,咏而归"的情景,无疑,孔子亦是以"艺"引领人循循"诱"入"发而中节"的"中"道乐境中的。

如果说,孔子的生存魅力在于"时中",那么"艺"则是"时中"的秘密源泉——终极"缘",一切由此"缘"发。"艺",为"几(几微)"或"机",这"几"恰是中国古文化里讲的"介于无和有之间的发生和预兆机制"。它如同溪流上的泉眼、林中的空地、铁板间的缝隙,又似绽出、展露口、发窍、空灵点,枢机般操持、运作着生存境域的起、承、转、合,人处于"艺"境中("游于艺"),就如同陷入深不可测的旋涡内,随着涡流而游戏着、旋转着、跳跃着、静默着……和着天然的节拍、韵律。

正是沉浸在这种充满诗意般乐感的自由自在的"艺"境内生存着,孔子"饭疏食，饮水，曲肱而枕之，乐亦在其中"（《述而》）。"子在齐闻《韶》，三月不知肉味。曰：'不图为乐之至于斯也！'"（《述而》）"子谓《韶》，'尽美矣，又尽善也'。"（《八佾》）正因孔子存活于这种涵养着"时中"的生存"艺"境中，决定了他的人生是一种真、善、美相统一的人生。凡是在时境（更本源地说是"艺"境）中开显出来的，即随"机"显现而未受遮蔽、扭曲、污染的都是"真"的。因而一切"时中"之中的事是最真实的事情——"事情本身"。可见，"时中"即为"真"。而处于真情自然流露中的"时中"之人、"性情中人"，则是"真人"。由此观之，"回到事情本身中去"并栖居于"真理（道）"之上，无不是孔子一生之所求。同样，"因时而动"，就能做到"率性而行"。人处于"时中"中，如行云流水，"手舞足蹈"，灵动不羁，并"中节"于天地万物之脉律，同万物和谐共振、"和平共舞"于同一个大宇宙的"游戏空间"。难怪后人常把"中"与"和"相联。（时）中和"之境无疑是一种自由之境。可见，"时中"亦为"美"。从这个角度讲，孔子是"尽性至命"的自由圣贤。另外，更有后人常常把孔子的"中"同"庸"相联，"君子中庸"（《礼记·中庸》）。依郑玄解："名曰中庸者，以其记中和之为用也。庸，用也。"（《礼记·释文》《礼记正义》引）还说："庸，常也。用中为常道也。"（《礼记·中庸注》）简言之，"中庸"即"中用"，且为时常之"中用"，为何？因为行事若是恰"时"而"中"，"中"就能时时处处落实于日用伦常之中，并处处时时"中"［zhòng，中的（dì）］。此乃"极高明而道中庸"之谓也。正因它，得以成就"能近取譬"的"仁"，成为"仁"之本。因此，就价值观而言，"时中"即是"善"，孔子是一个大善者。归之，"时中"的生存之境是一种至真、至善、至美之"至境"；在其中，为人处世，待人接物，做到了"时中"，这是一种"尽真尽美尽善"之"至德"。正如太史公言："中国言'六艺'者折中于夫子，可谓至圣矣！"（《史记·孔子世家》）孔子无疑是中国传统文化中这样一个真、善、美的化身。

从权力话语到话语权力*
——兼对福柯话语理论的一种哲学批判

进入20世纪,在整个西方哲学思想史上出现了一个语言(学)转向,即从探究世界本质——"世界是什么"——的本体论和如何认识世界的认识论转向如何表述世界的语言学。而后,在人文社会科学中,又从语言(学)转向话语及话语理论和话语分析。"'话语转向',是近年来发生在我们社会的知识中的最重要的方向转换之一。"[1] 在后一场转向中,法国哲学家、社会学家、后结构主义者米歇尔·福柯(Michel Foucault)发挥了关键性的作用。他是第一个彻底突破语言学的学科边界,从社会学的新视角重新观照和界定话语的人。他从社会关系的角度深描了话语背后所蕴含的意义以及由此编织的权力关系网络,揭示出话语与权力之间的同一关系。正是从这个意义上,他的话语理论可以称为权力话语理论或话语权力理论。近年来福柯的话语理论在政治学界和政治实践领域颇为流行,有必要对它进行反思和批判,并结合马克思主义的实践唯物主义来予以纠偏。

---

* 本文原载于《新视野》2017年第2期;入选中国知网学术精要2022年10—11月高PCSI论文、高被引论文和高下载论文。

[1] 霍尔.表征:文化表象与意指实践[M].徐亮,陆兴华译.北京:商务印书馆,2003:6.

一、权力话语

要把握福柯的"权力话语"和"话语权力"概念,首要是理解他的"话语"概念。① 福柯认为:话语不是"词"和"物"的简单结合体,也不是语言和现实之间的接触面。尽管话语是由符号构成的,但话语不只是涉及表征的符号,话语所做的并不止于用符号来指称事物("现实的无声存在"),这些多出来的东西是无法还原为语言的。② 因此,话语不能被化约为语言和言语。"正是这种'不止'是我们必须揭示和描述的。"③ 那么,话语到底是什么?所谓"话语",是一种陈述,关于某个问题、话题或议题的陈述(或论述)。但话语不是一般的陈述,它不同于逻辑学中的命题、语法中的句子,也不同于语用学中的言语行为,因为它不受语言学或逻辑学中标准和规则("正规用法")的规范和约束。话语是语言使用的陈述,它包含了语言使用和对语言使用的规约两个方面,完整地说,包含了语言在社会中使用的方式及制约这些方式的社会规约,因此,话语所受到的是社会因素的制约。

作为一种语言使用的特殊的陈述,话语既不是符号系统,也不是语言或逻辑结构,而是社会实践活动,是深度嵌入社会之中并与之展开内在构成性互动的实践活动。概而言之,所谓话语的实践就是用符号界定事物、建构"现实"和创造世界的社会实践,其核心是赋义行为。正是从这个意义上说,话语是一种系统地形成种种话语谈论对象的复杂实践。在《知识考古学》中,福柯不仅把作为实践的话语本身作为研究对象,还反复使用"话语实践"这个概念来突出话语的实践维度和实践品性。可见,话语实践不是基于话语的实践,话语本身就是实践,两者具有同一性。基于话语的

---

① "话语"(法语词 discours,英语词 discourse),源于拉丁语"discursus",而"discursus"又来自动词形式"discurrere","dis-"意为"away"(离开),而"currere"意为"torun"(跑),因此,从词源学上讲,"话语"最初具有"到处跑动"的意思。
② FOUCAULT M, trans, SMITH A M S. The archaeology of knowledge [M]. New York: Pantheon Books, 1972: 48-49.
③ FOUCAULT M. The archaeology of knowledge [M]. London: Routledge, 2002: 54.

实践性,话语研究"不把——不再把——话语当作符号的整体来研究(把能指成分归结于内容或者表达),而是把话语作为系统地形成这些话语所言及的对象的实践来研究"。① 而话语分析,则是考察话语的实践条件、受制约的规律和它在其中运作的场地,揭示话语背后蕴含的社会权力关系。正是从上述意义上说,所谓话语的质量,主要不是从语言学或逻辑学上说的,不是指话语自身的完善性或完备性,不是以普通逻辑的标准如同一律、排中律等来衡量,而是从社会学和政治学的角度来说的,是就话语同语境(社会政治情境)的融贯而言的。

作为一种社会实践活动,话语具有一定的社会功能,它直接表现为对社会现实的能动建构作用。这种社会建构作用产生了情境化(随机化、个人化)和结构化(制度化,化为习惯、惯例和制度)的社会效力,包括参与人与人之间的权力分配,塑造人际(或群际)间的社会关系,制约个体的身份认同、意志、态度及思维和行为方式。作为功能性(而非工具性)的陈述实践,话语总是处于一定的时空背景即社会历史情境之中,并对其所处的社会历史情境产生影响。换而言之,话语既深处在一定的社会权力关系中,又对这种社会权力关系进行改造。这表现为:一方面,话语隐藏于复杂的权力关系中,任何话语都是权力关系运作的产物。在任何社会中,话语的生产都会按照一定的程序而被控制、选择、组织和再传播;另一方面,话语通过赋予意义即自我界定和界定"他者"及相关的社会事物,既确证、维系和强化(固化,使之自然化、理所当然化)又削弱、重置和重构(使之风险化)社会常规的存在与占有及权力分配方式。显然,话语的这种社会建构功能是通过对社会权力关系的积极介入来实现的。之所以如此,是因为话语不仅仅是权力的手段、"权力的工具"、权力的产物("权力生产话语"),同时也是权力的载体和产制者,它"承载着和生产着权力","话语展现、加强、再生产着社会中的权力和支配关系,并使其合法化,或者对这种权力和支配关系进行质疑和颠

---

① 福柯.知识考古学[M].谢强,马月,译.北京:读书·生活·新知三联书店,1998:62.

覆"。① 话语（实践）由此成为权力生成和施行的实践载体。甚至可以说，话语若是不同时预设和构成社会权力（关系），它也就不存在于社会或是不可理喻和想象的。由此可见，话语的核心社会功能是"赋权"（赋予权力），即赋予某个社会个体或群体以权力（同时剥夺另一社会个体或群体的权力）。"人通过话语赋予自己权力"，"如果没有话语的生产、积累、流通和发挥功能的话，这些权力关系自身就不能建立起来和得到巩固"。② 至于话语在加强、强化某种权力关系的同时也抵抗和削弱另一种权力关系的实践，同样是对话语的权力效应的一种证明。事实上，任何话语陈述都不可能是空白的，总是包含了对事物的某种价值判断。而任何价值判断都有明确的指向，因而具有权力关系的特征。正是从这个意义上说，话语总是不可避免地带有意识形态色彩，所有的话语都是意识形态话语。意识形态话语乃是那些有助于维护、改变甚至颠覆一定的社会权力关系的话语。③ 而且，更根本地说，基于话语的权力性，话语的关系就是（社会）权力关系，话语的意志就是权力的意志。所有的话语都是"权力话语"，是制造权力的话语。"权力话语"表明，正是被放置在一定社会关系，话语（实践活动）才获得了权力的本质，而纯粹的语言本身是不具有权力特征的。

二、话语权力

福柯的话语理论是一种"建构性的话语观"（建构主义的话语观），它把话语看作无所不能的、神奇的建构性力量。话语生产知识（真理），建构话语主体、知识对象乃至社会现实（关系），"它涉及将话语看作从各个方面积极地建造或积极地构筑社会的过程：话语构建知识客体、社会主体和自我'形式'，构建社会关系和概念框架"。④ 概而言之，话语建构了整个社会性的文化

---

① 卢永欣.语言维度的意识形态分析[M].北京：社会科学文献出版社，2013：123.
② 福柯.权力的眼睛：福柯访谈录[M].严锋，译.上海：上海人民出版社，1997：228.
③ 费尔克拉夫.话语与社会变迁[M].殷晓蓉，译.北京：华夏出版社，2003：62.
④ 费尔克拉夫.话语与社会变迁[M].殷晓蓉，译.北京：华夏出版社，2003：38.

世界。因此，它不仅突破了传统观念中言与行之间的二元对立——"言即为行"，而且突破了语言与世界之间的二元对立——"语言即世界"。由此，这种话语理论超越了把语言仅仅当作指称事物和社会交流工具的工具主义语言观（语言工具论），而上升为话语本体论（决定论）——话语具有本体性的至上意义，它支配了一切。正是从这个意义上说，福柯的话语理论是一种"话语拜物教"。

"一切均在话语中"，脱离话语的人、事物、制度和知识都是不存在的，也是不可言说、不可理喻的，因为"作为现实表意实践活动的话语，不只是运用语言来传达意义，而是深蕴了隐而不现的强大建构力量。是话语建构了我们的生活世界，是话语建构了我们对这个世界的理解和解释，同时也是话语建构了我们主体自身"。[①] 因为话语是一个先于作为个体存在的人的社会系统，人们必须借助话语，在特定的话语系统里把自我表达出来而为他人所理解，从而建构自己的身份。人生在世，实际上是"人在话语中"。话语决定着人与世界、人与人之间的关系。置身于生活世界中的人，就是通过话语这一主宰性的"中介"建立起同世界、同他人之间的联系。作为话语主体的人类（自身由话语所建构）似乎创造了话语系统，但作为创造物的话语系统却无处不在地渗透到社会的各个层面，它反过来不断建构和重构着人们的生存世界，人们的思想和行为被话语牢牢控制在其中，由此，自以为主体的人被规训成"臣民"。

福柯的话语理论揭示了话语内在、本然的权力性，同时也揭示了话语与权力的内在同一性关系：话语与权力之间不是一种外在的联系，而是具有内在的勾连或关联——"话语生产和再生产权力"，权力通过话语而生成，所有的权力都是话语的权力。脱离话语的权力是不存在的，也是不可想象的。权力不是外在于话语，处于话语之外，而是内在于话语的，是在话语运作中生成的。话语与权力之间没有相互隔离，没有任何距离。归之，话语本身就是一种权力，"话语即权力"，可谓之"话语权力"，即所谓"话语权"。因此，

---

① 周宪.福柯话语理论批判[J].文艺理论研究，2013（1）：124.

在解读"话语权"时，不能外在地理解话语与权力之间的关系，把两者的关系"异化"成客体与主体、手段与目的的关系，以至于把话语单纯地理解为内容、对象、载体和手段，把权力理解为创制、占有、把握和运用话语的拟人化的主体资格、能力、力量或目的。由此，"话语权"被理解成了一个人本主义性的复合词——"（人掌握）话语的权力"，并极有可能被误解成另一个带有人道主义含义的复合词——"（人的）话语的权利"。相反，应该内在地理解话语与权力之间的关系，把两者之间的同一性关系理解成体用关系——前者是"体"，是本体、主体和母体；后者是"用"，是属性、特征和功能，即把话语理解成权力的根本、本质和本源，把权力理解成话语的本质属性、必然产物、后果和效应。体用合一，话语必然生成权力，话语权就内在地蕴含在话语之中，或者说，话语内在地蕴含着话语权，话语权的实质就是作为权力的话语本身。因此，从概念的基本内涵上讲，"话语"等同于"话语权"，两者是同一个概念。在话语与权力同一性的观照下，"话语权"其实就是一个单元词——"话语（权力）"。基于此，福柯的话语理论既可以称为权力话语理论，又可以称为话语权力理论。

正是话语与权力的同一性关系真切地显示了权力的关系性。作为本体性的社会实践活动的话语，权力不是为一定的社会核心群体所把持的东西，"将权力视为可以为某些人、某些阶级或其他什么主体所拥有的财产，这是一种误导"。[1] 话语之权力不是实体，而是关系，一种社会关系，因而，它无处不在，遍布于社会的每个角落，渗透到社会的方方面面。"现代权力是毛细血管状的，它不是从某个核心源泉散发出来的，而是遍布于社会肌体的每个微小部分和看似最细小的末端。"[2] 哪里有话语，哪里就有权力。以话语为中心的世界就是一个充斥着权力关系的世界。

---

[1] 弗雷泽.福柯论现代权力[M]//汪民安，陈永国，马海良.福柯的面孔.北京：文化艺术出版社，2001：36.
[2] 弗雷泽.福柯论现代权力[M]//汪民安，陈永国，马海良.福柯的面孔.北京：文化艺术出版社，2001：130.

三、话语实践与话语本体论批判

福柯的话语理论一经产生，就在一定程度上对人类实践产生了一种指向性和转向性的效应，即指向非现实的话语实践，并由物质实践转向话语实践。尤其是在政治领域，近年来，基于政治话语的话语政治成为一种重要的话语实践形式。

确实，在人类漫长的社会实践历程中，伴随着人类文明化程度的提高，人类活动中的文化因素越来越多。由此，作为文化载体的（象征）符号、话语、文本、影像（形象）与作为文化内容的信息、意义、观念、知识的地位越来越凸显。一直以来，暴力/强制与话语/意义是形成和施行权力的两大机制，两者相互成就，互为补充。但在现代社会，尤其是进入第二现代（类似于后现代）阶段后，权力不再像从前那样倚重暴力手段，而日趋依靠话语在人类头脑中建构意义、形塑理解而生成和施行。[①] 也就是说，权力更多的是通过话语（符号）而非暴力来施行。由此可见，话语越来越成为最重要的权力资源或来源。换一个角度说，进入现时代，人类社会的制度结构发生了深刻变化。在现代性的四个制度性维度——资本主义、民族国家、军事力量和媒介传播及其分别对应的四种权力——经济权力、政治权力、强制权力和符号权力中，媒介传播及其所对应的符号权力在现代社会中发挥着日益重要的作用。[②] 这也是一个人类权力运作机制从武力、财力威逼、利诱型的硬权力转向文化吸引、劝服型（"以文化人"）的软权力的发展过程。[③] 由此可见，话语（实践）越来越成为权力生成和施行的重要实践载体，相应地，话语权（符号权）日益成为一种核心的权力形式——（文化）软权力。基于话语是以符号

---

① CASTELLS M. Communication power [M]. New York: Oxford University Press, 2009: 10-12, 50-51, 416; 马杰伟, 张潇潇. 媒体现代: 传播学与社会学的对话 [M]. 上海: 复旦大学出版社, 2011: 254, 270-271.

② THOMPSON J B. The media and modernity: a social theory of the media [M]. Stanford, CA: Stanford University Press, 1995: 45-52.

③ NYE J S. Soft power [J]. Foreign Policy, Fall, 1990: 166-169.

为承载形式和以信息为基本内容,所谓符号(权力)竞争或信息博弈,从实质上说,就是话语政治即话语权的竞争或博弈。围绕维护、修改或颠覆符号含义而展开的话语权竞争乃成为现代社会斗争和竞争的重要面向。

不过,包括话语政治在内的诸多话语实践活动的哲学依据是话语本体论。而话语本体论的哲学基础是反实在论的,也是反人道主义的。首先,在话语本体论的观照和支配下,人与世界的关系发生了一种隐秘、不易察觉的"转换"。在一般的哲学中,无论是传统认识论哲学还是现代生存论哲学,都是从人与世界之间的关系上来立论的,前者以主客二元(对立)论为假设,后者以主客统一论即人与世界合一为前提。这些哲学都是建立在关于世界是否真实存在的实在论承诺之上,它们或者是外在实在论或内在实在论,或者是物质实在论或经验实在论,或者是间接实在论或直接实在论(自然实在论)。进入20世纪,出现了"语言转向"或"符号学"的转向,形成了分析哲学和结构主义,哲学的注意力指向了语言和其他类型的符号,而不再是"心灵""观念"或"经验""世界"。由此,关于语言意义的性质或来源的语义学问题而非实在论问题成为哲学关注的首要问题,出现了以符号与符号之间或语言与语言之间的关系来说明语言意义的推论主义语义学思想。由此,语言的推论关联成为理解语言的唯一根据。显然,推论主义语义学强调的是语言的自主性和意义的内在性(内在于语言系统)。与之相应的是,人的思想或信念也是自足的,无须依赖经验保持与世界的联系,也无须指向世界,只须用思想、信念之间的自我融贯就可保证思想、信念的证成。由此,人的思想、信念不受外在世界或要素制约。总之,语言或符号学的转向发展到极致,经验被彻底抛弃,"世界完全丧失"(分析哲学家罗蒂语),世界从人们的视野中隐退以至于完全消失。由此,人与世界(环境)的交互活动(认识、实践或生存活动)转向了人与语言或符号打交道。

作为话语转向的产物,福柯的话语本体论在很大程度上沿袭了分析哲学的旨趣和风格,同样远离了人们现实经验到的物质世界。它同样是反实在论的,因为它放弃了关于外在的物质世界是否真实存在的承诺。或者说,实在论问题变得不是那么重要。话语本体论把包括人、事物、知识、制度等世界的一切都归因于话语（建构）。人与世界之间的关系转向并归结为人与话语之间的关系。或者说，主体对实在世界的直接经验（或体验）关系转换为主体与话语之间的建构性关系。世界观决定方法论。由此，人的物质实践活动变得无关紧要，重要的是话语实践。从物质实践向话语实践的转换彰显了后现代方法论的一大重要特征——表征（或象征）对在场的替代，在场所寄托的在场的形而上学是本质主义的，强调的是实体或实在的真实存在以及面对眼前客观事物的直接经验或体验；表征的哲学基础是反本质主义的，强调的是表意实践及作为表意主体的象征符号。应该说，在场是第一位的，是表征的根据；表征是第二位的，是在场的表象再现或意义表达。但在这一转换中，表征对在场的取代实际上也就取消了在场。譬如，进入后现代社会，符号的生产和消费越来越取代乃至取消了传统的物质生产和消费，这也是所谓"知识经济""虚拟经济"的要义所在。同样基于这一转换，话语论就以对表征的分析来取代对在场的直接经验的分析。① 换而言之，话语分析取代了社会物质实践（如观察、实验）。"词所讲述的只是自身，词要做的只是在自己的存在中闪烁。"② 福柯的话语本体论强调话语是自足的，并且认为到了现代时期，表征越来越不受制于词（语言）与物（对象）的关系限制。这进一步表明，随着人类社会文化的历史演进，表现为表意实践的话语实践同社会物质实践之间的关联会越来越少。

其实，在人类改造物质世界乃至于精神世界的过程中，相对于物质实践，话语实践是苍白的，因为"不是从观念出发来解释实践，而是从物质实践出发来解释各种观念形态的东西，由此也就得出下述结论：意识的一切形式和产物不是可以用精神的批评来消灭的，……而只有实际地推翻这一切唯心主义谬论所产生的现实的社会关系，才能把它们消灭"。③ "批判的武器当然不能

---

① CAHOONEED C. From modernism to postmodernism [M]. Oxford: Blackwell, 1996: 14.
② 福柯. 词与物: 人文科学考古学 [M]. 莫伟民, 译. 上海: 上海三联书店, 2001: 393.
③ 马克思, 恩格斯. 马克思恩格斯文集: 第1卷（1833—1843）[M]. 中共中央马克思恩格斯列宁斯大林著作编译局, 译. 北京: 人民出版社, 2009: 544.

代替武器的批判,物质力量只能用物质力量来摧毁。"①马克思主义的实践唯物主义世界观及其现实主义的方法论原则提示,物质实践是话语实践不可替代的。

为了回到事情本身,或者说,回到人们的思想观念得以产生并为真的最终根据即现实世界,必须通过物质实践。为此,有必要把话语实践(表现为表意实践和话语分析)与非话语的物质实践活动和社会文化制度实践(社会运动)结合起来,把话语实践深深扎根于现实社会中,使之更具社会参与性和介入性。

除了反实在论的哲学本性,福柯的话语本体论同时也是反人道主义的。在福柯话语理论的观照下,人不再是主体,而变成了绝对的客体,因为他(她)不是话语的主体和发出者,而是话语建构的产物,人在话语实践中不断受到话语所生产的权力的规训。福柯的话语理论持一种消极的主体观,它消解了自启蒙运动以来人道主义所预设的具有"中心性""超验性"和"自主性"的"人"的概念。在福柯所设想的话语实践中,不是人选择语言规则来组织话语,而是语言规则选择人来组织话语,他说"你以为自己在说话,其实是话在说你",或者说,是话在借你之口在说。因而,在话语面前,人显然是无足轻重的。如同他在分析"作者"概念时所指出的,谁在说话其实并不重要,重要的是"作者—功能"。主体(作者)的"意义"只在于承担和完成话语的功能。换言之,现实的主体毫无意义,有意义的是某种在话语实践中按规则陈述的"主体—功能"。福柯坚信,主体性完全是被话语建构的,是话语规则预先确定了某种空的主体位置,任一占据该位置的主体所能做的事,都不过是按照为该位置预先设定好的规则来陈述所允许的东西而已,比如认知型对科学性和非科学性的区分等。②话语事先以某种特定的方式规定和控制着主体的位置、人们谈论的话题和谈论方式乃至于人们想谈什么和能谈什么,"不存在什么真实事物,存在的只是语言,我们所谈论的是语言,我们是在语

---

① 马克思,恩格斯.马克思恩格斯文集:第1卷(1833—1843)[M].中共中央马克思恩格斯列宁斯大林著作编译局,译.北京:人民出版社,2009:9.
② 周宪.福柯话语理论批判[J].文艺理论研究.2013(1):126.

言中谈论"。① 福柯在《作者是什么?》一文的结束语是——"谁在说话有什么关系?"他甚至多次否认"作者"这个概念。②

权力和知识的合谋在话语实践中预设了主体,而主体却无法改变其命中注定的被规定、被规训(支配)的命运。之所以如此,是因为福柯对主体与话语的关系设定基本上是单向的,只有话语规则或认知型对主体的规训,很难见到主体对话语重构和改变的能动性。③ 因此,人道主义的关怀在于,人如何对话语实践中的权力规训予以抵制和反抗。对此,福柯自己似乎有所意识,提出了少数反对话语实践和反对话语控制的反控制策略,譬如"审美生存"。但这些抵抗思路和路径是消极的。如何建构起主体与话语之间的双向互动,问题的关键在于话语理论的本体论根源,不破除其反人道主义的本体论根源,人是无法得救的。

---

① 刘北成.福柯思想肖像[M].北京:北京师范大学出版社,1995:92.
② 埃里.权力与反抗:米歇尔·福柯传[M].谢强,等译.北京:北京大学出版社,1997:序言.
③ 周宪.福柯话语理论批判[J].文艺理论研究.2013(1):126.

新世界主义：人类命运共同体的世界观基础[*]

新世界主义是构建人类命运共同体的世界观基础，它既不是西方现代的世界主义，也不同于中国传统的天下主义，而是对两者的超越。虽然新世界主义与世界主义两种世界观从实在论、价值观和方法论的角度看有相通之处，都是与（民族）国家主义相对，但在两者之间还存在着哲学世界观（本体论）和哲学思维方式（方法论）上的根本性差异：一方是实体本体论，另一方则是关系本体论；一方是二元论、现成论（本质主义），另一方则是多元论、生成（构成、建构）论（过程主义）。虽然新世界主义可以被理解为创造性地转化传统天下观的成果和天下理想在当代的复兴，但它彻底超越了作为天下主义之实质而拘囿于民族国家主义范畴的华夏中心主义。

进入 21 世纪第二个十年，人类世界迈入一个开启"中式全球化"（chi-globalization）进程的新时代——所谓"后西方时代"，以习近平为代表的当代中国共产党人提出了"人类命运共同体"的新命题，呼吁世界各国人民同心协力，共同构建人类命运共同体。人类命运共同体的世界观基础既不是西方现代的世界主义，也不是中国传统的天下主义，而是超越上述两者的新世界主义。由此，把握新世界主义对世界主义和对天下主义的双重超越成为理解人类命运共同体的关键所在。

---

* 本文原载于《北京行政学院学报》2018 年第 6 期。

一、与国家主义相对立的世界主义

作为一种学术话语的世界主义，始于 20 世纪 90 年代，它与全球化实践和理论的兴起密切相关。但作为一种思想观念，世界主义已经有相当长的历史或"前历史"，它发源于古希腊晚期。就词源学分析而言，"世界主义"（cosmopolitanism）这个词的含义原本具有两重性：两个词根中，"cosmos"意指"宇宙"整体的普遍秩序即"普遍宇宙"，而"polis"则意指城邦政治即"地方性政体"。前者代表普世性（普遍性），后者代表地方性或地域性（特殊性）。可见，世界主义是普遍性与地方性的结合，世界主义观念是普世主义与地方主义的辩证统一。这是古代最传统的世界主义思想。

进入近代，伴随着民族国家（nation-state）在西方世界的兴起，尤其是自 17 世纪中叶确立起以民族国家为基本单位的国际关系体系以来，世界主义从古典形态发展为近现代形态，世界主义的含义在不知不觉中发生了变异，丧失了其辩证性，由二重性化归于单一性。作为普遍性的世界主义原本是源于代表特殊性的地方性，同时又是对地方性的超越，是普世性与地方性的对立统一。到后世，在二极对立的思维支配下，旨在超越地方性民族国家的世界主义则完全贬抑和否定了带有地方性的民族国家性，从而成为民族国家主义的绝对对立面。

在一种二元论的思维逻辑框架下，世界主义与作为地方主义的民族（国家）主义总是两极并立，相互对抗。也就是说，世界主义在逻辑上总是有一个外在的对立物（民族国家主义）与之并存。两者之间存在着针锋相对的矛盾冲突，彼此互不相容。一旦在世界/（民族）国家、全球（性）/地方（性）、普遍（性）/特殊（性）的二元对立思维中思考世界主义与民族主义或国家主义的关系，这两种不同的世界观就会被尖锐对立起来而处于一种不可调和的紧张状态。

进入 20 世纪，经历一战后和平主义思潮的泛起和二战后世界联邦思想的勃兴之后，世界主义思想观念再度回归，当代世界主义发展出伦理世界主义、道德世界主义、法律世界主义、制度世界主义、政治世界主义、正义世界主义、文化世界主义和人权世界主义等多种思想形态。每种世界主义思想形态皆呈现出温和（mild, moderate）与激进（radical）或极端（extreme）之分别：温和的世界主义既主张超越民族国家的普遍原则，又承认国族层面的"地方性"规范；激进的世界主义则只肯定前者而否定后者。温和的世界主义既认为应该建构全球性政治体系，也认可国族层面的政治体系；激进的世界主义则只持有世界国家主张并对后者乏有肯定。[①] 无论存在多少种思想形态，无论内部各派别之间的差异性有多大，当代世界主义同近现代世界主义在实在论、价值观和方法论角度上仍旧保持着基本的一致性，表现为对民族国家主义的共同反对。因此，世界主义与民族国家主义体现为两种截然不同的世界观。

首先，从实在论的角度看，各种现当代世界主义思想形态都是持"世界实在论"即世界中心主义的立场，都认为在整个世界中人类世界整体本身是最为根本、最真实、最具客观实在性的存在，是人类存在的终极归宿。与之相对，民族国家主义思想则主张国家实在论即国家中心主义的立场，认为民族国家才是世界上最为根本、最真实而实在的实体或实体性存在（而作为民族国家集合体的世界只是一个存在于思想之中的观念抽象物），是人类存在的最基本单元。概而言之，世界主义是世界中心论，即以整个世界本身为中心的世界观，而民族国家主义则是民族国家中心论，即以拥有至上主权的民族国家为中心的世界观。

其次，从价值观的角度看，也就是从价值认同和偏好上看，各种现当代世界主义思想形态都是偏向于超越民族国家的全球共同问题和共同利益，主张"普世价值"和世界或人类整体利益至上。它们同时认定人的共同人性和普遍人权及个人的平等价值、权利与自由至上，认为世界公民身份的属性超越国族、人种和文化等地方性身份属性。与之相对，民族国家主义则偏护民族国家的绝对主权，认同特殊民族价值、特定文化传统和主权国家利益至上，

[①] 张永义. 当代世界主义思想形态析论 [J]. 教学与研究，2014（11）: 93-101.

认为国家公民的身份属性是不可超越的。

最后,从方法论的角度看,各种现当代世界主义思想形态都共同拥有方法论世界主义(方法论整体主义,holism)即世界本位主义的方法论取向,它们都以人类世界整体作为主体性研究对象,把人类世界本身视为看待人类社会现象和问题的出发点——从人类世界本身的角度看世界。与之相对,民族国家主义则持有国家本位主义(个体主义,individualism)的方法论原则,它以民族国家为唯一的分析单元乃至于唯一的研究对象,单一地从民族国家的视角出发去观照民族国家自身及人类社会的现象和问题。总之,世界主义与民族国家主义是两种截然不同且正相反对的研究视角、范式和分析工具。

二、在本体论上与世界主义相区分的新世界主义

早在20世纪与21世纪的世纪之交,西方政治哲学和国际关系理论界就出现了一股从本体论、认识论、方法论上审视和反思世界主义(包括传统的、经典的乃至当代诸种形态的世界主义)的思潮。以德国学者贝克(Beck)、哈贝马斯等为代表的新一代世界主义研究者提出了关系、自我与他性、对话伦理(话语伦理,discourse ethics)、沟通共同体和对话世界主义(dialogic cosmopolitanism)等新议题。他们强调相互依存和亦此亦彼的关系、"主体间性"(交互主体性)以及国际社会中每个人及每个民族国家都处于以自由、平等、公开对话以求共识为基本内涵的社会交往之中,以此去突破和化解普世性(世界整体)、普世主义(世界主义)与特殊性(民族国家)、特殊主义(民族国家主义)之间的两极对立,从而确立起一种与民族国家主义达成和解的新世界主义思想。[1]

新世界主义与世界主义在实在论、价值观和方法论上有相通之处,都是与(民族)国家主义正相反对的,尤其是在价值观上,两者共享一致的超越

---

[1] 蔡拓. 世界主义的理路与谱系 [J]. 南开学报(哲学社会科学版), 2017 (6): 144–146.

民族国家利益的价值立场和取向。但是，新世界主义又是对世界主义的超越，它对未来世界有一种新的全球性想象。这种新的世界主义所构想的世界不同于西方世界主义构想的世界。世界主义视野中的世界是一个由超越主权国家的世界权威即超国家权威所主导的现成、既定的世界，新世界主义视野中的世界则是一个由各自独立自主的民族国家跨文化自觉自愿地共同建构的世界——一个"共建的世界"。

更具象地说，新世界主义所构想和想象的世界图景是一幅源于世界各地的各民族国家彼此独立、共存而又不断展开跨文明平等对话、共建普遍性价值的图景。在这幅世界图景中，世界既不是一个至大无外而容纳一切的一统化、一体化的"天下"（文明实体），也不是一种主权国家和其他政治单元都处于某种超国家机构的权威之下的僵化的世界政治结构或体系（超国家政治结构即政治共同体），而是一个由共同追求普遍主义规范并予以践行的全球各民族国家人民所构成的人类命运共同体。

不同的世界构想（理想、想象、图景）构成了不同的世界观（现实或经验表象层面上的），世界主义与新世界主义是两种不同的（现实）世界观。而不同的现实世界观折射出不同的哲学世界观（超验的逻辑或概念层面上的）。虽然这两种不同的世界观从实在论和方法论的角度看都是世界实在论（世界中心主义）和方法论世界主义（世界本位主义）的，但进一步从哲学世界观（本体论）和哲学方法论（哲学思维方式）深入去看，可以看出：两者之间还存在着更为深刻的根本性的差异。这种根本性的差异就根源于各自不同的本体论（哲学世界观）和哲学方法论（不同于一般性认识方法论）。换而言之，虽然新世界主义与世界主义都是视人类世界整体为中心，都是从人类世界本身的角度看世界，但它们各自所理解的"世界"本身和看待"世界"本身的方式是不同的。

从本体论层面上看，世界主义属实体本体论。所谓实体本体论，就是把某个实体性的存在者看作世界上最根本、最实在的东西，即世界的本体。就世界主义而言，世界的本体是独立并超越于所有民族国家的实体性超国家政治结构。甚至于激进的或极端的世界主义还认为这个超国家的世界政治结构就是世界政府、世界国家、"世界城邦"、"世界帝国"或世界共和国（普遍共和国）。譬如，当代西方世界主义的代表人物托马斯·博格（Thomas Pogge）强调，世界主义赞成世界国家或世界联邦，并且认为，主张"世界公民""国家和平联盟"思想理念的康德质疑、否定的是以征服方式制造君主政体而可能导致全球专制或者自身最终分崩离析的世界国家或世界政府，而并非通过和平方式以实现人类自由的世界国家。显然，这种实体主义的世界观把世界先验地当作某种本质化的实体来看待，从而把世界本质化了，因而也是一种本质主义的世界观，即本质本体论。

同样从本体论层面上看，新世界主义属关系本体论。所谓关系本体论，就是认为世界上最实在也最先在的东西并非实体，而是关系，它把非实体性的存在即关系看作世界上最根本、最实在的东西，即世界的本体。在此，关系本身就具有独立的本体地位，因为万事万物的意义及个人的身份都本体性地是由社会关系结构所规定和建构的。脱离关系，万物（包括个人）都是不可思议的。由此，世界是关系性存在，世界的本体就是存在于世界内的各种事物或人类社会中的各行为体彼此之间的互动、相互作用和"相互关联"。因而，世间万事万物及各社会行为体间的互动关系是比这些实体自身更具客观实在性的存在。就新世界主义而言，世界的本体是世界上各民族国家之间的关系即国际关系，以及包括民族国家与非国家行为体在内的所有行为体之间的关系即全球关系，而不是某个独立于各民族国家的、超国家的世界政治体系。

基于人类社会关系是建立在各社会行为体（包括个体和群体）之间互动基础之上的社会交往关系，新世界主义将世界理解成由处于国家间、非国家行为体间及国家与非国家行为体间互动实践过程中的（国际或全球）关系所构成的（国际或全球）网络，而非由单个（国家）实体构成的巨型（超国家）实体。显然，这种关系主义的世界观把世界经验地当作社会关系变化过程来看待，从而把世界过程化了，因而也是一种过程主义的哲学世界观即过程本体论。

三、在哲学方法论上与世界主义相区分的新世界主义

两种世界观——世界主义与新世界主义之间的差异不仅根源于各自不同的哲学世界观（本体论），而且源自各自不同的哲学方法论（哲学思维方式）。

首先，从哲学方法论上讲，如果说世界主义是二元论的，以二元对立的传统（现代）哲学思维方式看世界，那么，新世界主义则建立在一种全新的开放型哲学思维方式之上，这种哲学思维既不是一元论的，也不是二元论的，而是（无限）多元论的。在多元论的哲学思维方式观照下，世界既不是貌似"多元一体"，也非处于"一体多元"而与地方性"他者"的二元对立关系之中（"世界主义"），因为世界性既不是来自某一"特定立场的眼界"（the view from somewhere），也不是完全否定地方性的"无立场的眼界"（the view from no where），而是非中心主义的，是一种来自各方立场而又超越各方立场的眼界——真正的"多元一体"。新世界主义对民族国家主义的反对不再建立在两极对立的二元论思维逻辑之上，它与民族国家主义达成了和解。

其次，从哲学方法论上讲，世界主义属现成论，也属于本质主义。所谓现成论（本质主义），就是一种把万事万物都看作各自独立、先天既定不变、有着特定本质的存在物的思维方式，也就是说，用孤立静止的眼光看待世界。现成论的方法论同时是一种表象主义的自然（客观化）思维方式，惯于透过表象去"看"本质，它总是寻求一种深藏于我们的表象世界之外或之后，永恒、普遍、深刻的实在（本质）。而且，现成论的哲学思维方式还对世界持有传统的目的论和形而上学的预设，它将世界理解为先验的即先天既定的理想性存在物，被先行认定为当下世界存在的最终原因（依据）和追求发展的终极目标。也就是说，它一般预设不断变化着的人类世界的背后有一种先行存在而且永恒的设计（抽象的结构），如同某种超验的力量（如造物主）。它往往同时还预设了一个各方必须遵循的普遍性道德基础。

在世界主义的现成论思维方式观照下，世界或者是囊括了全球、区域、国家和地方等各个治理层面的全球政治框架，或者是贯彻了全球分配正义原

则的世界政治体系，或者是调和了全球性伦理原则（权利、人权）与地方性道德规范（义务）之间关系的"世界共和国"。总之，世界是现成的、凝固的。各个现成、既定的民族国家通过求同存异和平共存于这个现成、既定的世界之中。

新世界主义的哲学方法论则属生成论，或者说是过程主义。所谓生成论（过程主义），从哲学方法论的意义上讲，是一种把世间万物包括人类社会中的人和事物都看成自我生成的（becoming）或被他者建构出来的产物的思维方式，也就是说，以普遍联系和永恒发展的眼光看待世界。由此，世界处在不断生成的永恒状态之下，世界本身就是这个不断生成过程的产物。生成论的方法论同时是一种现象学的思维方式，现象学的思维是"内在"而非"超越"的认识，它不对世界做任何形而上的预设，而只是"回到事物本身"即直面世界本身，"直观"把握一切。世界就是（也只能是）通过感知和体验世界中向我们显现而可以确定的事物来加以理解，而不是把宗教的、神学的或形而上学的解释附加到我们的世界之上。生成论并不认为，有一个先在的或神圣的目标在操控我们的人类世界，我们的世界纯粹是它生成的这个样子，是被构造出来的结果。显然，生成论超越或者说彻底抛弃了传统的目的论和形而上学的假设。中国传统思想强调变易和生成，执系于世界的生成、变化过程，而对世界的"存在"（being）本身（永恒性）不感兴趣，也不去探究宇宙创造之源。中国传统思想中有一种对目的论和形而上学的假设不关心的倾向。从方法论上讲，中国哲学是"生成论"的，而不是"存在论"的。中国的"生成论"哲学思维和"过程思维"恰好为新世界主义世界观的形成提供了重要的哲学方法论资源。

在新世界主义的生成论或建构主义（constructivism）思维方式的观照下，世界不再是一个如同容器般容纳各个民族国家而使之共存于其中的自立自足、固定不变的实体性"存在者"，而是基于民族国家和非国家行为体各自之间及相互之间的持续互动而处在不断生成（to be）与被建构过程中的关系性"存在"，同时也是过程性"存在"。同样，在生成论思维方式的观照下，世界并非一个完全被动的被建构物，作为一种处在不断调整中的关系结构，它时时反作用于处在不断相互影响和改变中的各民族国家,规范和形塑着各民族国家的身份、利益及行为。概而言之,世界与民族国家和非国家行为体始终处于互动、互塑、互构和相互改造的关系之中。就此而论,新世界主义生成论视野下的人类世界其实不是某一个特定的世界,而是多个且无限多个不定型、反复重塑而永待完成的世界的层累式叠加,因而是一个"日日新,又日新"的世界。这个日新月异乃至于"时新时异"的世界就是"人类命运共同体"。

四、作为"人类命运共同体"世界观基础的新世界主义

2012年,在中国共产党十八大报告中首次提出了"人类命运共同体"理念:这个世界,各国互相联系、相互依存的程度空前加深,人类生活在同一个地球村里,生活在历史和现实交汇的同一个时空里,越来越成为你中有我、我中有你的命运共同体。"人类命运共同体"是基于中国与世界其他国家一起倡导的和平共处基本原则与和谐发展及和谐世界之道阐发出来的。随后在2017年,该理念以"共商、共建、共享"为核心价值观被写入联合国决议,有望成为全球各国共识和践行的基本遵循,进而成为全球公共理念。

"人类命运共同体"提出了一个超越西方世界主导、国际关系趋于民主化而"协和万邦"的国际新秩序。它强调当今世界各国相互依存、休戚与共、人类共同家园可持续发展,促进和而不同、互学互鉴、兼收并蓄的文明交流和对话。

这幅"人类命运共同体"的世界图景鲜明地表达出了当代中国人的世界观——世界是一个具有价值关联性的普遍联结着的世界,是一个处于不断互动、生成和建构过程中的世界。

那么,这到底是一种什么样的世界观呢?是否就是中国传统的"天下主义"或是源自中国传统的"天下(大同)观"的现代扩展版"天下主义"?还是一种全新的世界观呢?

自21世纪以来,中国的迅速发展举世瞩目。伴随着中国发展对世界经济格局的深刻改变、对全球政治和文化的重大影响,浸淫于关系性(过程性)

思维和生成性（建构性）思维的中国哲学思维传统中的我国学者，相继开始了对塑造未来新世界秩序——彻底摆脱霸权逻辑、超越霸权结构的"后霸权世界秩序"（post-hegemonic world order）——的理论探索，力图提出某种有中国特色的、超越西方现代世界主义的新世界主义思想理论。譬如，鉴于中国文化是一种讲究"关系理性"的关系主导型文化，人的一切行为围绕人际关系和群际关系的维系、强化和个人在群体中的形象管理、维护而展开，典型如"三纲五常"的"礼"文化，我国学者很自然地从关系的角度来观照世界，提出了以关系为本位的过程建构主义世界模型。① 这种对世界的观照无疑折射出一种关系本体论和生成论意义上的新世界主义思想。此外，我国学者基于关系本体论意义上的文化遭遇论（encounterism）视野，构想出文化（文明）相互关联着的世界各国跨文化对话、建构普遍主义规范和"共建新世界"的全球想象（天下理想），进而阐发出新的世界主义。② 这种中国的新世界主义思想彻底超越了以民族国家（如中国）为核心的民族国家主义世界想象，创造性地转化了中国传统"天下大同"的天下主义观念。

鉴于中国政府先后提出中国—东盟命运共同体、中国—周边命运共同体、亚洲命运共同体，以及中国与欧、非、拉、阿及各国命运共同体乃至人类命运共同体，有学者曾经勾画出一个命运共同体同心圆模型，并在此基础上为未来世界构想了一种全球性想象。这种世界想象也被称为"新世界主义"，它所构想的世界是一个以中国为圆心、由内而外依次向外扩散的"一体同心多元"的流动尺度结构（系统）③。这是一种典型的具有中心—边缘之别的圈层结构和有远近亲疏之分的差序格局。而具象化地表现为圈层结构和差序格局的新世界主义缘起于"天下大同"的思想传统，立足于民族精神——"一种可以引导民族共同体基于其特定的历史路径走向世界文明前沿位置的思想、观

---

① 秦亚青.关系本位与过程建构：将中国理念植入国际关系理论［J］.中国社会科学,2009（3）：69-86，205-206.
② 刘擎.重建全球想象：从"天下"理想走向新世界主义［J］.学术月刊，2015（8）：5-15.
③ 邵培仁，周颖.国际传播视域中的新世界主义："命运共同体"理念的流变过程及动力机制研究［J］.浙江社会科学，2017（5）：94-104，158.

念与生活态度",它既保存了民族精神与文化特性作为参与世界交往及国际传播的动力源泉,同时也破除了"民族主义对国家或政治共同体的封闭性依赖"。① 这种新世界主义似乎与民族国家主义达成了某种和解,但这种和解是建立在以作为民族国家的中国为本位(出发点)的基础之上的。这种新世界主义同样是以(中国与世界的)关系为本体的关系本体论,但这种关系是建立在以中国为主体、世界其他国家为客体的认识论(非生存论)化的外在关系基础之上的。这种新世界主义也同样是生成论的,因为它认为作为人类命运共同体的世界会因中国领导人对外传播、中国和平发展和中国外交突围而促成空间流变和空间范围扩张,但这种世界生成变化的动力机制是建立在中国单方面线性作用于世界的单向生成基础之上。显然,上述新世界主义是一种以中国(而非世界本身)为中心、为本位的"世界主义"。这种中国中心(本位)主义意义上的"世界主义"并没有克服作为天下主义之实质的华夏中心主义的视域局限,它仍然秉持将一切"内部化""包容化"的传统一元论哲学思维方式,因而没能跳出基于"华夷之辨"的"天下一体"或"大一统"传统思想窠臼。从本质上说,这种中国中心/本位主义的新世界主义无非是中国传统"天下主义"在当今全球化时代的一种延续或翻版。因此,它并非真正意义上的新世界主义。它与其说是一种新世界主义思想,不如说是一种更具开放包容性的、升级版的民族国家主义思想。

"人类命运共同体"是中国人提出的世界理念,但人类命运共同体并不是中国(人)的人类命运共同体,而是整个世界的、全人类的命运共同体。它平等而开放地属于每一个民族国家和每一个人,而不是为中国和中国人所主导、所专属。基于此,能够为人类命运共同体奠定世界观基础的必然是一种以包容、容纳所有民族国家的世界本身为中心、为本位,即世界中心/本位主义的世界主义思想,而且是一种以(全球)(内在)关系为本体、(世界)(双向)生成论(建构论)意义上的新世界主义思想。

历史上的帝国往往倾向于将自己的文明想象为世界的中心,试图通过征

---

① 李永晶.新世界主义:破解民族精神的时代困境[J].探索与争鸣,2016(2):64-68.

服或"皈依""归化"("文化")来收复并统治整个世界。新世界主义拒绝任何形式的民族国家中心主义,努力打破各种文明中心论的霸权地位——无论是欧洲中心论、华夏中心论还是美国中心论。在今天这个全球化的世界中,任何一种自我中心主义或文明优越论的主张,在现实中都是不可行的,在道德上都是不可欲的。当代中国所倡导的"人类命运共同体"彻底摆脱了自我中心主义即民族国家(中心)主义的狭隘视域,它是非中心主义的,因而它绝不是华夏(或中国)中心主义的。它并非一种以中国为圆心、由一系列半径不一的同心圆所构成的世界体系,而是一种中国作为平等一元(而非中心成员)置身于其中的无限开放、不断运行和调适的世界秩序——一个无中心的世界性文明星座结构(constellation)。也只有这样来构想和实现的"人类命运共同体",才符合新世界主义世界观的超越(自我)性、非(自我)中心性的内在规定性。

五、结语

作为民族国家主义的对立物,新世界主义既超越了西方现代的世界主义,又超越了中国传统的天下主义。新世界主义思想为中国倡导的"人类命运共同体"命题奠定了世界观基础。奠基于新世界主义世界观之上的人类命运共同体不是一种未来有待人类去追求的现成、既定的理想状态或模型,而是一个正处在各民族国家人民跨文化对话、共同建构普遍主义规范进程中的世界——一个"共建的人类世界"。正是从这个意义上说,世界命运就掌握在各国人民的手中,人类前途系于各国人民的当下选择和行动。作为一种新的世界观理论,新世界主义不仅指引着中国未来的和平发展道路,同时也规范着人类未来共建一个和平新世界的目标方向和路径。

中篇　传播学

论网络传播中的对话精神*

在以互联网为标志的"第二媒介"时代,双向互动成为时代最显著的传播特征。本文从交流方式的角度考察了人类传播的发展历程,描述了对话在人类传播史上的地位和作用,并揭示出对话的"主体间性"这一后现代哲学意蕴。在此基础上,文章着重探讨了"第二媒介时代"的网络传播所折射出的对话精神。

提出"第二媒介时代"的美国媒介分析学者马克·波斯特(Mark Poster)曾把"文化工业"时代的电影、电台(广播)和电视媒介称为"播放媒介",因为它们具有单向性、独白性和霸权性,是"无回应的言语"。相比之下,他把正在出现的以双向型、去中心化、交流和沟通为特征的媒介称为"第二代媒介"。①

那么,什么样的媒介代表了波斯特所谓"第二代媒介"呢?那就是因特网和虚拟现实等电子媒介,或者说,是网络媒介。网络媒介最大的特征是双向、互动,因而是真正的"交流媒介"。同时,就"沟通"这一传播的内在本性而言,网络媒介无疑是真正意义(或完全意义)上的"传播媒介"。作为一种改写了信息交换方式的独特的传播媒介,网络媒介的传播充溢着对话精神。

---

* 本文原载于《人文杂志》2007年第2期;全文转载于人大复印资料《新闻与传播》2007年第7期;收入《新华文摘》2007年第11期"篇目辑览"。
① 波斯特.第二媒介时代[M].范静哗,译.南京:南京大学出版社,2001:19-23.

一、对话的传播史意义

从人类交流的历史考察，对话是人类最早的交流形式，它几乎和语言是同时诞生的。

"对—话"（dia—logue）一词源于古希腊语，它是由"dia"（表示相互之间）和"logos"（逻格斯，即"我说"）构成，其原始义为"交谈、会谈"。"对话"以承认异于"自我"的"他者"的存在为前提，因而从词源学上预设了两个对等的言说主体；而且，两个主体的言说在沟通的意义上具有同等的效用，否则，对话就无法进行和完成。

在古希腊，对话本是人们社会生活（包括经济、政治、文化、军事、外交和日常生活等）中一种主要的语言活动表现方式，它不仅是交流思想感情的工具（比方说，从城邦广场全民公决到长老会议事），同时也是学术探讨的重要途径[譬如，苏格拉底（Socrates）所创立的"真理助产术"即辩证法（dialectic）就源于对话，这可以从辩证法与对话在词源上的亲缘性中得到印证]。从柏拉图的《对话录》中，我们可以看出，古希腊的对话双方是相互尊重、完全平等的。无论是睿智、善辩如苏格拉底、柏拉图，还是普通公民，他们都尽力地"搁置"个人的成见或偏见，同时"给对方同样的机会来反驳"，[1]决不强加个人意见于他人，因而对话是自然、自由的。当时的这种对话无疑有力地促进了希腊社会的繁荣和稳定。正如加拿大著名的传播学者哈罗德·伊尼斯（Harold Innis）所分析的，"口头传统的力量……使高度专门化的书吏不可能形成，这就遏止了僧侣对教育的垄断"，[2]"不至于走上绝对权威的君主制和神权政治"。[3]

在中国先秦，对话同样是人们社会生活中语言活动的重要表现形式。从

---

[1] 杜兰.世界文明史：第2卷：希腊生活[M].台湾幼狮文化公司，译.北京：东方出版社，1998：629.
[2] 伊尼斯.帝国与传播[M].何道宽，译.北京：中国人民大学出版社，2003：63.
[3] 伊尼斯.帝国与传播[M].何道宽，译.北京：中国人民大学出版社，2003：74.

街坊间交头接耳到宫廷里议论朝政，从孔子的坐而论道到周游列国，所有的传播活动无不展示在对话中，靠对话来完成（这可以从《论语》和《孟子》的文体中得到印证）。

作为人际传播的典型形态，对话可以说支配了以言说、话语为标志的整个口语传播时代。

而后，自古典末期、中世纪始，人类进入了以书写、文本为标志的文字传播和印刷传播时代。一般认为，书写的出现是说话人或听话人不在场或者说听双方都缺席导致的，可以说，文字是一种消极的被制造物。从这个意义上说，书写是对言说的增补（supplement），或者说，文本是对话语的增补。然而，恰恰是这种出于"说""听"的"不在场"或"缺席"而导致的"增补"行为带来的是"独语"，它不仅丧失了口语传播的当下性、即时性、现场（临场）感或"亲密感"，同时也泯灭了其中双向、互动的对话精神。

继而，在20世纪，人类进入以广播、电影、电视等大众媒介为标志的电子传播时代。"印刷机和收音机的对象是世界，而不是个人。"[①] 于是，个人性的传播（人际传播）完全被公共性的传播取代，人类进入一个真正意义上的大众传播时代。在此，广播是人的听觉的延伸（extension），电视和电影是人视觉的延伸。然而，正是人的感官的这种"延伸"，使听广播的听众和看电视或电影的观众在声音和图像面前完全沦为一个失去了言说权和书写权的被动"受众"，一个无法参与的、剩余的"他者"。可见，大众传播离口语传播的那种当下性、实时性和即时性越来越远，使直接参与的对话愈发变得不可能，因而沦为纯粹的"独白"。

进入20世纪末，出现了互联网这种所谓"第四媒介"，人类进入波斯特所谓"第二媒介"时代。迅猛发展的网络使整个社会信息系统发生着革命性的变迁。互联网不仅适用于大众传播，而且应用于人际传播。网络全方位、立体型、双向地延伸着人的所有感官，使上网的双方获得亲密的接触，从而

---

① 伊尼斯.传播的偏向[M].何道宽，译.北京：中国人民大学出版社，2003：166.

把彼此素不相识的人们纳入一个共享的"虚拟社区"中。由此，人类重归"亲自接触""要考虑对方的感情"的口语传播时代。①总之，人类传播归于对话。

二、对话的后现代哲学意蕴

德国神学家马丁·布伯（Martin Buber）在作品《我与你》中，从关系哲学和爱的神学的角度深入阐述了"对话"概念。他指出，基于语言因"言说"与"答言"而完成自身，语言皆为"相遇"的对话，因而，活在语言中的个体亦为语言所"勾连"而与"他人""相会"。任何真实的人生都是由"我—你"关系构成的，都以自身的全部身心去对别人的全部存在作出回应。②这种追求与他人对话、追求人（包括物）我合一、反对非人化（给予他人非人的待遇，把人当物看，由以构成"我—它"关系）的人生态度表达的是对亲密、友善的人际关系的向往。

另一位"对话"学家、俄罗斯文学理论家巴赫金（Bakhtin）有着系统的对话理论。他也从本体论的高度把对话当作人类社会生活的本质，当作一切意义的源泉。他认为，人类社会生活不是个人的"独白""独语"，而是"交流""对话"，"一切莫不归结于对话……一切都是手段，对话才是目的。单一的声音什么也结束不了，什么也解决不了。两个声音才是生命的最低条件，生存的最低条件"。③继而，巴赫金指出，鉴于对话是"复调性"和"多声部"的，是既有自我又有协调的"合唱"，因而从根本上否定了独白原则："独白原则最大限度地否认在自我以外还存在他人的平等及平等的且有回应的意识，否认还存在着另一个平等的我（或你）。在独白方法中（极端的或纯粹的独白），他人只能完全地作为意识的客体，而不是另一个意识。"④与之

---

① 伊尼斯.传播的偏向［M］.何道宽，译.北京：中国人民大学出版社，2003：166.
② 布伯.我与你［M］.陈维纲，译.北京：读书·生活·新知三联书店，2002：89-90.
③ 巴赫金.诗学与访谈［M］.白春仁，顾亚玲，译.石家庄：河北教育出版社，1998：340.
④ 巴赫金.诗学与访谈［M］.白春仁，顾亚玲，译.石家庄：河北教育出版社，1998：386.

相对，对话原则则显然以承认并包容平等的他人（意识）为前提，表达出一种人我平等的新型人际关系。

在人类的传播史上，从古代的"亲自接触"的对话到中世纪、近现代的独白，再到今天的网络上的对话，这一发展历程恰好折射出哲学本体论上人我关系的演变。从古典后期开始，西方逐渐诞生了主体观念，到近代笛卡尔的"我思故我在"，主体哲学获得了完全的确立。近现代对人的主体作用的肯定是建立在主客二元对立的前提下，主体性体现在主体对客体的认识、构造和征服关系上。无疑，这种主体性下的主体是对立于客体的、孤独的存在。直到20世纪中期，主体才突破封闭的自我，走向同自我一样的"他者""他我"——"共主体"（co—subject）或"主—客体"（subject—object），与之构成互为主体或互为主客体——"主体—共—主体"（subject—co—subject）的主体间性（主体际性、交互主体性，inter—subjectivity）。此种主体间性下的主体是超越主体任何一方又包容了双方的"公共主体"或"交往主体"。于是，孤独的存在变成了社会的存在，人对人的征服关系变成了交往关系。行为者之间的共同存在和相互交往成为社会的本质。与此同时，知识和道德的有效性不再存在于单个人的头脑中，而是寓于诸多相关个体的公共实践（社会互动）及其所生发出的沟通性理解（communicative understanding）中。在此，主体终于走出现代方法论意义上的个人主义和唯我论的陷阱，步入了以语言符号为中介、多元主体共存并在协商（商谈、对话）中寻求共识的后主体或后人道主义时代。①

从主体性走向主体间性，是近现代哲学（独白哲学）向后现代哲学（对话哲学）转型的一大标志。这一本体论意义上的转型直接表现为语言活动的方式日益从"独白"（独语）走向"对话"，并蕴含了人类政治和社会生活日益从单向、中心化走向双向、非中心化，从专制走向民主。

---

① 哈贝马斯.交往行为理论（第1卷）[M].曹卫东，译.上海：上海人民出版社，2018：125-133；RASMUSSEN D. The notebook to critical theory [M]. London: Sage Publications, 2003: 258-267.

三、网络传播中的对话精神

网络的出现在很大程度上改变了人们的生存方式,"在网"已成为许多人的"在世"方式。网络把众多的人聚集在网上,让双方彼此照面、打交道,展开交流,于是,上网的人共存于同一网络之中,在网络中"共在"。因此,"在网"本质上是"网际共在"。个人与他人"共在"网络空间中,构成主体间(际)的"网际共在"结构。

"网际共在"的最突出表现就是对话。对话(互动)是网络同广播、电影和电视等其他电子媒介最大的不同,在听广播时,你不能与广播对话;在看电影时,你不能与电影对话;在看电视时,你也不能与电视对话;但在上网时,你却可以与其他上网者聊天(包括更"亲身"的视频聊天)、可以在BBS上留言、可以把自己的意见贴上网页与发帖者交谈(所谓"跟帖")等,这些都是对话的表现形式。

网络空间中"共在"与现实空间中"共在"在性质上的差异决定了网络对话与现实对话的不同。"网际共在"是虚拟(virtual)的"共在",每一个网际主体都在虚拟环境(virtuality)中交流和沟通,由此,他们的对话获得了脱离现实空间的自由。

如同巴赫金所认为的,对话的过程是一个异中求同、同中求异的双向互动过程。对话要求对话人之间真诚、自由、坦率,因而是"把灵魂向对方敞开,使之在裸露之下被凝视"。而真诚必须建立在平等基础之上,平等则以自由为先决条件。恰好,在网络新技术的支撑下,"网际共在"着的人们不再像"沉重的履带牵引机"一样生活,而变成了自由、"轻盈的蝴蝶"。之所以如此,是因为网络的虚拟性和屏蔽性使现实世界中刚性的权力结构在网络空间中难以发挥作用,因而使得网络对话中的人们"摆脱了肉体的束缚"。① 在网

---

① RHEINGOLD H. The virtual community: finding connection in a computerized world [M]. London: Secker & Warburg, 1994: 3.

上对话时，人们无须顾虑自己和对方的社会地位、经济收入、宗教信仰、种族、性别、年龄、职业和形象气质等社会现实生活中无法回避的因素，不必虑及世俗间的偏见和利益冲突，从而进行无任何心理负担的、比较单纯的非功利性对话。

真诚的对话同时表现为"自由思想的流动空间"，不同意见可以无障碍地进入对话中，"给普通人以表达自己需要和希望的声音"，每个人不同的身份得到了认同。于是，个人不再淹没在大众传播下作为受众的普遍性中，个人的"个人性"得到了充分的张扬，从而体现出后信息时代的根本特征——"真正的个人化"。①

进一步从社会学意义上讲，强调特殊性（差异）和多样性的网络对话将搭建一个能容纳所有人的个性及其诸多诉求，而不仅仅是追求统一和普遍民主的新的公共领域——"电子民主广场"（electronic agora），最终构筑一个媒介学者霍华德·莱恩格尔德（Howard Rheingold）所倡导的"意义共享"的"网络社区"（virtual community）。②

从另一方面看，应该承认的是，网络对话具有双重性。③同样出于"网际共在"的虚拟性及其导致的弱主体间性，网际主体采取匿名的方式"出场"，也可能使网络对话部分地丧失掉意义（寄托）和价值（诉求）的公共有效性。在网络对话中，每个人所面对的是他人的符号，也以符号与他人照面。况且，在电子帷幕之下，对话的目的更多的是自我宣泄、放逐或放纵，而不一定是追求相互领会、理解、认同和共识的自由平等的商谈、交往，从而丧失了基本的对话"有效性要求"——事实描述的真实性、价值规范的正当性、表达意向的真诚性。④于是，网际对话主体间所谓共享的意义不再是拥有公共理

---

① 尼葛洛庞帝.数字化生存［M］.胡泳，范海燕，译.海口：海南出版社，1997：191，194.
② RHEINGOLD H. The virtual community: homestanding on the electronic frontier［M］. Mass: Addison Wesley.1993：3.
③ 段伟文.网络空间的本质论［G］//王文宏，高维钫.网络文化研究.北京：中国言实出版社，2006：77-78.
④ 哈贝马斯.交往和社会进化［M］.张博树，译.重庆：重庆出版社，1989：67.

性的真正的共识，而不过是一种只具有弱化了的公共有效性的"重叠共识"（overlapping consensus）。① 在此，网络对话沦为了纯粹地展示差异性和多样性的"网络游戏"——这是作为网络传播中人的我们所要警醒的。

---

① RAWLS J. Political liberalism [M]. New York：Columbia University Press，1996：15.

人类交流发生和早期发展的基本逻辑*

——以古希腊口语传播的历程为视角

人类交流的产生和发展过程,是一个很值得研究的问题。从古希腊口语传播的历史维度看,人类交流生发于基于超验信仰的神话"传说",并从神人对话的吟唱、宣讲过渡到人际对话的演讲。因而,人类交流是从"神话"时代进入"人话"时代的。在人话时代,从演讲中孕育出修辞术。古希腊吟唱、宣讲、演说及修辞术的发展历程,构成了一部人类早期的交流史。

一、"神话"时代:语言媒介从迷魅到祛魅

在口语传播盛行的荷马时代,人类最重要的传播行为是对神话的传播("传说")。神话不仅是传播的信息(内容),同时又是传播的媒介(形式)。传播内容与形式,进而神话与传播的这种绝对同一性,使得神话被解释成"任何言说出口的话"。① 毫不奇怪,在古希腊的神话传播中,作为将传播内容和传播形式融为一体的史诗自然地成为最主要的口头传播文本,成为最为完整地保存神话的文本典型。像《伊利亚特》和《奥德赛》这两部记载着先祖历史的史诗,被一代接一代反复地"吟咏"和"传说"。古希腊伟大的盲诗人荷马(Homer)在爱奥尼亚的一条大路旁,一边演奏竖琴,一边吟唱歌颂特

---

* 本文原载于《厦门大学学报(社科版)》2010年第3期。
① CUDDON J A. Dictionary of literary terms [M]. revised edition. London: Penguin Books, 1979: 408.

洛伊英雄的史诗——这成为这一神话传播时代的恒久写照。

在古希腊，神话的传播把四面八方的人聚集到一起，人们一齐聆听共同的祖先那绵延不断的丰功伟绩和英雄事迹。正是在这种吟唱和聆听神话的过程中，希腊人成了政治文化意义上的"希腊人"，即亚里士多德所谓"城邦之动物"。

神话传播原本是一种平民化的传播，任何人——只要稍懂历史、有点"诗性"，都可以向人吟咏史诗，从而成为众人追捧的对象。然而，随着城邦化和社会分工的深入发展，人类最初的大众化言说方式——吟唱，逐渐演变成由少数特权人群把持的精英式言说方式——宣讲，并诞生了一种新的神话传播形态——祭仪。

在祭仪中有一个中心人物，那就是祭司或巫师。祭司是神的代言人或者说信使，因而是神的旨意的传播者。她①把神示"编码"（翻译）成人的语言，并宣讲给人听。这种宣讲诉诸人的想象力和理解力，让人领会。祭司迅速地向人们传递诸神的消息和指示，成为民众与神沟通、"交往"的媒介。在希腊语中，这个往来于奥林匹亚山上的诸神与人世间的凡夫俗子之间、神与人"交通"的媒介被称为"赫耳墨斯"（Hermes）。

无论是吟唱还是宣讲，语言在神话传播中扮演的不只是媒介的角色，还是传播的灵魂，因为它不是一般意义上的人的语言即"人语""人言"，而是神的语言即"神语""神言"，它凌驾于任何直接的传播者——无论是吟唱的诗人还是宣讲的祭司——之上。在此种传播过程中，不是人用自己制造的语言在言说，而是神借人之口在"说"。不是"人说"，而是"神说"；说出的话不是"人话"，而是"神话"。无论诗人还是祭司，不过是"在天神指示下表演他的艺术"。② 因而，不难理解，古希腊初期的人们把语言看作神的赐物，认为它具有某种实体性的力量，从而出现了对语言的迷魅和语言被神圣化的"语言拜物教"现象。

---

① 在古希腊，作为神与人对话的纽带，祭司或巫师一般是女性。在祭仪的最后阶段，参与活动的男人通过和祭司发生性关系而获得神的祝福。

② 洪涛. 逻各斯与空间：古代希腊政治哲学研究［M］. 上海：上海人民出版社，1998：53.

不过，在传播方式由吟唱、传说向宣讲、祭仪的转换过程中，语言的性质还是悄然发生了一个根本性的变化，出现了"异化"，自身从目的沦为手段。在祭仪中，祭司通过把持这种仪式而垄断了对神示的解释权，从而实际垄断了语言。正是在这种言说、话语控制中，语言逐渐被对象化，并被加以技术化利用，变成一种纯粹为实现一己之目的而使用的工具。语言的这种工具化使用，突出表现为通过宣讲对他人（信徒）施加控制和影响（说服），从而使语言成为祭司获取政治权力的重要手段。祭司千方百计地控制语言这种媒介而成为权力的拥有者，于是出现了祭司同时是部落首领的双重身份的现象。在当时，人们操持何种语言决定了他们拥有何种权力，拥有多大的词汇量决定了拥有多大的权力，以至于当时的希腊人以是否懂得用希腊语言进行言说，当作区分人与非人的根本尺度。可以说，这是人类对媒介进行控制的最初起源。至此，语言被彻底世俗权力化了。正是（少数）人对语言的工具式垄断褫夺了罩在语言身上的神秘面纱，这就是语言的所谓"解魅"或"祛魅"（de-enchantment）。

从总体上说，在传播效果上，以神话传播为代表的口语传播具有一种共同的特征，即传播的有效性在于神圣性。由于传播的内容是"神话"，其媒介也是"神语"，传播内容及其媒介的神圣性或神秘性足以令受众"触动""感动"而充分分享其中的"意义"。因而，这种神话式的口语传播不必遵循所谓"真实性""真诚性""正当性"或"可领会性"。① 可以说，早期口语传播有效性的确立完全奠基于"神灵中心主义"造成的权势认定之上，它完全是由"神性"单方面决定的。其实，在其中并没有真正的"沟通"和"交流"，而只有"训示"或"训诫"。无疑，这是人类传播史上第一种也是最为深刻的一种"神本性"的单向传播模式。

---

① 这是当代德国哲学家哈贝马斯交往行为理论所揭示的有效交往活动的四条普遍而必然的规则即所谓"交往理性"，认为理想的交往行为是在没有任何强制条件下的平等、自由的对话。

二、"人话"时代：演说和修辞术从堕落到拯救

在口语的传播过程中，继神话传播之后，出现了一种新的、极具代表性的传播形态——演说。演说是应参政、经商、交际等社会生存之需而兴盛起来的。演说这种广为流行的传播形态彻底打破了早期语言被少数精英垄断的局面。①

公元前 5 世纪的古希腊，随着经济的繁荣和民主制度的确立，在政治和道德领域，出现了一股日渐滋长的向往自由和个人主义的倾向，人们开始怀疑和批判自身的生活和人类社会制度。到后来，所有道德、习惯、权威、传说，一切的一切，无不受批评而被唾弃，由此，希腊进入一个启蒙时代（aufklaerung）。②

启蒙时代最基本的表征是对神道和神性的批判。由于"民治主义打破了古代贵族制度，科学推翻了传袭的宗教"，③当时的宗教日见衰微，乃至于崩溃。神的信仰成了笑话，"昔时敬畏崇拜的对象，在此时希腊人面前无不变为揶揄诋毁的目标"。④再也没人肯相信什么神圣、预示和灵迹了，众多哲学家也开始暗中乃至于公开地反对当时人们所信奉的宗教。

神灵的首次缺席带来了人道和人性的觉醒，人终于成为言说的主体，成

---

① 其实，演说最早也源自荷马。古罗马修辞学家昆体良（Quintilianus）就认为，荷马在吟唱中本能地运用了诸如叙述、诺言、论据和驳斥、结论等修辞手法，"它们是如此之多，以致大多数关于修辞原理的作家都到他的作品中去寻找例证"。参见胡曙中．美国新修辞学研究［M］．上海：上海外语教育出版社，1999：9.

② 这个启蒙的时代同时也是一个消极、破坏的思想时代，该时代是由主观主义、经验主义的智者派运动所开启和造就的，这一运动的思想逻辑从普罗塔戈拉（Protagoras）的"人是万物的尺度（权衡），有者见其为有，无有者见其为无有"推演到高尔吉亚（Gorgias）的"无物存在；即使有物存在，也不可知"。由此，智者派的思想陷入相对主义、怀疑论乃至于虚无主义、不可知论的泥沼。参见梯利．西方哲学史［M］．葛力，译．北京：商务印书馆，1995：90，93.

③ 斯塔斯．批评的希腊哲学史［M］．庆泽彭，译．上海：华东师范大学出版社，2006：85-88.

④ 斯塔斯．批评的希腊哲学史［M］．庆泽彭，译．上海：华东师范大学出版社，2006：85-88.

为语言的主人，语言完全还原成了人的语言，而不再具有任何神圣性。语言由此而彻底"祛魅"——"神话"时代终结了，"人话"时代到来了。

"人话"的到场不仅使得演说流行于人类社会生活的方方面面，也规定了演说的性质。演说既不同于吟唱，也不同于宣讲，它并非受神之托或带着神圣的使命而言说，即不再是神对人的言说，而完全变成了人的言说，只是人对自己的言说或人对人的相互言说。因而，人类交流的本质不再是神与人之间的对话，而只是人与人之间的对话。

在古希腊，职业的演说者被称为"智者"（sophist），[①]他们同时被称为职业教师和精神领袖。智者周游各地，向人们尤其是青年人传授思维、演说和论辩的技艺、艺术即修辞术（演讲术或论辩术，techne rhetorica）。为了让其门徒早日为官[②]或为自身的哗众取宠，后来的智者们急功近利，趋向于极端。在辩论中，为压服对手，他们可以不顾真理，只求拿出足够多的论据证明其所要证明的东西，同时制造出许多逻辑悖论来困扰对方，以致以混淆是非、颠倒黑白为乐，以丑化对手或政敌为荣。在此，演说与其说是一种传播技巧，不如说是一种政治艺术。由于演说只顾运用各种言辞技巧使人信服而罔顾内容的真理性（真实性），自然也不考虑其中的道德方面，因而被称为诡辩（sophistry），从事演说及为此种演说辩护的智者被归为诡辩学派。总之，智者教授修辞的目标"不再为真理而求真理，而是为着要说服大众，使相信他们所要使之相信的东西"。[③]修辞活动的目的被简单归纳为"寻求在每一个问题（每一件事情）上找到可能的说服方法的能力"（亚里士多德语）。不幸的是，就是这种沦为诡辩术的修辞术却成为当时一种时代的表征，成为值得追慕的成功人士的行为象征。以致到了后来，随着民主政治的委顿，修辞术进一步流于空疏和形式主义化，最终丧失了原有的社会参与作用和对民

---

① 所谓"智者"，原指聪明而有才能的人或有智慧的人，因而又被称为"哲人"。
② 民治主义的胜利向所有的人开放了政治职位，只要能说会道，能够操纵群众的感情，就能谋得官位。自然，能够说得天花乱坠，令顽石点头的人最有可能赢得选民而执政。在民治时代，"言"的巨大影响力的充分体现同时也表明，"言治"战胜了"力治"。
③ 斯塔斯. 批评的希腊哲学史［M］. 庆泽彭，译. 上海：华东师范大学出版社，2006：85-88.

众的吸引力。

修辞术在智者手中堕落成诡辩术，这意味着演说本身已彻底变成一种为谋取一己私利而不择手段的劝服行为、驳难行为、赤裸裸的宣传行为，因而，它既无益于传播而增进传受双方的知识，又无助于双方思想情感的深入沟通。最终，从一般传播学意义上讲，智者派的修辞术只注重演讲者（传播者）在演讲（传播）过程中的优势、垄断地位，而罔顾受众的地位，其所论之演说、修辞完全是一个绝对主动的信息发送者与纯粹被动的信息接收者之间发生的单向的交流模式——一种非对称的传播方式。

自修辞术和演说沉沦之日起，人们就开始对它们进行多方面的反思，寻求拯救之道。苏格拉底是演说和修辞术的最早拯救者。[1] 他认为，修辞术本身并不是真正的科学，它只是一些充斥着诡辩的经验之谈。他一针见血地指出，修辞术实在不过是一种迎合术，它只求迎合城邦民主制下民众的口味，从而赢得民众的支持。由此，他形象地称之为"调和众口"的"烹调术"。作为迎合术和"烹调术"，修辞术被异化了，其所指导的演说行为也不再以自身为目的，而是以自身之外的其他某种功利目的——或是迎合或是劝服——为目的，自身则反倒被沦为手段，成为实现外在目的的工具。于是，演说行为完全以是否达到外在目的为唯一评判标准而无须置于是非、善恶的天平之上。苏格拉底认为，这种手段与目的关系被倒置、被工具化的演说活动关注言辞的技巧远甚于关心人的灵魂，是非自由的活动，是奴隶和商人的生活表征。因而，它为"纯正"的人所不齿。

苏格拉底所要做的是向这种被抽空了灵魂、徒具形式的演说行为灌注灵魂，充实内容，使之成为一种有意义的行为。准确地说，就是要赋予这种价值中立的行为以价值取向（偏向），对之作出真假、善恶的价值评判。为此，他提出，要用他的哲学即"辩证法"（或论辩术）来取代修辞术。辩证法被称

---

[1] 苏格拉底的拯救是从哲学的层面来立意的。面对智者派运动所带来的交流困难、障碍而无共识［基于"误传"（miscommunication）和"误解"（misunderstanding）两个方面］的传播混乱、失效局面，迫切需要一种以寻求客观必然而普遍有效的知识、真理为目的的客观主义、理性主义哲学来实现有效的沟通。由此，苏格拉底的知性哲学应运而生。

为"真理的助产术",它通过谈话双方的互动性对话即提问与回答的方式,在诘问与辩护中逐步清除彼此头脑中的谬见,达到一致的真理性认识。而且,依据"知识即德性"的标准所达成的共同真理本身在价值上就是正义的,是合乎道德的。由此可见,辩证法是一种把真理与德性双重诉求内含于一身、内容与形式统一为一体的对话行为,是以自身为目的的自由行为,这就是它优越于传统修辞术的地方。无疑,苏格拉底开启了修辞术之工具理性的价值理性批判。从根本上说,苏格拉底的修辞术反思折射出了一种内容至上的传播思想。

自苏格拉底之后,柏拉图更是把修辞术贬低成一门投机取巧的"窍门",连作为人的本质活动——一般性艺术(技艺)都谈不上。柏拉图曾嘲笑诡辩家沉湎于爱高谈阔论的策略,而忽视了那些真正能营造听众愉悦的方法。他认为,真正的修辞术是以知识为基础的,它要求在认清事物实质的基础上提出正确的意见,从而打动听众的心。与此同时,他开始了对受众的考虑,提出:"针对不同的灵魂类型,用不同的说服方式。"[1] 为提高说服效果,他还特别研究了心理学、驭人术。另外,他主张,对话体优于演说中的独语(独白)体,必须以对话的方式去寻求演说的"交互性"和人际间可能具有的沟通性。[2] 在此,柏拉图首次较为明确地意识到了传播的本质在于交流、沟通,把"受众"问题逐渐纳入修辞术的论域内,并尝试着用认同的双向交流模式取代劝服的单向灌输模式,从而透露出了"主体间性"("交互主体性"或"互联式")的哲学曙光。

然而,把修辞术从异化状态中彻底拯救出来的还是古希腊修辞术的集大成者亚里士多德。如果说苏格拉底和柏拉图分别从内容和形式上拯救了修辞术,那么,亚里士多德则从根本属性上拯救了修辞术。亚里士多德是通过阐

---

[1] 博克,等.当代西方修辞学:演讲与话语批评[M].常昌富,顾宝桐,译.北京:中国社会科学出版社,1998:17.
[2] 柏拉图看重对话,其著作普遍采用对话体形式,这最为充分地传递了古希腊的"逻各斯"观点,即关于语言("言")是流动的、思想在语言中流动的本质性语言观。

发"逻各斯"(logos)①这一西方最为经典的人性观来拯救修辞术的,他指出,"人是唯一具有 logos 的动物……其他动物也有声音,而(人的——引者加注)语言则能表达利弊以及诸如公正或不公正等"②。唯有人除了趋利避害的本性外,还有"逻各斯"。唯其如此,一方面,人具有是非、善恶及正义感和道德评判力,从而超越了直接给予他们的现实性;而且,"作为符号的动物"(卡西尔语)的人能够说话,从而表达出当下未呈现的、理想而非现存的东西,并让他人了解和领会。最终也最为重要的是,正因为人能够通过言说来相互传递信息,只有人与人之间(通过以语言为主的符号性或者说象征性交往活动即社会性建构)才能够形成共同的意义即一般性的概念——尤其是那些使人类没有相互残杀的共同生活成为可能的积极的一般性概念,如人权、社会、分工、宪政、文明、和平等等。凡此种种表明,相比于动物,人是最高贵的,其高贵之处在于人性——人是理性的动物。人拥有"逻各斯",即具有理性,且能用语言把这种具体化为思想的理性表达出来。而作为思想表达行为的演说无疑是人的"逻各斯"性的最集中的体现。基于这种人性论假设或者说对人的本质的定义,在亚里士多德看来,演说绝非雕虫小技,而是表现人尊严的一种生命的本质活动。

基于此,从本质上看,亚里士多德的修辞术决非限于表面上修辞技巧的讨论,而是站在本体论的高度,揭示了修辞术的本性——它是人性的、理性的,而且是德性的。首先,为了同当时流行的非理性的诡辩术抗衡,他试图建立起一种以科学为原则、充分动用人的理性的修辞学。他指出,修辞术的功用不只在于说服,更重要的是如何说服,如何以最适当的方式来说服。为此,亚里士多德诉诸人的理性,认为理性比行为(演说)本身更重要。他的

---

① "逻各斯(Logos)"最早由古希腊哲学家赫拉克利特(Heraclitus)提出。在古希腊,所谓"Logos",是指"言说",但不是一般意义上的言说行为:首先,"Logos"是本体论意义上的言说,是"思想",是"道",是"理",是"法则"(准则、尺度、权衡)、"定律(规律)"乃至于"神",因而是"神言";其次,"Logos"是广义的言说,包括"思想(思维)""推理""演算"和"书写"等,这些都是"言说"的表现形态。总之,"Logos"是"思想"与"言说"即"思"与"言"的统一,它既是言说中的思想,又是"思""想"中的言说。
② 苗力田.亚里士多德全集:第9卷[M].北京:中国人民大学出版社,1994:10-15.

修辞术所诉诸的理性包括理论理性和实践理性两方面，前者指纯粹哲理的思辨、反思，是纯粹理性，它涉及真理；后者指行为手段与目的的合理选择，是实用理性，它涉及德性。双重理性的运用既捍卫了修辞术的科学性，又保证了修辞术的实用价值，从而使修辞术成为科学（理性）与伦理（德性）的结合，体现出真理与正义的统一。

从苏格拉底到柏拉图，再到亚里士多德，古希腊人一步步地终结了智者派那种工具理性至上、价值理性被旁置的演说行为，代之以自身为目的、注重价值理性的演说行为，从而拯救了人类的交流活动，同时也充分修正和发展了修辞术和修辞学。

综上所述，从"神话"时代的吟唱、宣讲到"人话"时代的演说，古希腊人交流活动的历程构成了一部人类早期的交流（传播）史——口语传播（就其本性而言，是面对面的在场交流，是即时的双向互动）史。这是一部从神圣到世俗的不断俗世化的交流史，也是一部从沉沦到拯救的不断升华的交流史。这部交流史既宏大而又残缺，宏大在于其内在发展的基本逻辑几乎规范了人类（至少西方人）所有的交流活动；残缺在于它所主导的是基本上以传者（演说者或修辞者）为中心，缺乏对受众尤其是现实交际情境（context）足够观照的"劝服"型交流模式，这严重限制了人类其他形式、样态的交流活动及其发展，同时也在一定程度上遮蔽了人类交流旨在相互认同的互动本质。当然，如果从全世界的更为宏观的视角看，这部宏大的人类早期交流史毕竟只是西方人的交流史，涵盖不了全人类的交流活动。由此观之，此部人类早期交流史所内蕴的基本逻辑的残缺性就尤为凸显了。

谣言、流言和传说*
——人类意义生产的三种非常信息传播形态

人是符号的动物,人类创造符号在于发现、生产和表达意义。在人类的表意系统中,反事实性的社会话语体裁占有相当重要的分量。从传播学的角度讲,反事实、非科学的社会话语主要是由三种非常规的信息传播形态——谣言、流言和传说——构造而成。三种信息传播形态的共性即非常性在于其传播脉络超脱于经验事实的约束而又很可能有用且可信。与此同时,三种非常的信息传播形态各有其独特的传播情境、功能和内容。

从象征层面上讲,作为符号的动物,人类所具有的首要动机是发现意义或者制造意义。这种对意义的需求甚至超过了对物质生活资料的需求,成为人类生存和发展不可或缺的内驱力和人们日常生活中的重要元素。为了满足意义上的需求,人们通过各种信息传播方式来制造意义。概而言之,用于制造意义的信息传播方式包括两大类:一类是通过正式渠道进行的信息传播,它以新闻报道或信息发布为典型;一类则是通过非正式渠道进行的信息传播,它以传言、传说或传闻的流传、传布为代表,包括讲述传说故事、散布小道消息、说长道短、飞短流长、闲聊和漫谈等。如果说,前者是在信息适量或近乎适量情境下的意义建构,那么,后者则是在信息匮乏、亏欠乃至真空状态下的意义建构。显然,在意义建构的功能上,后者是对前者的必要补充;而且,就紧迫性而言,后者建构意义的"意义"(作用)甚至超过了前者。

---

* 本文原载于《北京行政学院学报》2011年第2期。

基于此，有必要对人类意义生产中信息传播的非常形态细加追究，探讨其特殊的产生情境、脉络、功能及其内容。综合起来看，在人类意义的产制过程中，存在着三种非常的信息传播形态，即谣言（rumor）、流言（gossip）[①]和传说（legend）。虽然这三种非常的信息传播形态都是经非正式渠道流传、未被（完全）证实而又显得有用且可信的消息陈述，都归属于反事实、非科学的社会话语（social discourse），并且都拥有大致相同的集体对话性传播机制（包括信息在社会大众当中"削平""磨光"和"吸收"——或者说，简化、强化和同化——等多重再造环节），但各自又有着不同的传播情境、功能和内容。下面，我们从意义生成的角度分别来论述谣言、流言和传说在信息传播情境、功能和内容三个方面的特殊性。

一、传播情境：从恐惧、孤立到无聊

任何社会话语或消息陈述都是基于某种心理需求而从一定的情境之中产生的。作为经非正式渠道而未被证实的、特殊的社会话语，谣言、流言和传说源于各自不同的传播情境。

谣言是"在各种含糊不清的、具有危险或潜在威胁的脉络之中产生的"。[②]或者说，谣言产生于（或现实或潜在的）危险而令人恐惧的情境之下。情境之所以危险而令人恐惧，乃出于意义含糊不清——无知而生畏。当一种情境的意义或含义含混不明、模棱两可，且逻辑脉络并不是一目了然的时候，处在这种情境之下的人自然生出畏惧之心。最起码，令人困惑、不理解的生存状态会让人感到不自在和焦虑。于是，人就产生了对安全感和安稳感的心理

[①] 无论在古汉语还是英语语境中，"谣言"（rumor）和"流言"（gossip）这两个概念都有着较为明确的区别，各有其内涵和外延。但由于两者的亲缘性，有些中文文献（包括译著）并未做严格区分，而是将两者统称为流言或传言（hearsay），还有些文献基于对"流言"一词的独特理解，以"流言"为名研究"谣言"（rumor）。参见蔡静. 流言：阴影中的社会传播[M]. 北京：中国广播电视出版社，2008.

[②] DIFONZO N, BORDIA P. Rumor psychology: social and organizational approaches [M]. Washington D. C.: American Psychological Association, 2007: 13.

需求。寻求安全是人类最基本的心理需求，在存在各种实际威胁的情况下，人们都拥有某种控制其环境的核心性社会动机，以便能够有效地行动。基于心理上的不安，人会进一步产生消灭模糊的信息匮乏、缺失或真空状态的强烈欲望。事实上，人们往往急于对意义的含糊状态生发出极其强烈的要求理解的心理动机。① 正是在迫切地寻求理解、摆脱恐惧的心理状态支配下，人们从主观上急于为某件不可思议的事情给出一个似乎合乎情理的说法，以填补和改善其相关信息的不充分状态，克服不确定性——无论是否有可靠的事实依据或经验证据来支撑。由此，谣言就会出现。譬如，在 2001 年 "9·11" 恐怖袭击、2003 年致命的 SARS、2004 年恐怖的印度洋海啸、2005 年可怕的卡特里娜飓风和 2008 年汶川地震之后出现的各种谣言，都是在生命和健康受到威胁而一切尚未可知、模棱两可的情境性脉络之中产生的。人类社会各个时期流传的各种谣言常规性地存在于某种对可能发生的令人恐惧事件的忧虑所构成的脉络之中。正因此，谣言最初就被研究者称为"令人恐惧的谣言"或"恐惧性谣言"。② 也正是从这个意义上说，某种意义含糊不清的情境是孕育谣言的肥沃土壤。无疑，从根本上讲，谣言的产生过程就是赋予意义含糊的事情以更为明确的意义的过程，它同时是一个意义生成的过程。

相比于谣言，流言发生的情境要更为微观、具体、切近和实在。如果说，谣言的出现是人们为了对那些并不明确或具有威胁性的、把人类对理解和安全的需求凸显出来的情境作出回应，那么，流言的出现则是人们对那些在社会中被孤立的、把人们对归属的需求凸显出来的情境（包括潜在的）作出回应。③ 流言是"在社会网络的形成、改变和维持过程的脉络中出现的……"。④ 这个社会网络是个人的社会网络，它是围绕个人并直接关涉个人利益（需求）

---

① FISKE S T. Social Beings: A core motives approach to social psychology [M]. Hoboken, NJ: John Wiley&Sons, 2004.
② KNAPP R H. A psychology of rumor [J]. Public Opinion Quarterly, 1944（8）: 22-37.
③ DIFONZO N, BORDIA P. Rumor, gossip, and legends [J]. DIOGENES, 2007: 213.
④ DIFONZO N, BORDIA P. rumor psychology: social and organizational approaches [M]. Washington D C.: American Psychological Association, 2007: 9.

而编织的。人本是社会的动物,人类的核心动机之一就是归属,即形成并维持与他人的各种联系。① 人害怕被孤立,孤立令人沮丧、无助和恶心;但作为一个个体的人,出于自身的乏力、脆弱和内向,很容易被他人孤立,被社会隔离而边缘化。为了满足归属的需求,人们必须不断地为自己确立、维护、扩展或重塑某种社会关系网络。如果个人希望发觉、创造或维持他(她)在某个群体之中的地位和角色,那么,其所处的社会网络之中的其他人的原始信息(如家庭背景、婚姻状态、嗜好品性、年龄体质等)、这些人之间现存的或潜在的关系(亲近还是疏远、友好还是敌对),以及这个网络内在的权力结构(谁是领袖、谁是仆从,谁是"局内人"、谁是"局外人")及其发挥作用的各种非正式"游戏规则"的信息等等,都(变得)至关重要。个人必须不断地制造和传递有关其所处其中的社会关系网络的各种信息,解释其中的"微妙",以体验、证明和改善自身的社会性存在。流言就是在人们为寻求解释、摆脱心理孤立状态而不断地形成、维持、改变或适应其社会关系网络的情境化脉络之中出现的。从上述意义上说,某种意义单一苍白的情境是孕育流言的肥沃土壤。从根本上说,流言的产生过程就是赋予意义单调乏味的人际关系或社会关系更为丰富的意义的过程,它同时也是一个意义生成的过程。

相比于谣言和流言,传说发生的情境要抽象、普遍和宏大得多。古代人在生存问题基本得到解决、手脚和身体稍微休息下来之后,最初体验到了因清闲而带来的空虚和烦闷。自此,这种无聊感时不时渗透到人类的生存体验之中。到了近现代,由于教会、邻里关系和学校组成的各种意义制度系统所产生的影响已经越来越小了,许多人所感受到的漫无目的或无意义被诊断为"心灵性神经官能症"。为此,人们开发了话语或理性疗法(logo-therapy)来对其加以治疗。② 各种主题、题材的现代传说被认为是这样一种话语疗法。无论是古希腊的传说——英雄史诗《伊利亚特》和《奥德赛》,还是现当代有关

---

① FISKE S T. Social Beings: A core motives approach to social psychology [M]. Hoboken, NJ: John Wiley & Sons, 2004.
② FRANKL V E. Man's search for meaning: from deathcamp to existentialism [M]. Boston, M.A.: Beacon Press, 1959.

某些异乎寻常、风趣幽默或令人惊悚事件的系列故事，都是作为摆脱无聊的心理状态、寻找价值、寻求价值观认同和改良民风民俗的故事而发挥作用的。如果说古代的神话传说产生于古代人所处的无聊（无意义）、虚无缥缈的情境化脉络之中，那么，现当代的"都市传说"（urban legends）则产生于现当代人所处的空虚、无聊的情境之中。概而言之，（都市）传说是在人们通过讲故事制造意义、以某种使人愉悦的方式解释生活的方方面面的脉络之中产生或传播的。① 可见，某种意义匮乏、欠缺的情境是孕育传说的肥沃土壤。从根本上讲，传说的产生过程就是赋予无意义的世界和人生以意义的过程，或者说，它是一个意义生成的过程。

二、传播功能：从安全、归属到训诫

在一个社会中，任何一种社会话语形式都发挥着一定的社会功能，为话语主体即创制者服务。三套反事实的社会话语形式——谣言、流言和传说，发挥着各自独特的传播功能。

谣言发挥着在某种含糊不清、模棱两可的情境中应对威胁、控制环境的功能，满足人的安全感需求。谣言提供安全感的功能主要是通过群体或集体的方式来实现的。在各种不明确的脉络之中，人们首先试图从个人的角度出发进行理解——通过基于自身个人化的理解框架进行思考；当这种做法无法奏效时，他们便开始同一个接一个的人一起集体地提出、讨论和评价各种非正式的推断，而这些具有群体色彩的推断及与之相关的讨论便是谣言。② 谣言为各种无法获得适当信息的人群集体地寻求理解提供了共享（包括相信和质疑、共识和冲突两个方面）的平台。通过这种群体性的话语"协商"（对话和商讨）和"交易"提供"临时凑成的信息"，③ 谣言把意义建构起来，从而让所

---

① BRUNVAND J H. The vanishing hitchhiker［M］. New York：Norton，1981.
② ROSNOW R L. On rumor［J］. Journal of Communication，1974，24（3）：26-38.
③ SHIBUTANI T. Impovised news：a sociological study of rumor［M］. Indianapolis，I. N.：Bobbs-Merrill，1966.

有参与意义协商的人摆脱含糊不清、令人困惑的情境,获得应对威胁、控制环境的安全感。正是从这个意义上说,谣言是一个协作性地寻求信息的过程,是一种群体性意义建构活动。谣言之所以具有缓解焦虑、造就安全感的功能,是因为在谣言传播的过程中,谣言能够使传播参与者以某种减轻其在情感方面影响的方式来对可怕的负面事件作出解释,诸如通过做最糟糕的预期以降低人们的预期和避免失望,或者把这个事件归因于偶然性。[①]譬如,有些关于渴望出现某个事件的谣言,能够让面临威胁和挑战的人们燃起希望,为其提供控制环境的心理满足,因而被称为"希望式谣言"。[②]

从心理需求层次的角度上讲,相比于谣言,流言所发挥的作用要高级一些,它满足的是人的归属(感)需求。人们使用流言来使其实现形成、维护或改变个人社会关系网络的功能,使自身获得(优越地)属于某个群体的归属感。流言在人的社会关系网络上的归属功能主要是通过五个方面来实现的,具体表现为告知、联络、排斥、提升地位和传达规范等五种功能[③]:第一,人们借助流言非亲身地获知有关所处群体或所谓"圈子"内其他个体的要害的、对己有用的社会信息,有选择性地(亲近谁,而疏远谁)扩大个人的社会关系网络。流言让人节省了投入人际关系之中的时间和精力而"监视"到数量更多的人,了解到更大的部落、村庄、社区等共同体,同时也让自己被更多的人了解。第二,流言使人们彼此紧密地联系起来,有助于人们建立和维持各种各样亲密型的社会关系网络。流言的传播为传受双方提供了共同的娱乐消遣。人们习惯于向(希望)亲近的人散布有关第三方的流言,而当他人和自己共享某种有趣的流言时,一种盟友关系就确立起来了。第三,流言的传播可以打破、改变和重塑各种现存的竞争性人际关系网络,通过对人的说长道短、评头论足,拉近人与人之间的距离,同时排斥第三人。作为一种"关

---

① WALKER C J. Perceived control in wish and deadly rumors [R]. Poster presented at the Eastern Psychological Association Meeting, Washington D. C., 1996.
② KNAPP R H. A psychology of rumor [J]. Public Opinion Quarterly, 1944(8): 22–27.
③ DIFONZO N, BORDIA P. Rumor, gossip and urban legends [J]. DIOGENES, 2007, 54(1): 19–35.

系侵犯"的途径，流言所发挥的社会性排斥作用是其归属功能实现的另一种表现。第四，通过贬损他人，流言可以使个人在一个群体内的社会地位、权力和威望得到提升，从而改变原有的社会关系网络的结构。散布流言可以使传播者觉得自己在群体中变得更加强大，更有影响力，也更受欢迎，从而获得归属于群体中心的优越感。流言所发挥的提升个人社会地位的功能是其归属功能高度实现的表现。第五，流言在群体中的流传可以告知进入其中的个人各种准入和驻留的"游戏规则"，使人们适应该社会关系网络，而不被淘汰出局。通过上述五个方面的作为，流言在对群体结构及其中的人际关系和个人多维度的解释中建构意义，不断地确立、维持、扩展和改变个人的社会关系网络，从而有效地满足个人有所归属的心理需求。

相比于谣言和流言，传说所发挥的作用层次更为高级，它通过故事训诫和教化人的方式来实现人类自我完善的心理需求的满足。传说通过讲述能够使我们快乐并使道德价值观和文化价值观得到改善的各种故事来制造意义。① 这些传说故事——无论是古代的英雄传说还是现当代的都市传说——像寓言一样，都是对世界、人生的一般意义的理解和解释，其中往往包含并传达着某种道德寓意，且寓教于乐，讲述得有趣而富有魅力。各种传说都是"典范故事……，因为和寓言一样，其功能都是列举出一些可以从中引出各种道德意蕴的事例"。② 譬如，华盛顿砍樱桃树的故事（据说，其事实上的真实性不可考证）在美国流传了几百年。这个传说向人们宣示了一条值得倍加珍视的美德——诚实。同样，当代有关人生、爱情、婚姻、友谊、事业等主题的、形形色色的都市传说无一不规训（规劝、训导）人去恪守某种价值准则和规范，教育人们过有意义的生活。在讲述故事的情境之中，传说实现了传播意义、价值观和道德观的功能。

---

① DIFONZO N, BORDIA P. Rumor, gossip and urban legends [J]. DIOGENES, 2007, 54（1）: 19-35.
② KAPFERER J-N. Rumors: uses, interpretations, and images [M]. New Brunswick, NJ: Transaction Publishers, 1987/1990: 123.

三、传播内容：从"宣言"、闲言到寓言

每一套社会话语都有其特殊的传播内容。三套反事实的社会话语——谣言、流言和传说，其传播内容分别是从各自的传播情境和功能中产生的。

为了能够在含糊不清、模棱两可的情境中发挥应对威胁、控制环境的功能，谣言的内容必须是重要的、公共的、趋利的，却不具有可靠的证据。作为一套特殊的社会话语，谣言既不是指令性的，也不是征询性的，而是宣讲性的，它以一种宣传的方式公之于众，在大众当中广为散播、传布。因而，从内容上讲，谣言是一种"宣言"——一种吊诡式的宣言，因为它是经非正式渠道发出的、具有泄密性的宣言。作为"宣言"的谣言，其内容上的特征主要表现在以下四个方面：其一，主题的重要性。谣言研究的奠基人高尔顿·威拉德·奥尔波特（Gordon Willard Allport）和利奥·波斯特曼（Leo Postman）有一个关于谣言形成条件的著名公式，即谣言＝事件的重要性×信息的模糊性。① 该公式表明：一则谣言要想产生支配性的影响，就必须既使其主题具有重要意义，又要信息缺失或具有模棱两可性。谣言往往涉及一个具有某种紧迫性、对人们有着重大意义的话题。其二，论题的公共性。谣言既可能涉及也可能不涉及个体，但大多数谣言的论题是公共的，关系到众多人或公众的利益和需求。论题的公共性还体现在谣言的集体性意义建构过程中。谣言从来不是仅仅存在于孤独的个体心灵之中的静态观念，而必定会四处连续地、群集地、多重互动地传播。其三，话语的现实功利性。流传中的谣言的"主人"认为在某种意义上这些信息陈述相对有用。人们并不主要把谣言看作有趣的花絮（流言），也不认为它们通常包含着道德说教的有趣故事（传说），而倾向于把它们看作"以结果为指向的"的信息陈述，② 因为它们时

---

① ALLPORT G，POSTMAN L. The psychology of rumor [M]. New York：Henry Holt，1947：502.
② ROSNOW R L. Inside rumor：a personal journey [J]. American Psychologist，1991（46）：484-496.

常会给人们正试图有效地理解、解释和处理某种消息来源不存在或不可信的模糊情境增添新的信息,以便应对威胁和控制环境。其四,消息陈述的证据不可靠性。在内容上,谣言最具特色的特征是其强烈的事实判断意蕴,或者更准确地说,它是未经证实的。作为一种以口头形式在人际传递的信息陈述,谣言缺乏当下、可靠的证明标准来证实其真伪,或者说,不具有值得信赖的、坚实可靠的证据基础。① 即便事后证明谣言并非毫无根据,当时其证据依据也是不可靠的("……,不过,我并不能肯定这是真的""我听说……""大家都这么说")——这是谣言区别于一般性科学陈述或事实陈述的关键所在(当然谣言也可能事后被证明为真实陈述,是"真实的谣言")。正因为谣言关于其真实性的证据不可靠,因此,即便谣言广泛流传,并被人们信以为真或至少认为被传播的信息有真实的可能性——具有某种可信性和可信度(因为人们愿意或希望这种信息陈述是真实的,或与人们的常识、"先见"或业已信任的其他陈述相吻合,且运用这种陈述在日常生活中"有效"),那也是貌似可信的。

为了能够发挥使个人的社会关系网络形成、维持、扩展和改善的功能,流言的内容需要有关个体或私人行为的、通常是负面评价性的社会性闲谈。② 从传播内容上看,相比于谣言,流言具有以下四个特征:其一,主题的次要性。流言虽然是社会生活中的一种非常重要的社会话语,但其主题对参与者来说并不具有至关重要的意义,也不具有那么大的紧迫性,因而令参与者显得悠闲和懒散。它表现为飞短流长的闲聊、闲话、闲言碎语或飞语。其二,话题的私人性。流言现实针对性极强,其所涉及的人和事极为具体,往往是与个体的私人事务有关,只关涉个人的利益和需求。其三,话语的负面性。流言最具特色的特征是其强烈的价值判断意蕴,或者更准确地说,它在道德上是负面的。虽然流言既可能是正面的评价,也可能是负面的评价,但绝大多数的流言是贬损性的乃至污蔑性的。其四,消息陈述的证据的某种可靠性。

---

① ALLPORT G, POSTMAN L. The psychology of rumor [M]. New York: Henry Holt, 1947: 9.
② FOSTER E K. Research on gossip: taxonomy, methods, and future directions [J]. Review of General Psychology, 2004(8): 78–99.

流言同事实之间的关系比较复杂，流言既可能具有也可能不具有坚实可靠的证据基础，但大多数流言在许多时候都可能伴随有较为可靠的依据。正因为流言具有较大程度的可信性和可信度，流言在传播的过程中会得到更多的响应，人们更易于听信流言。

  为了能够在无聊的情境中发挥训诫功能，为人们提供有意义的世界和生活，传说的内容必然包含着一个意味深长、富有教益、有趣而快乐（或寻常或异常、或温情或惊悚）的故事——具有情境、情节、高潮和结局。因而，首先，就传播内容而言，传说是寓言。相比于谣言和流言往往涉及人们对时事性的、当前的、紧迫的和具体问题的关切，传说的意义制造或内容要普泛得多，它更多地关涉对世界、社会和人生本身（意义）的理解。譬如，在公司大举裁员的特殊情境之中，流言的内容往往针对性很强（"公司为何要裁员？""谁作出裁员的决定？""谁将被解雇？""什么时候进行第一批裁员？"等等），其对这种特殊情境的诸多理解很有现实价值。传说的内容则很可能超越具体的情境，推而广之，把理解转向普世的意义，比方说，"所有生命都是短暂的""人生无常""人是最可宝贵的，应该充分尊重，公平对待""社会将产生马太效应，出现两极分化"等等（甚至，传说通常不会在公司裁员这样具体的情境中产生和传播）。其次，相比于谣言和流言的意义制造与不断流逝的日常事件几乎同时发生和同步发展，传说的意义制造（内容）是事后精巧编织的结果，因而，其不仅篇幅较长，而且陈述相对稳定。最后，与谣言和流言为某个时间和地点所特有而传播相对固定不同，传说往往超越具体的历史和社会情境，在人类历史的各个时期、在世界各地广为传播。因而，同一传说可能会在不同的地点、不同的时间反复出现，呈现出多个"包含了最新信息"的、本土化的"版本"。[1]

---

[1] KAPFERER J-N. Rumors: uses, interpretations, and images [M]. New Brunswick, NJ: Transaction Publishers, 1987/1990: 29.

四、结语

人是社会的动物，人生在世，经常会面对诸如恐惧、孤独和空虚无聊等特殊的情境。为应对这些情境，人们不得不集体地寻求对人、对事、对世界、社会和生活的各种理解和解释，并以反事实、非科学的社会话语形式把这些理解和解释表达出来。这是一个独特的意义发现、产生或建构过程。从信息传播的角度来看，在这个意义生产过程中，上述三种社会话语形式相应地表现为三种非常规的信息传播形态——谣言、流言和传说，它们各自有着独特的传播情境、功能和内容。在人类意义生成的视域下观照这三种信息传播形态之间的上述差异，必将有助于深化对相关非常信息传播形态的研究。

在"理论"与"经验"之间*
——对中国传播研究二元路径的再思考

自 20 世纪 70 年代末传播学被引介到中国大陆以来,中国的传播学研究就一直处在关于本土化和国际化的方法论路径之争中。然而,30 年过去了,传播学界迄今也未能就遵循何种方法论路径达成共识。究其因,这在很大程度上缘于对"本土化"和"国际化"这两个概念没有取得相对一致的理解。

不过,经过 30 年的进展,传播研究方法论路径选择上的学术自觉意识越来越强烈。其重要的表征是:近年来,在反对学术殖民、盲从和爬行,张扬学术自主性、主体性和本体意识的旗帜下,传播学界掀起了一股反思传播研究"本土化"路径的批判运动。① 对本土化路径的反思批判到底意味着什么?是修正而后重走本土化路径,还是弃本土化而转向国际化路径?在这两条路径之间,作为身处信息全球化语境中的中国传播学者,到底该做何种学术选择?

对此,康德(Kant)在《纯粹理性批判》一书中对"知识何以可能"这一问题的回答给了我们重要的启示——理论先于经验,经验(知识)是概念(理论范畴)统合作用的产物。如果我们回到康德去,或许有助于我们寻找上述问题的答案。

---

* 本文原载于《国际新闻界》2011 年第 9 期。
① 参见黄旦的《问题的"中国"与"中国"的问题——中国大陆传播"本土化"路径之批判》;赵月枝、胡智锋的《价值重构:中国传播研究主体性探寻》和胡翼青的《传播研究本土化路径的迷失——对"西方理论,中国经验"二元框架的历史反思》等著述。

一、对本土化路径的反思

早在 30 年前（1982）西方传播学大师韦尔伯·施拉姆（Wilbur Schram）首次访问中国的时候，传播学中国化、本土化（本地或在地化，indigenization）的议题就被提出来了。当年，施拉姆指出：西方传播学的一些基本概念理念在中华文化中可以找到，譬如"有朋自远方来，不亦乐乎""好事不出门，恶事传千里"等等。①施拉姆的弟子、香港中文大学余也鲁在陪同施拉姆访华期间，做了题为"在中国进行传播学研究的可能性"的学术报告。在报告中，他举例指出："中国的文化遗产里面有相当丰富的知识的积累……中国传播学的研究应该是非常有意义的，是我们的力量能够做的，而外国人不能做。"余也鲁同时表达了本土化研究的具体路径："中国的文化遗产里面有相当丰富的知识的积累，可以供我们从中找到一些通则，归纳成为一些原则，这是第一个阶段；然后把这些原则当作假设，在现在的社会中去实验，……看看它们是不是有效，这是第二个阶段；如果有效，而且有普遍的有效性，……我们就可以建立一个通用的理论。这种理论不断地产生，不但可以指导我们今后在中国国内政策的推行和媒介的活动，同时可以丰富现在世界上已经有的关于传播学的知识……这是第三个阶段。"②随后，在第一次全国传播学研讨会上，学者们提出了关于"传播学中国化"的"16 字方针"，即"系统了解、分析研究、批判吸收、自主创造"，获得与会者的认同。③这标志着研究本土化（中国化）成为传播学界最初的共识。从此，中国大陆开启了西方传播学本土化的学术历程。

1986 年，在第二次全国传播学研讨会上，学者们明确提出了"建立有

---

① 祝建华. 传播学研究的本土化与国际化 [M]. 北京：清华大学出版社，2006：214.
② 余也鲁. 在中国进行传播研究的可能性 [J]. 新闻学会通讯，1982（17）. 转引自胡翼青. 传播研究本土化路径的迷失：对"西方理论，中国经验"二元框架的历史反思 [J]. 现代传播（中国传媒大学学报），2011（4）：36.
③ 王怡红，胡翼青. 中国传播学 30 年 [M]. 北京：中国大百科全书出版社，2010：36-40.

中国特色的传播学"的传播研究目标，并初步讨论了它的理论框架，为传播学研究本土化确立了内容和方向。① 1993 年，香港和台湾学者自 20 世纪六七十年代以来对传播研究本土化（中国化）的推动开始实际地影响到内地的学术活动。当年，被誉为"传播学中国化第一人"的余也鲁到大陆来落实 10 年前提出的本土化设想。两岸三地传播学者首次聚首厦门探讨本土化问题，从而实现了内地传播学本土化诉求与香港、台湾的传播学中国化取向合拍呼应。基于此，第三次全国传播学研讨会积极倡导传播学本土化，提出了建立"中国特色的传播理论体系"，并对如何建立"特色体系"提出了具体的建议。②

30 年来，中国传播学者遵循本土化的研究路径，开展了一系列卓有成效的学术活动。首先，一批学者"回到过去"，挖掘中华传统的传播资源。譬如，吴予敏、尹韵公、孙旭培、李彬等学者运用西方传播学概念范畴和分析框架观照、重述和"重写"了中国文化和媒介发展史，他们分别出版了《无形的网络：从传播学角度看中国传统文化》(1988)、《中国明代新闻传播史》(1990)、《华夏传播论》(1997)、《唐代文明与新闻传播》(2000)等著作。其次，更多的学者则"拿来"（借鉴和利用）世界前沿的传播学理论，运用实证方法来阐释中国现实的媒介活动和新闻实践。譬如，卜卫运用西方的媒介素养理论对中国青少年接触、使用媒介现象展开了持续的实证研究，王怡红以罗杰斯创新扩散理论为视角对中国农业新技术的推广进行了探索性的研究，丁未运用"知沟"理论探讨了当代中国社会环境下的信息鸿沟（数字鸿沟）现象，龙耘运用涵化理论解析了大众媒介在中国的涵化效果及电视对中国受众社会化的影响。在本土化路径上，成果最多、规模和影响最大的应该是张国良团队在中国语境下对议程设置理论、"知沟"理论、涵化理论等西方众多传播学理论假设所做的一系列本土验证（包括证实、补充、修正或否证、证伪）。可以说，近一二十年来，几乎所有传入中国大陆的西方传播理论

---

① 戴元光 . 20 世纪中国新闻学与传播学：传播学卷 [M]. 上海：复旦大学出版社，2001：109-110.
② 王怡红，胡翼青 . 中国传播学 30 年 [M]. 北京：中国大百科全书出版社，2010：103-104.

如"议程设置理论""沉默的螺旋理论""使用满足理论""涵化理论""知沟理论""第三人效果理论"等——在中国的媒介环境下被运用或被检验过,它们在当代中国社会的适用性或被肯定,或遭质疑。

无疑,本土化一直是中国大陆传播研究一以贯之的主导路径,这条本土化路径基本上构成了中国30年的传播研究史。不过,回顾30年传播研究本土化宣誓和实践的历程,不难看出,这条本土化路径不断遭到学界的质疑和批判。1995年,在第四次全国传播学研讨会上,李彬和王怡红等学者最早对传播学"本土化"提出了质疑。① 他们把批判的目标对准当时被称为"本土化急先锋"的孙旭培及其回到中国传播历史中去的本土化做法。他们认为,在尚未完整引入和如实了解西方传播学原理的时候就谈本土化,是一种情绪化的提法;更为要命的是,"以独立独行相标举的本土化,本质上也恰恰显示出西方话语的支配性"。对此,质疑者还形象地指出:"从本土化的实绩看,传统文化似乎不像被'弘扬',而倒像被拉到'国际'博览会上被拍卖,一切都得按'接轨'的标准办理,结果就跟金发碧眼的西方女子穿一袭旗袍,让人总感到有种说不出的不伦不类。"②

对传播研究本土化路径的这种质疑在10多年后得到了深化。这种深化主要体现在对本土化研究路径所蕴含的思维框架——"西方理论,中国经验"(或者说"全球知识,本地实践")即所谓"中西二元框架"的自觉揭露上。在30年传播研究的本土化过程中,始终贯穿了"西方理论,中国经验"二元框架。这种二元框架有着致命的认识论缺陷——西方(有)理论与中国(只有)经验二元对立的二元论:"用西方的理论为标准去解释中国的经验,不但不能创造出中国的传播学,倒是更有可能是用中国的经验去丰富了西方理论的案例库,拓展和强化西方理论的话语霸权。"③ 如果进一步从方法论上说,本

---

① 参见王怡红的《对话:走出传播研究本土化的空谷》和李彬的《反思:传播研究本土化的困惑》。
② 孙旭培.华夏传播论[M].北京:人民出版社,1997.
③ 胡翼青.传播研究本土化路径的迷失:对"西方理论,中国经验"二元框架的历史反思[J].现代传播(中国传媒大学学报),2011(4):34-39.

土化路径以中国的例子来验证西方的理论，运用的是把西方理论放在中国经验中加以验证的演绎逻辑（即便运用归纳法的背后也暗含着演绎法，且被后者支配）。该路径不是因为解释了中国经验而创建了中国理论，反而是借助中国的经验强化了西方的理论，从而导致了研究手段与目的相背离，研究结果与研究目标渐行渐远。基于本土化路径的认识论和方法论悖论，以黄旦为代表的学者更是从文化全球化的宏大视角出发，运用后殖民主义、东方主义批判思想，揭发出"西方理论，中国经验"这一二元思维框架的"霸权性"和"殖民性"。黄旦尖锐地指出："中国大陆的传播学'本土化'打一开始，所遵循的就是把中国作为问题，用西方的理论和标准，不断显示中国与西方的不同，从心理上似乎是要跳出他者的支配……而实际上，'我'（被支配者）与'他'（支配者）成为统一战线的'战友'，一起'合谋'。"① 也就是说，本土化倡导者与西方之间所形成的无非是一种以他者为映照的表面的对立，实际上，他们是在以反对西方理论话语霸权的姿态与西方"共谋"，共同"谋杀"了中国的自主学术创新。

在本土化批判者看来，深陷"西方理论，中国经验"二元框架不能自拔的中国本土化传播研究，"上了圈套"，注定要沦为西方中心主义、（理论）普遍主义及话语霸权的牺牲品，因而注定会毫无理论建树——理论创新沦落为理论应用或理论联系实际。通过批判者的历史反思，以创建中国化传播学为理论旨趣和追求的中国传播研究本土化路径，被确认为"迷失了发展的方向"，误导了众多的学者，是一场急功近利的、庸俗化的、非学术的"政治运动"，因而被判了死刑。②

---

① 参见黄旦在"西方理论与本土经验：全球化视野中的中国传播学——2010年海内外华人传播学者对话会议"上的与会论文《问题的"中国"与"中国"的问题——中国大陆传播"本土化"路径之批判》。
② 胡翼青. 传播研究本土化路径的迷失：对"西方理论，中国经验"二元框架的历史反思[J]. 现代传播（中国传媒大学学报），2011（4）：34-39.

二、对本土化路径反思的再反思

从根本上说,对本土化路径的上述批判是一种认识论的批判,其批判的靶心在于把"(西方)理论"与"(中国)经验"加以对立而相互割裂的二元论。批判者认为,"理论与经验之间的关系并非一种二元对立的关系,而是一种相互融合和相互渗透的关系"。① "任何一套知识体系都是以本地为基础的,任何社会运动和社会实践都有不同知识,都有不同理论资源"。② 也就是说,理论和经验是在互动中结为一体的,两者是一一对应的,西方的理论对应西方的经验,中国的理论对应中国的经验。西方理论同中国经验之间则不具有契合性。因此,不能随意地把西方理论与其语境剥离开,使之"脱域"("解域""去领域化",de-territorialization)即脱离原生地及其具体的社会历史情境,进而不假思索地把它机械照搬、套用到一个完全不同于西方的地方,用以描述、解释中国经验,由此导致理论与经验之间的脱节和错位。可以说,用西方的现成理论解释中国经验,既不合理,也是无效的。③ 更为严重的是,这样的研究理路有可能培养我们的思维惰性,麻醉我们的学术神经,降低我们发现问题的敏锐性,荒废我们自己的知识园地。

总之,在本土化路径的反思者看来,不能单纯依靠建立在西方文化脉络之上的社会科学理论,来解释中国的社会现象。"对非西方地区的学者来说,他们有责任寻求一种本土的理论和方法,以便更好、更合理、更准确地解释和预测当地人的社会、文化、心理、行为及其变迁。"④ 具体而正确的做法应该是:对西方理论持一种独立的立场和批判的态度,以对话和反思的方式批判性地解读这些理论方法,解读出其中的历史与社会方位、文化情境及其

---

① 胡翼青.传播研究本土化路径的迷失:对"西方理论,中国经验"二元框架的历史反思[J].现代传播(中国传媒大学学报),2011(4):38.
② 赵月枝,胡智锋,张志华.价值重构:中国传播研究主体性探寻[J].现代传播(中国传媒大学学报),2011(02):13-21.
③ 翟学伟.中国人行动的逻辑[M].北京:社会科学文献出版社,2001.
④ 翟学伟.中国人行动的逻辑[M].北京:社会科学文献出版社,2001.

背后的意识形态局限，从而获得研究问题的经验和教训。在此基础上，应当现象学般地（"悬搁"一切理论前设）以"虚空"状态"回到事情本身"，直面"中国经验"，从具有理论价值而值得研究的、真正的中国"问题"即所谓"真问题"入手孵化、提炼出"中国理论"。也就是说，"不直接通过西方学科中的概念、理论和方法来发现现象和问题，而是从本土的现象和问题出发，来寻求相应解决问题的途径、方法和对应工具，建立本土的概念、理论和分析框架"，①"建立自己的知识范式和体系"。② 显然，本土化反思者的方法论逻辑是典型的现象学，唯以问题意识来引导本土化的研究，"即不先定框架，而是先发现问题，研究问题，然后确定研究的角度、立场、概念和方法"。③

然而，问题在于，人们看待世界的现象学方法是否现实地存在？事实上，人类数千年以来的认识史足以昭示我们：现象学的认识方法只是一种哲学层面上的应然状态，是从历史反思与理想追求的维度来倡导的，而并非对认识的现实属性的实然揭示。在人类实际的认识活动中，人们总是以非现象学的即自然的态度对待世界，总是"先定地"（"命定地"）带有一系列关于存在事实的信念或判断即"先入之见"（前见、前识或偏见，pre-conception）来观照事物，譬如以主客二元对立或者二分思维来看待世界。因此，不可能不带任何框架地去发现或研究问题。由此可见，不是先有问题，然后再确定研究问题的视角和方式，而是先有视角和方式，而后再出现（显现出）问题。问题总是在一定的视角和框架下导引、呈现出的，不存在脱离分析框架的纯粹的"问题"。

基于理论性或概念性框架与经验性问题之间的融合性，不难看出，理论层面与经验层面不只是外在地关联着（所谓"经验是理论的源泉，理论是经验的升华"；"理论源于经验，又高于经验"），而是内在地相互沟通、黏合而融为一体的——从经验的角度看。之所以如此，是因为，不是先有经验，而

---

① 翟学伟. 中国人行动的逻辑 [M]. 北京：社会科学文献出版社，2001："自序".
② 赵月枝，胡智锋，张志华. 价值重构：中国传播研究主体性探寻 [J]. 现代传播（中国传媒大学学报），2011（2）：13-21.
③ 翟学伟. 中国人行动的逻辑 [M]. 北京：社会科学文献出版社，2001：14.

后产生理论，而是先有理论，而后生成经验。经验总是蕴含着理论，不存在纯粹的经验，所有的经验事实都是被理论化、结构化、脉络化了的经验事实，是概念建构的产物。可见，不是理论依赖于经验，而是经验依赖于理论，建立在理论的基础之上。理论先于经验，理论或概念范畴的（先天）存在及其（对感性材料的）统合作用使得经验成为可能——这是哲学家康德的哥白尼式认识论革命昭示于人的真理。

在现实社会中，人们既生活在经验的世界里，同时也生活在概念或理论的世界里，这两重世界往往叠合在一起，而不存在纯粹的生活经验世界。当然，置身于不同文化语境和社会历史情境之下的人们，其生存世界的结构各有差异，有人（如普通人）生活在以经验为主导的世界里，其生活表征是经验主义地看待和处理与世界的关系；有人（如学者）则生活在以概念、理论为主导的世界里，其生活表征则是教条主义地看待和处理与世界的关系。但无论生活在何种社会世界里，人之为人，乃在于他（她）是具有"逻各斯"的生物，或者说，是理性的动物，能够用一般性概念组织感性材料而获得共同的意义，并通过话语予以表达和沟通，从而超越实际现存即当下的东西而拥有未来。从这个意义上说，人人都是概念或理论的动物。

而作为社会生活的特殊参与者，包括传播研究者在内的众多学者更多地把自身从日常的直接经验中抽拔、超拔出来，更多的是用概念或理论（理念）来把握（阐释）世界和介入（规范）社会生活，从而表现为理论化的人生。他们从最原初的生活经验中逃逸出去，或是将目光锁定在遥远的未来，或是将心思囚禁在抽象、普遍而永恒的概念（理念）内，全然不顾身边一个个具体、特殊、当下的细节和瞬间。实实在在、活活泼泼地生活在生活之中的人们感觉他们就像是一个个柏拉图式的人物，对理念的关注超越了对实际的关注。从这个意义上说，相比于普通人，学者更有可能"生活在别处"或者说"生活在生活之外"。学者的这种"异在"的生存样态突出表明：在理论与经验的融合过程中，虽然经验离不开理论，具有对理论的依赖性，但理论却具有超越于经验的独立性即"超验性"。理论的这种超验性乃由理论先在于经验的先在性即"先验性"所决定。

虽然从唯物主义知识社会学的角度看，理论知识是从具体的社会情境中产生出来的，受社会的制约；但理论一旦生产出来，就可能因其抽象性、普遍性而超脱、超越具体的社会情境，与产生它的社会保持一定的距离，从而得以在世界范围内流通。从很大程度上说，整个人类交流史几乎就是一部以科学为代表的知识、理论（观点、看法）的交流史。尤其是数千年来，除了极少数如音乐等非语言符号即"世界语言"的跨国界流通外，人类的跨文化交流无一不是知识、观念的交流，而绝非经验的交流（其实，"经验"是无法交流的）。相对于惰性的生活经验或体验拘囿于特定的时空内的个人或共同体，知识则伴随着人类交往实践的拓展而在世界范围内不断传播、迁移和运用（或嫁接或置换或直接套用），显示出相当大的灵动性。在中西文化交流的历程中，知识、理论的流动呈现出不均衡、不对等乃至单向度的态势，主导的传播态势无疑是从西方流向中国。尤其是进入近现代以来，伴随着商品经济和信息传播全球化进程的加速，建立在亚里士多德学科分类的基础之上的西方人文社会科学理论大举涌入缺乏概念思维传统的中国，并逐渐主导了中国的学术话语体系。

时至今日，在中国的人文社会科学领域，几乎所有的理论分析框架和解释范式都来自西方（"按照海外学者对科学的狭义定义来看，到目前为止，我们五千年的文化并没有留下什么符合经典意义上或科学意义上的理论"[①]）；甚至无法想象，在西方理论和话语缺席的情况下，我们是否还能叙事，还能言说和书写中国经验？也许我们会处于"失语"的绝望状态。只要反观一下我们对周遭社会现象的描述、分析和预测，所用的术语哪一个不是出自西方的学术话语系统？不能不承认，中国人的大多数经验实际上已被外来灌注的西方理论所置换、改造和重构了，我们似乎已经找不到原汁原味的、"本真"的中国经验，再也无法回归最原初的生活本身了。在西方知识话语和文本的"言说"和"书写"下，中国人的世界观和世界图景（世界本身）在很大程度上被西化了。正是从这个意义上说，中国人大都注定要生活在"别处"——

---

① 祝建华.传播学研究的本土化与国际化[M].北京：清华大学出版社，2006：219.

起码在显性的社会意识形态即思想体系层面上是如此。

作为一门新兴的社会科学，传播学是近30年来才被引入中国的最新近的西方学问。它一经引入，其理论分析框架和解释范式就命定地占据了中国传播研究者的学术空间，并支配着他们的学术活动。事实上，在学术全球化的语境下，不借用欧美传播学的概念范畴、理论和方法，我们是没法观照中国的传播现象和媒介问题的，因为迄今为止也尚未出现原创的、本土性的中华传播理论。这也就决定了中国传播学者只得拼命地去追随和依附于西方的传播学术体系。由此看来，遵循"西方理论，中国经验"的二元框架不能不成为非西方社会传播研究者的一种共同的学术命运。

本土化路径的反思和批判者把中国传播研究30年来的本土化学术努力一笔勾销，显然缺乏对"西方理论，中国经验"二元框架应有的理解和"同情"，同时也多少暴露出他们傲视传播学术本土化发展历程的历史虚无主义态度。我们不禁要追问：当这些反思和批判者们质疑本土化路径时，其质疑的理论视角（如文化帝国主义、东方主义和话语权力理论）不也同样源自西方吗？

三、超越传播研究二元对立路径

长期以来，中国传播学界一直受困于两条彼此对立的研究路径——本土化与国际化。这两条路径各自以中国为本位和以西方为本位展开论争，迄今也未找到双方视角的交汇点。

其实，我们完全可以通过克服中西二元对立的二元对立论思维，来超越和化解两条路径的绝对对立，实现双方的自然和解和统一。

我们不妨从概念的辩证入手来揭示本土化和国际化两条研究路径的中西二元论思维本质，进而寻求克服中西二元对立论的途径。首先，从前述对传播研究本土化路径的批判可以看出，批判者之所以不能接纳"西方理论，中国经验"，或者说，不能在执守"中国经验"的同时接受"西方理论"，乃在于误读了"本土化"路径，他们把"本土化"简单地理解、解释成了"本土"，以为本土化就是保守本土的一切，而决不勾连、依附于西方的任何东西，从而把本土（中国）与西方绝对地对立起来。显然，支配其批判行为的恰恰是中西二元对立的思维逻辑：非中就是西，非西就是中。或者说，其简单的逻辑就是：既然是本土（中国）的，就不应该有西方的，更不应该有本体性的西方理论。由此可见，对本土化路径的批判直接地源于对本土化的误读。

那么，究竟什么是真正意义上的传播研究的本土化呢？本土化的关键在于"化"，而不在于"本土"，是化"西方（或世界）"或化为本土，而不仅仅是以西方或世界为参照，即要把西方的、世界的传播研究理论、方法及对象转换或转化为中国的、本土的传播研究理论、方法和对象，或者说，以本土为本位，调整和改变西方现成的传播研究视角、取向、范式或框架。一般而论，本土化应当是全方位的，包括研究理论、研究方法及研究对象等各个方面的本土化；但作为一种知识生产和积累的学术行为，从根本上说，本土化就是研究理论的本土化，即把外来的理论加以改造以适用于本土的实际。理论本土化实际上是理论在全球范围内的自然更替和演变，是检验、补充现成理论和创新理论的过程。[①] 从上述意义上说，脱离西方、国际的本土化是不存在的，本土化只是一个简称、一种简便的说法，其完整的意思表达应当是把国际的东西予以本土化，因而其全称是"国际（的）本土化"。佛教传入中国后汉化为禅宗，马克思主义传入中国后中国化为毛泽东思想，这些都是典型的（国外）理论的本土化实践。

基于理论相对于经验的先验性和超验性，对中国这样的现代学术后发国家而言，本土化绝非学术策略上的自由选择，从根本上说，它是一种学术命运即宿命——中国学者不能不如此选择和接受。

就传播研究而言，本土化就是基于本土社会传播现象和问题的独特性而对外来的传播理论作出补充、修订或否定，进而引发新的理论框架建构。[②] 20世纪六七十年代以来港台学者所从事的"行进中的传播研究"就是典型的本

[①][②] 陈韬文.理论化是华人社会传播研究的出路：全球化与本土化的张力处理[C]//中国传播学论坛.中国传播学：反思与前瞻：首届中国传播学论坛文集.香港：香港中文大学新闻与传播学院，2002：12.

土化传播研究案例。譬如，香港的传播学者祝建华在研究中国互联网的扩散与使用时，参照西方传播理论，提出了"主观需求理论"。在大陆，无论是以孙旭培为代表的传播历史研究还是以张国良为代表的传播实证研究，也都是传播研究对象本土化的范例。近年来，传播学者陈卫星运用欧美传播知识，从信息传播的角度呈现、解释和预测中国的媒介实践和社会转型，既揭示了信息即象征符号的交换（包括文本书写和话语表述，discursive representation）通过营造文化和意识形态的合法性而参与整个社会（权力关系）再生产、改造及建构个体的社会主体性的普遍真相，也提示出传播学叙事参与中国社会现代化构建的独特性。显然，他通过创造性地阐释西方理论已经开启了大陆对中国特色的传播学理论体系的建构。其代表作《传播的观念》（2004）则是世界传播理论本土化研究的典范。

在中国传播学30年的发展历程中，与本土化路径相对立的研究路径是国际化路径。如同本土化路径，国际化路径一经提出就遭到了质疑和批判。批判者认为，国际化无非就是唯西方是从，就是言必称西方理论而毫无保留地遵从国际学术套路和惯例。脱本土或者说去本土似乎是国际化的根本策略，国际化就旨在原汁原味地照着西方学术讲，尽可能地在研究概念范畴、方法和对象等方面淡化和远离"本土"。由此可见，"国际化"之所以遭到批判，乃在于被等同于"国际"。

确实，传播研究国际化的倡导者要么以二元对立的思维看待国际与本土之间的关系，因而认为：要国际，就要弃本土；要么从根本上否认"本土"的存在，即认为：不存在本土或中国（人）所独有、特有的传播研究理论、方法或对象，不存在纯粹本土的东西，一切都可以是国际的。① 由此，以胡正荣为代表的传播国际化倡导者主张采用国际上通行的思维方式和话语体系表述向全世界学人开放的中国媒介现实和传播问题，进而创建出一套全球适用的理论框架。② 香港传播学者祝建华所提出的一套可操作的、唯一的传播学术

---

① 祝建华. 传播学研究的本土化与国际化 [M]. 北京：清华大学出版社，2006：216-219.
② 王怡红，胡翼青. 中国传播学30年 [M]. 北京：中国大百科全书出版社，2010：684.

国际化量化标准（在国际传播学学术核心刊物上发表论文的数量）则一定程度地折射出了国际化追求国际纯粹性的学术"洁癖"。[①]

然而，国际化并不像上述国际化路径倡导者所理解的那样与本土可以无涉或基本无涉。如同本土化，国际化的关键在于"化"，而不在于"国际"，是化"本土"或化为国际，即把中国本土的传播研究理论、方法及对象转换或转化为世界通行、全球适用的传播理论、方法和对象，或者说，以世界为本位，调整和改变中国特有的传播研究视角、取向、范式或框架，使之为国际学术界所认同和接受。从上述意义上说，不存在脱离本土的国际化，国际化只是一种简便的说法，其完整的意思表达应当是把本土的东西国际化即"本土（的）国际化"。一种西方传播理论一旦在中国被创造性地转换成本土的理论，它同样可以不断地被概念化和抽象化，从而超越中国的经验而与世界经验结合，普世（普适）化为国际学界所普遍接受和认同的世界理论。这就是本土理论的国际化。

同样基于理论相对于经验的先验性和超验性，对中国这样的现代学术后发国家而言，传播研究的国际化绝不仅仅是一种学术策略上的选择，它更是一种学术宿命——中国传播学者不得不如此选择的学术命运。

至此，在上述学术命运的支配下，中国传播研究形成了如下的、供传播学者遵循的学术运作逻辑：西方理论—中国经验—中国理论—世界（西方）经验—世界（西方）理论。这是一个以世界（西方）理论为"首环"、无限循环的学术运作圈，它超越了传播研究本土化与国际化两条路径之间的二元割裂，实现了两者的统一。由此观之，在学术全球化语境下，中国传播学者共同的学术使命乃在于顺命而为，即以西方传播理论为先导（范导），以中国传播经验为依据，成就相对独立自主而又世界通行的传播学术知识。

当然，从学术现实的层面上讲，中国自身迄今尚未创建出成熟的传播理论框架、知识符号和体系，因而也就谈不上中国本土理论的国际化。但这无疑将是中国传播学者所要经受的下一场学术命运的洗礼。

[①] 祝建华.传播学研究的本土化与国际化[M].北京：清华大学出版社，2006：233.

互联网时代中国新闻舆论监督的发展态势*
——基于传媒公共性的考察

一、问题的提出：中国网络舆论监督能走多远？

20世纪的互联网给人类生活带来了巨大的变化，它促进了世界各国的政治转型和整个人类社会制度的变迁。进入21世纪以来，伴随着互联网在中国蓬勃兴起，有关在线公共领域、虚拟公民网络（virtual civic networks）、"电子民主广场"（electronic democracy agora）、数字（电子）民主等互联网政治议题伴随着发展传播学一齐涌入中国学界，成为当下政治传播研究的核心议题之一。多数的网络政治研究者乐观地认为，基于互联网特殊的媒介技术特性即不可完全控制性，中国网络公共领域和公民的政治参与空间大大扩展，不断强势发展的网络舆论监督将有力地推动中国的社会转型，进而实现民主政治。当然，也有学者悲观地指出，互联网在中国的政治功能的发挥要受制于中国社会现存的政治经济结构，因此，互联网给中国带来民主转型只是技术决定论者的一种幻觉或所谓"网络乌托邦"（数字神话），并非现实写照。①

那么，作为在互联网时代中国新闻舆论监督的新生力量，网络舆论监督

---

* 本文原载于《北京行政学院学报》2012年第2期，收入《新华文摘》2012年第17期"篇目辑览"。

① 尹冬华. 幻觉与现实：互联网在中国的民主功能：基于西方文献的述评[J]. 经济社会体制比较，2009（1）：138.

到底能走多远？其前景如何？要回答这个问题，我们首先必须回到传媒公共性这一根本点或者说原点（基点）上，①深入考察中国模式的传媒公共性，因为网络舆论监督乃为传媒公共性实践的一种最典型的形态。

二、从公共性到传媒公共性：在应然与实然之间

"传媒公共性"（media Publicness）源于"公共性"，它是"传媒"和"公共性"两个概念的组合，是整个社会公共性在大众传媒领域内的一种体现，因此，解析传媒公共性首先应从解析一般意义上的公共性的基本内涵入手。

（一）公共性

从现实层面上讲，"公共性"现象可溯源到古希腊城邦国家时期。当时，在城邦政体内，人们的生活被划分为公共领域（"公域"）和私人领域（"私域"），其中，古代雅典的市民集会地点和辩论场所就是公共领域的典型形态。与之相关的，出现了公共物品、公共事务、公共利益（需求）、公共决策和公共生活等一系列具有公共属性的现象。而就公共性研究而言，最早可以上溯到古希腊的亚里士多德对雅典城邦政治的有关论述，随后，众多的哲学、政治学、社会学者纷纷阐释公共性问题，探讨公共性同政治制度（包括民主政治、集权政治）之间的关系，②大致形成了公共物品说、公共事务说、公共利益说和公共领域说等公共性思想或主张。

在西方的公共性思想谱系中，哈贝马斯的"公共领域"学说尤为引人注目，也最具影响力。多数学者都认可哈贝马斯的公共性概念所具有的广泛代

---

① 中国学者对传媒公共性的研究始于20世纪90年代末。当时，学者们把哈贝马斯的"公共领域"概念引入传媒研究中，并把传媒公共性论题当作媒介批评的重要理论资源。参见展江.传媒评论的范围和任务［J］.新疆新闻界，1998（2）：16-17.
② 阿伦特.公共领域与私人领域［C］//汪晖，陈燕谷.文化与公共性.北京：读书·生活·新知三联书店，2005：57-124.

表性和普遍的价值规范意义。他把公共性等同于公共领域——一个具有公共性的、独立的社会领域。他认为,"本来意义上的公共性是一种民主原则,这倒不是因为有了公共性,每个人一般都能有平等的机会表达其个人倾向、愿望和信念——意见;只有当这些个人意见(在一个公共领域内——引者加)通过公众批判而变成公众舆论(opinion publique)时,公共性才能实现"。① 换言之,只有当公众在公共领域内就普遍关注的利益问题展开公开、自由讨论和理性协商,形成公共舆论,公共性才成为现实。可见,公共性不是先天、先验的自在之物,不是因为有了公共性而后才有公共领域和公共舆论,而是公共性因公共舆论在公共领域内的形成而成其为公共性。正是从这个意义上说,公共性与公共领域是同一的。概而言之,公共领域是公共性得以成就和发挥的场域和载体,而作为核心理念和原则的公共性本身则必然表现为公共领域。

为了阐明公共性(公共领域)概念,哈贝马斯援引了公共领域的最初表现形态——资产阶级公共领域。资本主义模式的公共领域是"由私人组成的公共领域",是私人自主聚会、交流、对话和辩论的领域,是"真正意义上的"公共领域。在此,公众通过理性批判的沟通实践,形成一片独立于政府与市场的公共空间与意见交换场所。而后,为适应现代社会多元化、多样性的特点,哈贝马斯提出了更加宽泛、广义的公共领域概念,他视公共领域为"一种用来交流信息和观点的网络",其中,各种公共利益集团和各类专业人士积极介入而使批判性的辩论联合并生成各种"有关特定话题的公共意见"。由此,这种"网络"把私人世界的经验同政治权力系统联系起来,从而对政治系统构成持续的压力并迫使其作出谨慎的回应。② 换言之,作为"网络"的公共领域通过对公共权力进行预警(early-warning)、③ 反思、审视和批判,促使公共权力的合理化、合法化。

---

① 哈贝马斯.公共领域的结构转型[M].曹卫东,等译.上海:学林出版社,1999:252.
② 库兰.对媒介与民主的再思考[C]//大众媒介与社会.北京:华夏出版社,2006:130.
③ 哈贝马斯.在事实与规范之间:关于法律和民主法治国的商谈理论[M].童世骏,译.北京:读书·生活·新知三联书店,2003:445.

无论是哈贝马斯先前狭义的还是后期广义的公共性（公共领域）概念，都蕴含着普遍的公开性（平等开放）、非强制性（自由讨论）、理性批判性、公益性（关注普遍利益、讨论公共事务、达成共识和采取集体行动）等四大核心要素或基本原则。这些核心要素或基本原则具有普适的规范价值和指导意义，可适用于任一具体的社会历史语境。无疑，公共性应该是一个马克斯·韦伯意义上的"理想类型"（理念型，ideal type）。作为理想类型，公共性虽然来源于现实的经验事实即具有公共属性的事物，但因为是对现实的高度抽象和概括（所谓"纯化""简化"），因而不可再还原和等同于现实，也就是说，在现实世界是找不到一种公共性事物完全符合纯粹的公共性理念的。这就是作为主观思维构建的公共性的"理想性"所在。如果说"公共性"是价值规范和理性追求（应然），那么具体、特定的公共性形态则是现实表现或实际状态（实然）。由此看来，即便是在哈贝马斯心目中最典型也最为理想的公共领域形态——资产阶级公共领域模式，也是不完善的。哈贝马斯的资产阶级公共领域建构在公众面对面沟通的人际传播环境之下，虽然在原则上向所有公众开放，事实上却只是拥有财产、权力和受过教育即拥有经济、政治资本和文化资本的人才能进入。由此可见，任何公共领域都处于特定的社会历史语境之下，在现实世界里，确实不存在超越阶级而为全民所共享的公共领域。

（二）传媒公共性

当社会公众达到较大规模时，公众之间的交往不再局限于面对面的人际交往，而需要借助一定的技术媒介手段才得以进行，由此形成了以大众传播媒介为中心的新的人类沟通环境。至此，社会公共领域更多地以"媒介化（mediated）公共领域"的方式呈现。报纸、期刊、广播和电视等都是搭建这种公共领域的重要媒介。

媒介公共领域的出现带来了传媒公共性问题。对于传媒公共性，在传媒研究中有两种不同的理解。一种是以哈贝马斯为代表的传播政治经济学派的理解，该学派把传媒公共性理解为传媒的公共性，把它看作公共性的一种具体表现形态。因而，在传媒与公共性之间并不存在必然的联系，传媒可以是公共性的建构者，也可能是公共性的解构者。或者说，传媒公共性有可能是非完全意义上的、不真实的公共性。在哈贝马斯看来，在晚期资本主义制度下，受权力和资本双重宰制下的大众传媒就败坏了交往（沟通）理性，破坏了人们平等、开放、自由、普遍而理性的理想沟通（互动）情境，从而使公共领域"再封建化"（再政治化）和"再市场化"。由此，公开、公益、理性批判的公共性沦落为（商业）演示或（政治）操控的公共性即所谓"伪公共性"（pseudo-publicness）——公共性的一种"虚假"的表现形态或"伪装"。于是乎，公共领域生发的语境一旦发生改变即从人际传播转换为大众传播，就会产生消极的结构转型而瓦解。或者说，基于人际交往的一般公共性一旦发展成为以大众媒介为中心的传媒公共性，其平等、自由、公益、理性等核心价值理念就会丧失掉。

对于传媒公共性，还有一种被称为新传媒公共性论的理解，即认为：传媒即公共性。这是一种技术决定论或媒介中心主义的理解。相比于传播政治经济学范式的社会权力解析，技术主义范式立足于传媒自身的技术特性来阐发公共性的基本内涵，揭示出传媒与公共性之间的同一性，从而将传媒等同于公共领域。于是乎，公共性是传媒与生俱来、先天固有的本质属性。譬如，约翰·汤普森（John Thompson）就认为，现代传媒重构了公共性，传媒的高度发展已经造就出了传统模式所不能容纳的、新的公共性类型。在以电视为代表的高度媒介化时代，"公共性已越来越联系大众传播技术媒体所产生的和提供的各种可见性（可视性，visibility）"。公共性已经越来越脱离共享的物理公共空间和面对面的交流，而变得日益去空间化（de-spatialized）、去本土化（去在地性，non-localized）和非对话性（non-dialogical）。由此，公共性成为媒介化的公共性（mediated publicness），乃等同于可见性。[1][2] 可见，在汤普森那里，可见性取代了对话（自由讨论、理性辩论和协商）而成为传媒公

---

[1] THOMPSON J B. Shifting boundaries of public and private life [J]. Theory, Culture & Society, 2011, 28 (4): 49-70.
[2] 汤普森.意识形态与现代文化 [M].高铦，等译.南京：译林出版社，2005：267.

共性的核心要素，这显然不符合经典或标准的公共性在根本属性上的指标体系（除了公开性，还兼具理性批判性、公益性和达成共识等）。无疑，以电视公共性为代表的传媒公共性同样是意义不充分的、虚假的公共性。

如果说传统的传媒公共性论者从应然层面上立论，从而揭示出传媒公共性实践的缺陷，那么，新传媒公共性论者则从实然层面上立论，因而不自觉地美化了传媒公共性实践，以至于把它等同于公共性概念本身。

概而言之，无论从社会维度还是从技术维度上来观照，传媒公共性总归是不完全意义上的公共性。如果说，公共性（公共领域）是一种理想类型即公共性理念，那么，传媒公共性（传媒公共领域）则除了"应然"理念（价值规范）的意义界面，更多的是一种现实操作，一种基于应然理念而展开的"实然"状态即传媒公共性实践。

三、从传媒公共性到网络公共性：中国新闻舆论监督的媒介语境

（一）中国情境下的传媒公共性

"传媒公共性"概念自引入中国的媒介研究以来，其媒介体制（改革）上的关联意义就得到了强调。在中国学界，传媒公共性一般是指传媒作为公共领域的一种重要建制而服务于公共利益所体现出来的社会属性（或所谓"人民性"），同时也指传媒必须按照公共领域的价值规范要求而展开的实践，也就是说，"传媒作为社会公器服务于公共利益的形成与表达的实践逻辑"。[①]

依照公共性理念所从事的传媒实践活动总是处在一定的传媒体制的规制之下，在目前中国"一元体制、二元运行"公有制传媒体制下，传媒实践、贯彻和发挥公共性理念遭遇巨大的体制障碍。这是因为，国家所有而商业运行的大众传媒在传播实践中要同时遵循三大理念或规范：政治（喉舌）理念、经济（市场）理念和公共（专业）理念，要在这三种相互博弈的观念力量制

---

① 潘忠党.传媒的公共性与中国传媒改革的再起步［J］.传播与社会学刊，2009（6）：1-16.

约中寻求平衡。从以往的中国传媒实践看，由于政治理念和经济市场的制约，传媒只能在有限的空间中寻求自身发展。由此，传媒的政治属性和商业属性凸显，其社会属性则不彰。可见，在中国现行的传媒体制下，传媒公共性始终在应然（理想形态）与实然（实际状况）之间游移，欲趋于完全、完善而又难免于残缺、缺失。正是在此种"准公共性"的媒介语境下，包括报刊、广播、电视在内的传统媒体艰难而执着地从事着针对政治权力的新闻舆论监督。

（二）中国情境下的网络公共性

自20世纪90年代后期以来，互联网这一新兴媒体在中国被广泛使用。由于其独特的、不可控且去中心化的技术特性，基于其开放性、易得性、互动性、共享性等"公共"特质，互联网对建构公共领域发挥了无与伦比、不可替代的作用，博客、网络论坛、网络评论、社交网站等网络公共领域（"在线公共领域"）呈井喷态势。由此，网络公共性取代传媒公共性，日趋成为当代中国传媒研究的核心议题。作为一种特殊形态的传媒公共性，网络公共性被界定为网络所提供的"公共话语空间"。在这个公共空间内，没有高低贵贱的门槛，没有言论检查的限制，公民可以平等而自由地参与对公共事务的理性讨论，并达成某些共识。这种内含公开性、批判性和公益性的交往网络及网络参与机制是网络公共性的集中体现。在网络公共性的媒介语境下，中国媒体开展了卓有成效的新闻舆论监督，如周正龙案、邓玉娇案、"躲猫猫"案、"天价烟"事件、郭美美事件等。

然而，在中国，网络公共性果真如此完备？它对网络媒体的适用度果真是无限的？其实，只要深入中国互联网所处的传媒体制及其自身的特性，就不难发现，网络所搭建的公共领域并非完全意义上的公共领域，网络"公共空间"的现实表征同公共领域的理想类型之间存在着难以弥合的距离。

首先，就公开性即开放性和平等性而言，网络媒体虽然"原则上向所有公民开放"，并标榜为具有最广泛的开放性和"单纯作为人"的平等性，但实际上囿于物质技术条件和文化教育程度，相当一部分人被排除在外。即便社会弱势或边缘群体能参与其中，充足的话语权也得不到保障，而不得不承受被隐藏和受控制的压迫。譬如，网络博客上真正发声、获得高点击率的都是名人博客，大部分普通博客则处于"无声"状态，无人喝彩、应和。

其次，就自由性而言，网民虽然可以因其身份的隐匿性在网络空间自由地发表意见和观点，但网络并非法外之地，同样受到政府监管。因此，网民在网络上须注意自己的言行，不可逾越法律与道德的底线，以共同打造一个风清气正的网络空间。

再次，就理性或批判性而言，网络媒体虽然提供了公开辩论和批判性讨论的平台，但它毕竟天然地是一块众声喧哗和情感宣泄之地，而缺乏真正的理性对话和沟通。由此，网民从"文化批判的大众"转化为"文化消费的大众"，丧失了应有的批判性。譬如，个人博客在很大程度上就是一个"排气阀"或"减压器"，它充斥着大量非理性的过激言论和娱乐恶搞，鲜明地折射出网络暴力倾向。

最后，就公益性而言，网络媒体在提供个人服务的同时，本来也为大众讨论公共性问题提供了一个公共话语平台和公共讨论空间，其目的在于维护公共利益，促进国家/社会的结构转型和整个社会的民主与进步。而实际上，网络上大量的言辞都是私人性的，无涉公共事务和公共利益，无法向网民提供一个共同交流、普遍讨论和对话商谈的公共话题，无法达成基于理性批判的"心智共识"（logic consensus in mind）。原本具有真正公共意义的事件却因不能被公开和"提拔"而丧失公共性；相反，私人事件因被网络广泛炒作和娱乐恶搞而成为（伪）"公共事件"，"公共领域变成了发布私人生活故事的领域"。

从上述意义上看，如同传统媒体公共性，中国当下流行的网络公共性同样是"准公共性的"。一方面，政府不断强化对网络的行政监管力度；另一方面，网络信息的娱乐化、广告化和私人化倾向继续发展。在可以预期的未来，中国新闻舆论监督事业将继续在探索中前行。

对新闻事实的一种建构主义解读*
——兼对客观性新闻报道辨正

在10多年前,也就是在20世纪末,中国新闻传播学术研究史上有过一场关于新闻事实的争论(参见《新闻大学》1997年秋季号和1998年春季号),争论双方虽然对"事实"本身的性质存在分歧(一方站在马克思主义的立场认为事实是纯粹的客观存在,即客观事实;而另一方则站在康德主义的立场认为事实是概念化的经验陈述,即经验事实),但都不否认新闻事实的客观性基础,并依此都认定:新闻事实是有客观基础的事实与主体意识的结合,新闻是兼具客观性和主观性的信息统一体。显然,双方都没有放弃对新闻事实的本体论承诺(所预设的本体或为"物质"或为"自在之物"),因而事实地达成了客观主义的基本共识。

纵观中外新闻实践的历程,基于朴素实在论和经验主义的世界观以及对新闻事实的客观性认定,客观性报道原则或客观报道论一直占据主导地位,"报道事实""记录事实""再现事实""还原事实"或"用(让)事实说话""纯客观报道""纯新闻报道"(straight news report)成为中西新闻报道的主流。客观性被信奉为新闻报道与生俱来的品质、本质属性和首要原则,而对它的质疑之声寥寥。在一战及20世纪20年代期间,伴随着政治宣传、广告和公关业的蓬勃发展以及对人们反映现实真实的能力和追求事实真相的确定性信念发生动摇,新闻界为抵制广告宣传业对新闻观念和操作的渗透和操

---

* 本文原载于《现代传播(中国传媒大学学报)》2014年第11期。

纵，同时也为了"抚慰"因怀疑主义所带来的现代失落感，明确提出新闻职业道德准则即专业主义的核心理念（理想）——客观性，以此确立了通行于西方报界近百年来的新闻生产的基本逻辑和新闻业的首要使命。[①] 不过，进入20世纪三四十年代，随着社会现实生活和世界事务的日趋复杂、人们对公共事务的倍感兴趣和思维方式的多样化，以及对"事实即真相"（事实本身能够说话，事实的累积和堆砌足以反映世界的真相）的进一步质疑，西方社会又出现了对客观新闻业的不满，新闻业界内部也开始反叛客观性报道规则和流程，转而倡导新闻报道主体（新闻记者和编辑）对新闻事实的积极介入，进而提出了"事实即阐释""报纸不仅仅是呈现事实"的主观性报道原则。[②] 由此，"新闻纪实""阐释性报道""调查性报道""深度报道"等讲究新闻情境、意蕴和对新闻事件背景细节的文学性或"创造性描写"且带有评论因素的新新闻主义报道形式应运而生。

对新闻客观性报道原则是执守还是放弃，主观性报道原则能否成立并获得普遍支持，这些都关涉对新闻事实的理解。到底何为新闻事实？人们对这个问题似乎从未达成——或许也不可能达成——充分的共识。本文尝试从现当代哲学和叙事学的角度对新闻事实作出一种建构主义的解读，以此来回应和判定新闻客观性报道和主观性报道原则及实践背后的深层学理之争，并从反面对客观性新闻报道原则和实践予以辨正。

一、新闻事实是被话语建构起来的"故事"

继黑格尔之后，众多西方哲学家纷纷放弃对世界的本体论或传统形而上学实在论承诺，不再为所谓"自在之物"或"自在的世界"留有地盘。用现代法国现象学家和存在主义者莫里斯·梅洛－庞蒂（Maurice Merleau-Ponty）在《知觉现象学》一书中的话来说："不应当问我们是否真正知觉了一个世

---

① 黄旦.传者图像：新闻专业主义的建构与消解［M］.上海：复旦大学出版社，2005：91-92.
② FOLKERTS J，TEETER D L，CAUDILL E. Voices of a nation：a history of mass media in the united states［M］. London：Macmillan Publishers Limited，2009：359.

界,而应当相反地说:'世界就是我们所知觉的那个东西。'"①也就是说,不存在不依赖意识而存在的物质实体。对此,即便是先前的唯物主义者马克思也只承认作为主体的对象的对象性存在物,"假定一种存在物本身既不是对象,也没有对象。这样的存在物首先将是一个唯一的存在物,在它之外没有任何东西存在着,它孤零零地独立存在着……非对象性的存在物,是一种非现实的、非感性的,只是思想上的即只是虚构出来的存在物,是抽象的东西"。"非对象性的存在物是非存在物。"②马克思对非对象性存在物的否认,无疑在认识论上也否定了自在的"物质世界"或纯粹客观之物的存在。可以说,自20世纪以来,西方人的理性精神世界趋于扁平化、内在化,外在的"自在世界"在人们的视域内、心理上隐退了,整个世界似乎变成一个为人类而存在的"为我(们)的世界"——"世界从本质上说是我的世界"。③

从根本上说,人类精神世界的演变往往是通过哲学转型来实现的。如果说,近现代(modern)哲学还在为主体(主体世界:"心")与客体(客体世界:"物")之间的关系而争执不休,那么,进入现当代(contemporary)以来,各路哲学则纷纷背弃了主客体之争,不约而同地走向主客体的中介——语言(符号,包括话语、文本、影像等),进而确立了语言相对于心灵和物质世界在本体论上的优先地位("语言是存在的家""人以语言之家为家"),④从而产生了以探讨语言为核心的语言哲学。由此,以心灵为主题、以认识论为内容的主(客)体哲学被语言哲学取代,相应地,实在论被语义学取代,即对观念的来源和性质的本体性追问被对语言符号的意义追问取代,现代哲学的革命性转型得以完成。

伴随语言哲学的兴起,继"语言转向"之后出现了"话语转向",⑤从事

---

① MERLEAU-PONTY M. The phenomenology of perception [M]. London and New York: Routledge, 1962: xi.
② 马克思,恩格斯.马克思恩格斯全集:第42卷[M].北京:人民出版社,1979:168-169.
③ 萨特.存在与虚无[M].陈宣良,等译.北京:读书·生活·新知三联书店,1987:152.
④ 海德格尔.海德格尔选集上:关于人道主义的书信[M].上海:三联书店,1996:358.
⑤ 霍尔.表征:文化表象与意指实践[M].徐亮,陆兴华,译.北京:商务印书馆,2003:6.

话语（文本）分析的叙事学由此蓬勃兴起。基于主客（体）二分的认识论思维模式的终结，叙事学打破了传统关于事实发现和反映的理论"迷思"。叙事学认为，作为语言符号，话语的功能就是叙事，就是叙述"故事"（story，既可以是真实事件，又可以是虚构事件），① 完整地说，就是将"原初"事实进行"符号化"处理而使之"意义化"。其实，准确地说，所谓有待话语叙述的"原初事实"是不存在的，因为再"原初"的事实也是作为符号的话语赋予感性材料（所谓"杂多"）以概念和直观结构而使之有意义的结果，即话语的意义建构的结果。"无形态"（无概念嵌入即未被概念化）而零星、碎片化的"原初事实"则因无意义融入而不可理喻，至少是永远未知而被遮蔽的，其存在也是无意义的。事实不会自在地存在，也不会自发地生成。所有的事实都是被话语建构起来的，这就是所谓"话语的事实建构"。换言之，所有的事实都是话语化（符号化、语言化）的事实，是被容纳且显现于话语世界中的事实——事实在话语之中。如果把世界看作事实的集合，那么从叙事学的角度来说，整个世界不是既成，而是生成的，是话语叙述——或者说，（言）"说"或（书）"写"——出来的，因而，世界就是一个叙事的世界。我们就处于叙事世界之中，这个被叙述（"说写"）的世界是人类所拥有的全部。在话语叙事之外，没有任何更多的东西。不妨说，"话语破碎处，无物存在"。如果真存在一个"实在（客观）世界"，那么也正是话语叙述构建了这一"实在"——"实在"无非是内在于人（话语叙事实践）的。借助话语，处于一定社会脉络和历史情境下的人类或个体地或群体地建构起他们置身于其中的、与他们相关的现实（经验）世界。

新闻叙事学进一步认为，新闻叙事是新闻话语对新闻事实的建构，而不是对所谓先在的、"原初的"客观事实的重构。事实上，并不存在作为新闻事实来源而与之同质同构的所谓"客观事实"，因为"客观"（原初）的事实本身就是话语建构的结果。新闻话语通过词语选择、句式选择及叙事视角选

---

① 曾庆香.新闻叙事学［M］.北京：中国广播电视出版社，2005：105-106.

择等方式把新闻事实叙述出来、建构起来。这就是所谓"新闻话语的事实建构"。①在此观照下，新闻事实是新闻话语建构（叙述）出来的"故事"。从这个意义上说，新闻话语不是报道或再现新闻事实，而是建构新闻事实。没有所谓先在或既有的新闻事实，有待新闻话语来报道（叙述）或再现；而是先有新闻话语，新闻话语在叙述实践（报道）中建构出新闻事实。显然，新闻话语具有相对于新闻事实的逻辑在先性，没有新闻话语，也就没有新闻事实。换言之，新闻事实不是新闻话语报道（叙述）的前提和对象，而是报道（叙述）的结果和内容。叙述即建构，作为"叙述"的"报道"本身就是建构。报道（叙述）新闻事实与建构新闻事实是同一个过程。

新闻叙事之所以能够通过话语建构新闻事实，这是由新闻事实的媒介性决定的。如同人类经验生活中的其他事实，新闻事实是借助语言符号媒介来呈现和表达的。新闻事实在被报道（叙述）出来时，必须纳入社会概念或意义系统中，进行符号化即编码处理。这种符号化处理过程不仅仅涉及逻辑和修辞，更为重要的是，包含关于报道"什么"的议程（议题）设置和关于"如何"报道的框架设定以及其中所蕴含的意识形态筛选和过滤机制。新闻事实就是通过议程设置和框架设定被纳入话语叙述框架内而被社会地建构起来的。从这个意义上说，新闻事实是通过话语建构被媒介化且被社会化了的事实。我们所面对或置身于其中而加以利用的新闻事实都是社会媒介化（符号化）建构（叙述）起来的事实，而不是对客观事实白描式"如实"反映的结果，更不是原本性的客观事实本身（它实际上并不存在）。对此，只有简单迷信"客观事实"而持有事实拜物教的天真（素朴，naive）的经验主义才认为事实不是人类对世界的陈述，而是世界的本来面貌或世界本身的一部分。②

---

① 曾庆香.新闻叙事学［M］.北京：中国广播电视出版社，2005：105-147.
② SCHUDSON M. Discovering the news［M］. New York：Basic Books, Inc., 1978：122, 127.

二、新闻事实的真实性在于符号真实

其实，人本来就不是直接与（"真实"）世界打交道的，而只能是通过某种媒介（中介）——譬如语言符号（符号媒介）及各种技术手段（技术媒介）——与世界进行间接接触。因而，我们所面对和接触的世界其实"命定地"是一个已经被"选择""加工""改造"过的媒介化世界——被叙述的世界（或话语世界、文本世界）。所谓与世界的"亲密接触"或"零距离接触"是不可能实现的。人类这一生存的真相其实早已被柏拉图的洞穴隐喻（洞壁影像隐喻）和李普曼（Lippmann）的"脑海图景"之说揭示。不过，人类并没有因此而放弃对世界真实性的追问和寻求——我的生存世界是否真实（实在）？如果真实，何为真实？又是靠什么来保证我们关于世界的信念（观念）、思想和知识确实指向、指涉世界而保持与世界的联系，并为世界所证成（证明为真）呢？换言之，其真理性、真实性的依据在哪里？对日常生活中的人来说，世界由各种历史的、当下的事实构成。在一个信息化的社会中，人们对生存世界真实性的诉求突出体现在对作为或行将成为"历史"事实（广义上的，包含现存、当下的事实）基本构成要素的新闻事实的真实性要求上。实际上，自新闻诞生以来，新闻事实始终被人们认定为最"真实（实在）"的事实——真实性（"真理性"）理所当然是新闻事实的本质属性，是新闻事实（"故事"）区别于文学故事的根本特征。

基于新闻事实是由新闻话语叙事构建的，人们对新闻事实之真实性的诉求要落实到对新闻叙事的可靠性诉求之上。人们之所以对新闻叙事持有可靠性的诉求，是因为新闻叙事本来就不同于文学叙事，它不事"故事"的"创造"（虚构），但求所述"故事"的真实、实在。同时，这根源于人们制造和阅/听新闻的动机——人们为何需要新闻。无论是新闻的叙述者还是阅/听众，都希望通过新闻叙事及其"故事"（事实）来获得一种与外界（外在于自身直接经验世界的世界）相联、同在、同行的世界通感（commonality，包括在场感、亲历感和参与感）及人类共同体感（commonalty）。如有言："我们阅读新闻，是透过新闻叙事来确认自己与社会之间具有某种心理或文化上的关联。新闻叙事的功能可能就在于满足大众某种心理需求，或是帮助大众完成某种社会心灵仪式。"①

那么，到底何为真实的新闻事实即新闻话语所叙述的"故事"呢？其真实性的标准何在？作为语言符号（包括图像和声音）操作的结果，新闻事实的真实性就在于符号的真实性——"符号真实"。所谓"符号真实"，首先是指话语符号之间能有效推论关联而相互融贯，而不在于话语符号是否表象（反映）了所谓"客观事实（世界）"而与之相符合——因为这样的"客观事实"是不存在的；即便存在，也无从知晓话语符号是否与之相符。因此，只能以话语符号系统内在的自我融贯性（self-coherence）为标准来认定被话语建构起来的新闻事实的真实性。作为读者、听众或观众，新闻受众通过阅听新闻（文本）所获得的通常就是符号真实。因为对受众而言，新闻事实的真实性都是从语言符号中读解出来的，因而往往把报道（叙述）新闻事实的语言符号的真实当作新闻事实本身的真实："人们通过新闻确立为事实的东西，往往是因为它们被记者以符号叙事的方式报道出来，一般人往往是根据语言的形态及它出现的位置来判断报道的究竟是事实、意见或纯属虚构，并不具备分辨'事实'和'事实语言'的能力。"②

那么，到底靠什么来保证新闻事实的符号真实性呢？就新闻叙事而言，符号真实表现为由新闻话语所构成的命题之间相互蕴含而不相互矛盾，它完全是由新闻叙事技巧达到的。这种符号真实的真实度取决于新闻叙事的修辞机制和逻辑严密的程度。譬如零度修辞手法，以相对隐蔽的、中性的白描方式叙述有关事实的片段、场景、细节和言语，从而避免所谓"浪漫的真实"。尽管新闻报道中的话语机制无法直接指称某些事情是否为真或是否为事实，却会运用修辞技巧，具体而微地描绘场景中的一举一动，或是借助文法、篇章和时体结构及逻辑推理的力量，便可制造和加强新闻事实的真实（实在）感。

---

① SCHRAMM W. The nature of news [J]. Journalism Quarterly，1949，26（3）：259-269.
② 罗以澄，胡亚平. 挑战现实理性构建浪漫真实：解读新新闻主义的价值观及其叙事结构 [J]. 现代传播（中国传媒大学学报），2004（2）：28-32.

由此可见，上述意义上的符号真实虽然只是诉诸新闻话语自身的完善性或完备性，但它绝不仅仅是一种形式（逻辑）上的真实，因为它同时也一定程度地制造出内容、实质上的真实。不过，这种被制造出来的真实还能让新闻事实具有充足的合理性，不足以让其在理性上完全被人接受。新闻事实的充足合理性（理性上的可接受性）还要由另一重意义上的符号真实来保障，那就是：话语符号与经验事实之间的融贯。事实毕竟是关于世界的事实，无涉世界的新闻事实是不存在的，也是不可想象的。尽管新闻事实不是对外在世界的反映，而是被话语符号建构起来的，但（经验）世界并没有从新闻世界的视野中完全消失，新闻事实并未彻底放弃对于世界的指涉（指向）。这就意味着，新闻叙事并不能完全摆脱来自人活在其中的经验世界的制约，不受话语符号"之外"的要素——经验世界——所制约的新闻事实只能是一种臆想或呓语。因此，新闻事实必须被拿来同经验事实及其所构成的经验世界相比照才能确立其真实性。新闻事实的符号真实表现为由新闻话语符号构成的命题与人们日常生活中关于经验事实的知识或信念之间相互契合或者说具有一致性。如果新闻叙事的说法即叙述的内容不违背人们的经验知识（包括常识）或信念，新闻受众就会认为新闻事实是真实的；反之，新闻就会被认定为虚假、不真实。显然，原本在日趋媒介化的社会里越来越多地由新闻事实构建、构成和扩展的日常经验事实（当然不限于新闻事实），反过来又被用来验证、证实新闻事实的真实性。如果说话语符号之间的融贯是内在融贯，那么，话语符号与经验事实之间的融贯则是外在融贯，但是，由于被拿来同（建构新闻事实的）话语符号相对照的经验事实及其知识（信念）本来也是话语符号建构即赋予意义（概念）及形塑理解（阐释，interpretation）的产物，话语符号与经验事实（知识）之间的融贯同样是在话语世界（经验世界）内在指涉中的自我融贯。正如美国著名的新闻史专家迈克尔·舒德森（Michael Schudson）所言："客观真实意味着一个人关于世界的陈述（报道）可以被相信，如果他服从专业共同体认为合法的已经确立的规则。在这里，事实不是世界的某个方面，而是大家认同的关于世界的陈述。"① 由此可见，新闻事实的

---

① SCHUDSON M. Discovering the news [M]. New York: Basic Books, Inc., 1978: 122, 127.

真实乃是一种新闻（话语）叙事或陈述的真实，归根到底是一种符号的真实。总之，可以通过符号真实即以话语符号之间及话语符号与经验事实之间的双重融贯性为标准来认定被话语建构起来的新闻事实的真实性。

新闻话语是自足的，新闻事实的意义及其实在性是内在（于新闻话语符号中）的。正如英国史学家凯斯·坦金斯（Keith Jenkins）在《历史的再思考》一书中所指出的："世界/过去总是以故事的形态来到我们跟前，我们无法走出这些故事（叙述）去查看它们是不是对应真正的世界/过去。因为这些'总是现成'的叙述构建了'实在'……我们追捕到实在，却发现它是一个语言学上的记号，是一个概念……"[①] 事实上，作为新闻受众的人们习惯性地满足于符号的真实。这是因为，在长期的新闻媒介接触中，人们逐渐形成了一种"文本性的态度"，即基于新闻文本往往比诉诸其所描述或报道的现实具有更大的权威性，人们倾向于拒绝与外在现实世界直接接触而去求助和信赖新闻文本的权威。由此，"读"新闻（而非感知新闻）成为人们接受新闻的常态。在人类高度媒介化（虚拟化）生存的今天，"电视人""容器人""网虫"等"媒介依赖症"的蔓延恰好折射出新闻事实之符号真实标准的深远意蕴。

人是具有"逻各斯"的动物，人用话语建构了世界。同时，作为一种形而上学的动物，人生在世，每个人又都有一种自然而朴素的实在论信念——世界是实在的，是客观存在的。我们可以不承认客观事实（"客观"事实无非是由话语主观建构起来的），但不能不承认客观世界。这种外在实在论的世界观信仰（假设）或许是支持新闻客观性报道原则和指引客观性报道实践的唯一理由了。

---

① 坦金斯.历史的再思考［M］.贾士蘅,译.台北:台湾麦田出版城邦文化事业股份有限公司,2006:95.

走向人伦主义的关系本体论*
——媒介深度融合进程中"媒介人"的人文主义思考

人类媒介史不仅是一部媒介更迭的历史,也是一部媒介融合的历史。基于人类已有的媒介实践,学界一般把媒介融合理解为媒介技术系统内部的融合。然而,如果立足当下最新媒介发展趋势,媒介融合则不再局限于媒介自身即各种媒介技术形态的融合,而是扩展到作为与媒介打交道的媒介使用(操持)者的人身上。从终极的意义上说,"媒介融合"之"融"是指媒介与人或人与媒介的融合,即媒介的人化和人的媒介化。在媒介融合向纵深发展的趋势下,人与媒介相互趋近、互为彼此,合二为一而成为"媒介人"(mediator,或所谓"生物媒介")。"媒介人"("生物媒介")的行将面世标志着媒介深度融合时代的到来。

一、从自然人到媒介人

现代科技尤其是人工智能和基因编辑两大科学和技术在当代社会迅猛发展并日益深入人类生活的方方面面,不仅使物的特征出现了巨大变化,人的性质也正在发生重大改变。一方面,人工智能模拟人类有机体感官的身体体验,赋予物以生物性和意识特征(包括理智能力即理性或逻辑思维能力和情感情绪),尤其是实现物的智能升级,形成"有机机器人"或"虚拟智能

---

* 本文原载于《现代传播(中国传媒大学学报)》2021年第1期。

人",使无机物有机化,使物在生理(生物性)和心理(精神性)两个层面上都越来越趋近于人。譬如,赋予机器以生物性,制造出具有生物性功能的类人机器人,像美国新近开发出以活的生物细胞为材料的生物机器人;进而,这些类人机器人通过深度自主学习,未来不仅可能具有独立意志和思想,更有可能会产生精神性的"自我"意识,从而成为人工自为者(agent)。另一方面,基因工程和人工装置的应用使自然人成为一个人工合成体(又称"赛博人"),即一个由人为设计而经过生理的和物理的双重改变的新种类——从自然(生物)人转变为被非自然化(技术化)的"物质人""技术人""合成人"或者说"自造人"。诸如,通过基因编辑的方式影响人的心理所依赖的生物信息来源、改变人的遗传信息结构即人的生物属性,进而改变人的心理特征和理智能力;脑起搏器、心脏起搏器等人工装置的植入因容纳了非生物体而改变人的心理状态(包括理智和情感)。由此可见,人在生理(生物性)和物理(物质性)两个层面上都越来越趋近于物。综合来看,人与物相互构建、构成,相互改造、改变,彼此成为对方的延伸和对方不可分割之要素,并成就对方之为对方的可能性。在物与人不断相互趋近——物的人(性)化(anthropotropic)为人和人的物(性)化(materialization)为物——的跨物种演化进程中,人与物之间从目的—手段的对立走向互为目的和手段的互利共生(symbiosis),进而达到"共同生成"(becoming-with)。最终,人(高级生物有机体)与非人(non-human,无机物机器、生物及一般物等)之间的界限会变得日益模糊,且渐趋消弭。事实上,伴随着脑—机(人脑与电脑)接口技术的不断突破和脑机界面的逐渐消失,人与机器对话、互动,在相互作用、相互构成(互为嵌合)和共同升级、进化中终于融合、合一。由此,必然出现一种新型的人类——相对于现在的人类物种具有进化关系的未来的生命存在形式。

在人工智能、虚拟现实、物联网等新技术风起云涌的第四次技术革命的推动下,伴随着媒介技术日益转变成大众日常生活领域的普遍性实践,人类进入一个"万物皆媒"(人亦为媒介)的泛媒化时代。其重要的时代表征是:万物(包括人)的存在及其生命的本质不再在于其客观物质性,也不再在于其主观精神性，而在于其媒介性——更准确地说，是被媒介化性，即以被媒介架构（framing）的方式存在着。对人来说，就是以被媒介架构的方式存在于世，即所谓"媒介化（mediazation/mediatization）生存"。人因此而丧失了作为与物（对象、客体）相对立的主体性（地位）。在人的媒介化生存过程中，媒介与人或人与媒介相互趋近、相互内化、互为彼此、融为一体而具有同一性——媒介即为人，人亦为媒介。最终，人化的媒介或媒介化的人即"媒介人"或"生物媒介"得以面世。未来"人类"社会行将诞生一种新的社会"主体"（存在物）——"新人类""后人类"（posthuman）[①]或所谓"超人类"（transhuman），[②]他们便是这种媒介人。

人，从自然人到媒介人，大体要经历一个从"去生物性"到"再生物性"的技术化处理过程，先是让（自然）人脱离肉身（"离身"：祛除身体）而成为一种如"游魂"（discarnate spirit）般的纯粹的精神存在——被电子化、信息化、数据化处理的"电子精神""精神数据""数字化的我"（"内在的我""精神的我"）、"无形无象之人"（discarnate man）或非有机体的智慧"主体"——"2029年人类将能上传大脑的全部信息，包括感受、记忆和秉性，即使肉体不复存在，我们的意识、思维和情感也将在云端延续"；[③]然后，把这种信息化"精神"注入新的生物体内，与新的生物特性重新组合成一个新人。这是一个先抽离出物质、肉体再赋予建立在生物基质上的自然性或物质性具

[①] 20世纪80年代以来，西方学者唐娜·哈拉维（Donna Haraway）的"赛博格宣言"（1985）、史蒂夫·妮可思（Steve Nichols）的《后人类宣言》（1988）、罗伯特·佩佩雷尔（Robert Pepperell）的《后人类条件》（1995）、凯瑟琳·海勒（Katherine Hayles）的《我们何以成为后人类》（1999）以及罗丝·布拉伊多蒂（Rosi Braidotti）的《后人类》（2013）等论文和著作相继提出了以人与"非人"（机器或动物和一般的物等）之间"共生""融合"为本质特征的"后人类"概念。

[②] 1998年，一群来自不同国家的作者共同起草了《超人类主义宣言》，该宣言构想了通过新技术的应用，实现人类增强，即在未来不断拓展和实现目前大部分尚未实现的人类或人性潜能以及人的存在状态的惊人的和超越性的增强，甚或达至永生。该宣言蕴含着"超人类"概念。参见http://humanityplus.org/philosophy/transhumanist declaration/。

[③] 库兹韦尔.奇点临近：2045年，当计算机智能超越人类[M].李庆诚，董振华，田源，译.北京：机械工业出版社，2011：119.

身形象的再"具身化"过程。这同时也是人类身（身体）—心（心灵）的双重技术化的过程，即主要由生物技术（如基因工程）来实施的人类自然身体及行为的技术化与由智能技术（如算法）来完成的人类智力（思维）和心灵（精神、情感）的技术化。通过对自然人类身心的双重技术化处理，人将成为一个被高科技产品——诸如各种人造器官、人造血液、人造皮肤、人造肢体、人造基因、人造精神、人造大脑等——全副武装的人，由此，自然人演变成一种高度技术化的生物性存在（高级技术身体即智能身体或媒介化"存在"）——"媒介人"。

二、媒介人的人文主义危机

从自然人到媒介人的人类生命演化进程中，人类不断地超越自身的生物极限——纯粹的自然肉体及基于其上的本然性精神内涵都在变化。由于人工智能、基因工程的介入和人工装置的植入，在自然（生物）进化和人工（技术）进化的双重作用下，人（包括体能、智能、情感意志力等）不断"增强"，人的性质包括生理性质和心理特性即身（肉体）—心（心智）两个方面因此而不断发生改变，以至于拥有一种全新的生物特性和截然不同的意识内容。至此，人在生物上的自我同一性和在精神上的自我同一性都不复存在。那么，性质改变后的人——媒介人，同性质改变前的人——自然人，是否是同一人呢？或者说，人的性质改变到何种程度上仍然是同一人，而改变到何种程度上就不再是同一人了呢？其判决性的临界点到底在哪里？在此，人类所遭遇的这个自我同一性即身份认同问题关涉人类思想史上著名的忒修斯悖论（Paradox of Theseus）即身份认同或替换的悖论（假定某事物的构成要素被置换后，它是否依旧是原来的物）。如同不断维修和替换木板及零部件的忒修斯之船是否还是原来的那艘船，不断改变生物和意识性质、特征的人是否还是原来的那个人，推而广之，不断改变生物性和精神性的人类是否还是人类，抑或变成"非人"或者"类人"？归之，"媒介人"还是人吗？

从根本上说，这里关涉一个关于人的最基本的问题——"人是什么"，抑或，人之为人的终极依据是什么。人（human being），当然是有人性（human）的存在者（being）。而人之所以为人，当然在于人性（humanity）即人的性质，尤其是人的原（本）来、根本的性质（本性）或者说特有的性质（特性）。归之，人在于人性，人即人性。关于人性，卢梭（Rousseau）曾经宣称人的原始状态应该是"集一切于己身"的"纯粹自然的人"；而在当今时代，人们之所以对人工智能和基因工程等生物技术进步所付出的代价、所引发的危机和所带来的结局深表忧虑，其根本原因就是对人类作为技术性存在在今天面临的自然人性（人的性质）改变、演化的恐慌和担心。正如深刻地意识到"人类征服自然的最后一道界限""人类第一次有机会改变人类的自然本性"的日裔美国政治学者弗朗西斯·福山（Francis Fukuyama）所言："终极意义上，人们担心的是生物技术会让人类丧失人性。这种根本的特质不因世事斗转星移，支撑我们成为我们，决定我们未来走向何处。更糟糕的是，生物技术改变了人性，但我们却丝毫没有意识到我们失去了多么有价值的东西。也许，我们将站在人类与后人类历史这一巨大分水岭的另一边，但我们却没意识到分水岭业已形成，因为我们再也看不见人性中最为根本的部分。"[1] 显然，福山深恐于基因工程给未来后人类带来的人性浩劫。对（现代）"技术统治"人类而人性"沉沦"提出最深刻批判的当属德国后现代主义哲学家海德格尔，他通过对"存在历史"的哲思，揭示了自然人类（本性）被技术"框架""促逼"即被"加工""计算"和"规划"的"退化"进程。[2]

几乎所有的人性问题都关乎人文主义。所谓"人文主义"，就是主张完整（完好无损）的"人性"和对"理想的人""完全的人""完美的人""完善的人"——归根结底，"最具人性"的人（humanitas）——的倡导、珍视和捍卫。从这个意义上说，基于对普遍（普世或普适）而永恒的人性关怀的人本立场

---

[1] 福山. 我们的后人类未来：生物技术革命的后果 [M]. 黄立志, 译. 桂林：广西师范大学出版社, 1997：101.
[2] 海德格尔. 海德格尔选集：技术的追问 [M]. 上海：三联书店, 1996：924–954.

和人道取向，人文主义既是对人（类）自我的最基本的关怀，同时也是对人（类）自我的终极关怀。显然，无论海德格尔还是福山都是反现代技术的人文主义者，同时也是对人类未来持悲观态度的悲观主义者。他们对人类未来的悲观态度乃出于对自然人性的改变（减损、沦丧和泯灭）的深切担忧和恐惧。显然，他们是以一种静止、封闭或自然的眼光看待人性，因而把自然人性本质化（固化）或自然化——同时也是美化——为"永恒不变的人性"。正是在这种本质主义抑或自然主义的人性观的支配下，传统的人文主义者普遍视人性的一切改变、变化为退化，而倡导自然人性——"自然（不变）的就是好的"；甚至主张逃离、脱身于"尘世"，返璞归真，回归"伊甸园"，"回到古典（前现代）去"，以抵制、抗拒对自然人性的任何改变。面对人类技术化进程中自然人（类）及其性质——自然人性——的不可抗拒的非自然化亦即"退化"的宿命，这种抱持复古主义价值取向和田园牧歌式浪漫主义情怀的人文主义反思，向人们传递的是一种典型的悲观主义人性观。

三、媒介人的人伦主义意涵

在传统的大众传播时代及更先前的人类传播时代，作为信息传递工具的媒介始终是外在于人的，与人处于一种主客二元对立的关系。进入网络传播时代，伴随着媒介技术的不断发展和社会媒介化（mediatized）程度的不断提高，在越来越强大的制度性媒介技术架构下，媒介与人之间的手段（工具）—目的的关系发生颠倒，原本以自身为目的的"自为人"沦为作为结构性力量的媒介实现其自我发展逻辑的工具，承受着来自异己的媒介力量的反对、胁迫、架构和统制。这就是现代人所遭遇的超越社会制度的、最为普遍的异化。不过，即便是心理上被媒介所异化而精神性发生改变的人在很大程度上也依然是自然人，因为其作为自然生命的人本身的一种最根本性质——生物性——并未发生根本的改变。也就是说，人的人之为人的自我同一性并未受到根本的损害。

进入媒介深度融合时代，伴随着人不断物化为媒介的进程，一方面，人与媒介之间的对抗性关系进一步加剧，人的异化趋于全面、深刻，达到登峰造极的地步；但是另一方面，由于人不断物化为媒介的过程同时也是媒介不断人化为人的过程。在人的物化与物的人化的双重转化而合二为一的过程中，一直作为主体的人首次成为被自我对象化和工具化（用于自身所规定的目的）的客体——"主体媒介"；而一直作为人的对象化工具的"为他者（为人）"的媒介首次成为以自身为目的的"自为的存在"主体——"媒介主体"。作为人物化和物人化的最终产物，"媒介人"（"生物媒介"）既是自身的"主体"，又是自身的"客体"，是主体和客体融为一体的客体化"主体"抑或主体化"客体"——其实，不再存在真正的主、客体，因为主、客体在融合中同时被消解。换言之，"媒介人"既是媒介的主人，也是媒介本身，因而，它既表现出人的特征，也表现出物的特征，同时呈现自主、自为与自然、自在的两个截然对立而又相辅相成的方面。至此，从积极方面看，（媒介）人因为把媒介纳入自身并内化为自己，而不再有媒介外在于人而与之相对立。因而，"媒介人"自身不再遭受与作为他者的媒介之间目的—手段（工具）的关系颠倒所产生的异化。可见，在媒介深度融合时代，（自然）人的异化全面完成之日就是其异化彻底终结之时。但无论如何，这个既为媒介又是人的"媒介人"不再是自然人，因为其作为自然（生物）生命的人本身的诸多基本性质——无论是生物性还是基于生物性之上的精神性——统统发生了根本性的改变。

至此，到底如何看待人的生物限度和精神限度不断被超越而引发的人的性质（人性）的不断改变呢？如何面对与当下的人类物种具有进化（抑或退化）关系的未来的生命存在形式呢？如果说传统的人文主义是朝向过去或历史的，它信奉和恪守着自然的人类生命和自然的人性，那么，今天面对人类自然生命力或精神生命力不断衰减、人类生命本体不断被技术化改变，人类自身行将达至一个根本性的节点或者说进入一种前所未有的临界状态——成为人（to be human）抑或成为"非人"（to be non-human）即"人"将不再是"人"，人文主义还有存在的理由和依据吗？倘若还有，未来的人文主义该有何种内涵和价值取向？

从根本上说,这里所涉及的根本问题仍然在于,如何看待和判定人类从自然人到媒介人的演变或演化过程,这是一个人类的进化(发展)还是退化(衰退)过程?它表征和预示的是人类(生命)的终结还是再生?迄今为止的人文主义都以现成、既有的人——自智人诞生以来从未经历过生理性质(生物性)和心理性质(精神性)上的重大改变的人——为对象;而在当下,人类的生理和心理性质正在面临根本性的改变,作为人与非人共生、共融产物的"媒介人"的出现表明"人"的概念将不得不被重新定义,以(自然)人为出发点或中心的本体论假设(人本论)将在媒介深度融合时代彻底失去其存在的现实依据。由此,以人本主义或人类中心主义为本体论基础的传统人文主义将面临严峻挑战。

传统的本体论,无论是人本主义本体论(人本论)还是物本主义本体论(物本论)抑或神本主义本体论(神本论),都是实体本体论,因为无论是"人""物"还是"神"都被当作独立自在的、具有内在本质属性的实体看待,都被视为最本源、最具实在性的东西。然而,世间万物,本是无物常驻,尤其是在"流动"的网络传播构建的后现代社会里,"一切坚固的东西都烟消云散了"或都趋于"烟消云散",唯一能剩下的或许是某种(些)关系或连接——整个世界日益凸显为一张关系(连接)网络。世界上,真正实在的东西并非物,而是关系。一切都产生、生成于关系,是关系建构、成就了物,而不是物结构、构成了关系。从哲学本体论的意义上讲,越来越相互联系和相互依存的当今世界越发显示出"关系先于存在",即先有某物置身于其中的关系,而后才有某物的存在及其所有属性;而并非"存在先于关系",即先有某物的存在(属性),而后某物才拥有其关系。这是因为,万事万物(包括人)的存在(即身份内涵)要由其所处的关系来赋予和界定,其所拥有的利益(需求)也只有在关系中才能被确定——"关系"决定"是什么"和"有什么"。一个事物若脱离了关系或者说处于关系之外,就什么也不是,什么也不能拥有。换而言之,"存在"即为"关系","关系"之外,毫无他物("存在")。譬如人,一旦脱离了社会关系,其肉身、心灵、体力、智力、意志力等一切所有物都毫无意义——更别说财富、荣誉、地位等身外之物了。没有什么东西是人绝对自持自居、自我占有的，一切都依赖和维系于人的社会关系。正因此，所谓人的"本质"（其实，人是没有固定不变的本质的），无非是其一切社会关系的总和。归之，"人"即为其"关系"。就人类世界而言，所有的物（包括时间和空间）都是社会关系中的物，所有的肉身或精神都是具有社会关系性的肉身或精神，因而都具有社会性、历史性、文化性和伦理性。相对于关系的先在性、本源性，任何个体、群体都彻底丧失了独立自在性或客观实在性。总之，相比于个体或群体等"实体"，"关系"才具有真正的本体性意涵和本体论上的优先性。这种以关系为本体的本体论可以被称为关系本体论。

在关系本体论的观照下，作为个体的人，不再是传统人本主义意义上具有内在固有本质且绝对高于或优于"他者"（"非人"，如物或机器）的实体性"存在"，而是一种置身于社会关系中、一切由社会关系规定和决定的关系性"存在"。人之所以为人，人得以拥有"做人的资格"，其存在（生存）或安身立命的依据不在于持有某种固定不变的性质——无论是生物性抑或精神性，亦不在于作为某种特殊的生物实体或精神实体，而在于其在社会实践活动中的社会关系性（伦理或人伦性）。[1] 人的社会关系性（伦理性）才是人的本性或特性。换言之，所谓"人性"，不是人的生物性（生理性），也不是其精神性（心理性），当然也不是人的物质或技术性（物理性），而是人的社会关系性（人伦/伦理性）。从这个意义上说，人性与人的社会关系性相同——人性即为人的社会关系性。基于人之所以为人在于人性，只要人性——人的社会关系性在，"人"就在；只要人的社会关系不变，"人"就不变。由此可知，人，无论在生理或心理层面上其性质发生多大程度的改变，只要仍处在社会关系网络中，其伦理或人伦的维度没有丧失，就仍不失为人——人之为人的存在理据依然是充分的。

若以关系本体论来观照未来人类或媒介的"现实"，作为"人"与"媒

---

[1] 在此文中，"人伦"是指一般意义上的人与人之间的社会关系，而不是特指中国封建礼教所规定的尊卑长幼之间的人际关系，如君臣、父子、夫妇、兄弟、朋友的关系。

介"的深度融合,"媒介人"即为"媒介人关系"——在智能具身(肉身、切身)性(embodiment)、情境化、沉浸式的媒介人(生存)实践中构成的关系。因而,处于关系中乃至于自身就是关系的媒介人依然是"在世存在"的。媒介人既是数字化生存、智能化生存,同时又是网络化生存。从自然人到媒介人的人类生命演化进程中,人的生物性和精神性虽然或因自然生命力或因精神生命力的衰减而发生改变甚或减损,或者说,所谓自然人性和精神人性均遭到损害——其实,原本就不存在卢梭宣称的"纯粹自然的人",但只要"媒介人"还置身于"社会"——为"媒介(人)"自身所架构的高度媒介(人)化社会即"(媒介)人类社会"——中,置身于社会关系(连接)网络之中,只要"媒介人"不把也不可能把自身孤立化为没有窗户的"单子"或纯净化为"缸中之脑"①或隐形人,其真正的人性——社会人性即人的社会关系性或伦理性——会依然存在,并不会发生根本的改变,而且可能无限存续下去。因而,媒介人就仍然会是"(新)人",是"(新)人类社会"中的一员。若此,只要"媒介人"(关系)尚且作为"人"的社会关系性或人伦/伦理性得以存续,未来人类就可避免遭遇自我同一性即自我身份认同的人文主义危机。

诚然,自人类诞生以来,首要地作为社会性和社会化的动物(按亚里士多德的理解),人恰恰是在社会关系(包括人际关系、群际关系、国际关系等各种关系形态)不断进化(优化)的过程中逐渐发展其人性的——人性(内涵)一直在变化,但从未消亡,其"人性化"趋势也从未改变。由此观之,目前人类所面临和正在经历的人性变化无非是人类进化过程中的一种持续存在状态的延续。人类正在发生的从自然人到媒介人的演变,正是自然人通向理想人的一个阶段或环节,或者说,是自然人提升为理想人的一级阶梯。与

---

① "缸中之脑"(Brain in a Vat)是当代美国新实用主义哲学家希拉里·普特南(Hilary Putnam)提出的一个知识论上的理论假想和思想实验:一个人(可以假设是自己)被邪恶科学家实施了手术,他(她)的脑被从身体上切了下来,放进一个盛有维持脑存活营养液的缸中。脑的神经末梢连接在计算机上,这台计算机按照程序向脑传送信息,以使他(她)保持一切完全正常的幻觉。参见普特南.理性、真理与历史[M].童世骏,李光程,译.上海:上海译文出版社,2005:6-7.

之相伴的是，人之所以为人的人性日趋发展为只在于社会性或"人伦性"（伦理性）的"后人性"（post-humanity）。这种"后人性"的人伦、伦理内涵将由"人"的人际交往规范转换成"媒介人"的"人际"交往规范（至于其具体的规定，则在"媒介人"编织现实与虚拟杂糅的关系网络的智能身体实践中已经初见端倪）。至此，主张和捍卫人性的人文主义精神并不会消逝，而只会以一种新的关系（非实体）为本位的形式得到弘扬。未来捍卫"最具人性"的"人"的人文主义将凸显为一种保守、恪守"媒介人"人伦的精神。因而，从根本上说，未来的人文主义就是人伦主义。"媒介人"时代的新人文主义必须朝向未来，面向人类的未来发展方向，凭借人的高度自觉性和自反性意识，重新理解人及其性质——人性——演进的意义，以一种开放的姿态持续关切和容纳人性内涵的不断更新、重铸、改造（视之为升级和优化），同时坚守人的社会伦理家园即人之为人的最后边界，确保向媒介人的进化沿着人性化（人伦化）的方向发展——使智能技术和生物技术等新技术发展始终以社会人性（人伦性）为主导，以符合和满足人性化即人的人伦化需求为理性选择标准，以此来实现对人类未来生命的终极关怀。

四、结语

面对人类科学技术的无限发展，自然人类被技术化或非自然化的限度何在？如何捍卫未来的人性？不同于传统人文主义的消极、保守和乏力，未来人文主义应该是积极应对、有所作为于"媒介人"的蓬勃兴起。为此，尚未成为"媒介人类"的当下人类所要做的是：对人之为人的人性——社会人伦性（伦理性）予以界定和确认，对人类生命的未来形态作出合理的想象和规范，乃至于在全球范围内促成人类生命共商机制的构建，并力求形成一套可以预测和引导包括人工智能和基因工程等在内的科学技术发展及其人化应用符合全球社会伦理即普世（普遍）的"人性化"的新人类生命规划。

可以预期，伴随着生物技术和人工智能的突飞猛进，在人类试图超越普通"人"的概念而变成另一种更好、更高级的生命存在的生命升级驱动之下，这个从自然人到媒介人的人类演化（进化）进程是永无止境的。人类始终走在不懈地追求人性完善、最大限度地实现人性潜能的路途中。鉴于此，由以关系本体论为基础的人伦主义观之，关切、维护和捍卫"媒介人类"自我认同、尊严、价值及人伦命运的人文主义精神是历久弥新的。

下篇　国际传播学

试论文化外交[*]

随着战后各国家间民间文化交往的日益频繁,文化交流也逐渐成为当代国家外交活动的重要组成部分。

文化交流纳入外交领域而成为主权国家政府的官方行为,始于近代独立民族国家的确立时期。[①] 由于国家之间跨文化的传播、交流与沟通广泛渗透到政治、法律、经济、科技和军事等诸多领域,各国政府开始对对外文化交流自觉地进行管辖、指导和控制,规定其内容和形式、手段和目的及其运作机制和发展方向,由此,逐渐形成了文化领域的外交行为。就外交上的文化行为,1961年《维也纳外交关系公约》特别提到各国使领馆的职责之一就是促进友好关系,发展经济、文化和科技关系。可见,文化交流作为国家外交工作的有机组成部分早已得到了国际法的确认。

一、文化外交的含义

文化外交(culture diplomacy)即是以文化传播、交流与沟通为内容所展开的外交,是主权国家利用文化手段达到特定政治目的或对外战略意图的一种外交活动。

如同政治外交、经济外交与军事外交一样,文化外交作为外交的一种活

---

[*] 本文原载于《外交学院学报》2003年第1期。
[①] 如果从外交的宽泛意义上理解,作为(半)官方行为的文化交流始自古代,如中国汉唐高僧西游印度、意大利马可·波罗东来元代中国、明朝中国郑和下西洋等。

动方式、形式、手段和策略，也是服从和服务于以维护和发展国家安全利益为核心的整体外交战略的。而且，这种形式的"和平手段"最能体现"使用访问、交涉、谈判和其他和平方式对外行使主权"的外交特点。①

正如一般意义上的外交（通常指政治外交）有正义与非正义之分，文化外交也不例外。利用文化手段达到政治目的在国际政治斗争中已经是比较普遍的现象。但到底如何利用这一手段达到什么样的政治目的，则取决于国家的根本制度、政治意识形态、社会发展水平和具体的对外政策或外交政策。而确定一国的文化外交正义与否，要以国际公认的客观标准来衡量，也就是说，要以主权平等为主导的联合国原则及和平共处五项原则为准。

由于综合国力是一国外交的基础和后盾，正如战争是综合国力的较量，一般而论，利用经济、军事优势推行强权政治，是超级大国的外交习惯。在这种外交习惯的强势支配下，超级大国在动用经济、军事上的"资本"的同时，努力发掘文化上的资源。它们以所谓至尊至上的"民主""自由""人权"等人道主义的文化价值观为旗号，见缝插针、不遗余力地向发展中国家（它们的文化被视为落后的、愚昧的、反动的）展开文化输出，推行所谓"和平演变"的战略。而"文化帝国（霸权）主义"这种文化渗透、侵略的"文化殖民"行为一旦遭到被输入国的抵制，它们就向被输入国施加压力，采用封锁消息、禁止教育技术转让、撤销文教卫生合作计划项目等诸多方式，蓄意制造这些国家在文化发展上的困难，以强迫其接受。这就是文化外交的一种表现形式——文化制裁。

在发展中国家与发展中国家之间，或者在政治意识形态彼此亲缘的国家之间，为了加强内部的团结、认同感和凝聚力，它们在内部积极展开文化资源上的共享，互通有无，取长补短，并在此基础上达成某种共识。这种文化亲近、亲密接触的关系或者建立在无条件、无偿交换的基础之上，或者建立在有条件、有偿交换的基础之上。这就是文化外交的另一种表现形式——文化援助或合作。

---

① 鲁毅，等.外交学概论［M］.北京：世界知识出版社，1997：4—5.

文化外交的手段也多种多样。首先，文化外交作为一种国家政府间的行为，主要是靠文化谈判、交涉、签订各项国际文化交流项目的官方协定，缔结文化条约，召集和参与各项国际文化会议，组建和加入国际文化组织，保障文化人员的互访，举办文化成果的对外展览等。其次，可以作为一国政府对外向国际公众社会所展开的一项国际公共关系活动。文化外交主要是通过培植或影响国际舆论，间接左右他国行为来实现其外交战略意图的，而影响国际舆论的手段和形式主要靠国际传播媒介（互联网多媒体、广播、电视、电影、书报、音像等视听媒介）。

基于文化外交的范围和领域广泛，一般而言，其外交的所指对象，不只限于国家、政府，还包括民间团体或个人，甚至直接面向公众，通过培植国际公众舆论，着意在国际公众中树立良好的国际形象。正是在这一意义上，有的国家直接将文化外交同公共外交（public diplomacy）、公众外交（mass diplomacy）或公民（国民）外交（citizen diplomacy）联系到一起。确实，与政治外交、经济外交和军事外交相比，文化外交同公众外交的联系更为紧密，很大一部分文化外交属于公众外交（反过来，由于文化交流在国家、政府与国际公众交往中所占比重越来越大，很大部分公众外交属于文化外交）。

二、文化外交的跨文化传播基础

文化外交源于文化交流、传播，是国家与国家之间的文化交流、传播。而跨国文化交流、传播建立在不同国家、不同民族、不同地区之间所进行的不同文化的交流、传播基础之上，因而，又称为跨文化传播。跨文化传播是文化外交的基础。

所谓"文化"，是指借助于语言文字的运用，以内隐或外显的方式传达、表述某种精神、理念，它构成了处于一定历史传统和地理环境下共同生活着的群体的"特殊成就"——在人类认识世界和改造世界的过程中所取得的特殊经验、智慧，其核心要素是价值观念和思维方式。这种"特殊成就"具有国别性、民族性和地域性，可以习得、继承、传播和交流。

首先，从宏观上讲，各民族国家所取得的特殊成就，都是人类文明的有机组成部分，作为人的产物，具有一定的普遍性。正是这种共性、共享性决定了各民族国家跨文化传播、沟通的可能性。其次，从微观上讲，特殊的时空背景所造就的各民族国家的独特成就，其具有的特殊性也是客观存在着的。这种个性决定了跨文化传播、沟通的必要性。总之，文化间的共性和个性所共同决定的互补性是跨文化传播的先决条件，文化方面所存在的"经验差异引发交际"，"呼唤交际"。①

进一步说，跨文化传播之所以在国际关系中存在并成为文化外交的基础，其最直接的根源在于，各国际关系主体的文化之间存在着相互的竞争性。各民族国家的文化在一定时期或范围内是相对稳定、自给自足的，但随着时代的进步、社会的开放，各种文化"睁开眼睛看世界"，在彼此观照中，发现了相对于自身生存和发展实际需要的缺陷，以及相对于对方的优势（先进性）和劣势（后进性）。于是，在各种文化之间展开了竞争。相互竞争构成了跨文化传播的必然性。

在国际舞台上，各民族国家，其文化一旦落后，就意味着综合国力中的无形的精神性要素（除有形的物质性要素外的民族性格特征、士气和凝聚力）的缺失和不足；综合国力的弱势必然导致处于被动的地位，受制于人，甚至还有可能挨打。有鉴于此，各国若想要扩大自己在国际社会中的影响，拓展立足、发言和表决的空间，摆脱或扭转被动挨打的局面，提高综合竞争力，就必须放眼世界，对自己的文化进行评估和定位，并积极采取措施展开跨文化传播，"寻求和倾听信息"。②从另一方面来说，文化本来处于强势的国家，同样要运用跨文化传播的方式，努力向文化弱势国施加舆论影响。正如国际关系和外交学家、科学行为主义学派的代表人物之一卡尔·多伊奇（Karl Deutsch）所描述的，"影响国的新闻媒介可以对目标国发动一场强大而持久的宣传运动，从而使它（目标国）在一些有争议的问题上让步"。③

---

① 陈大正. 交际文化学 [M]. 武汉：华中理工大学出版社，1996：71.
② 施拉姆，波特. 传播学概论 [M]. 李启，周立方，译. 北京：新华出版社，1984：34.
③ 多伊奇. 国际关系分析 [M]. 周启朋，等译. 北京：世界知识出版社，1992：220.

就客观现实而言，跨文化传播已经成为国际关系的重要内容，它所促动的文化外交正在建构着当代国际文化关系的雏形。1966年11月联合国教科文组织正式发表的《国际文化合作原则声明》就提出：对于所有的民族和国家，合作既是权利也是义务，它们应该分享它们的学问和知识。这里所强调的国际文化合作，实际上所指的就是一种文化外交形式，其实质是跨文化传播。

跨文化传播自从国家出现以来，自古有之，从未间断过，而且随着交通、通信等各类文化传播设施的日益现代化，它变得越来越频繁和密集。在跨文化传播中，各国不同的文化相互交流、沟通、影响、学习和促进，增进了各国人民彼此的了解、理解，培养了国家间的公认、共识（common understanding）和互信，由此带来了国际的协作和合作，给世界传递着友谊与和平。如今，跨文化传播是否顺畅已经成为衡量国际关系是否正常和良性发展的一大标尺。

同样应该看到，跨文化传播在带给国际关系主体信息沟通上的亲密接触的同时，也诱发了形形色色的国际争端和冲突。

从传播学的角度来讲，"传播（communication）是沟通彼此意向，以达到统一行动的目的"。① 但就现实的交往实践看，任何交往主体之间所进行的交流，既有无冲突的交流，又有冲突交流。所谓冲突交流，是指在冲突中所进行的交流，或者说由交流而引发了某种形式的冲突，而且主要指后者。

为什么在跨文化传播中会产生冲突交流呢？这主要是因为在跨文化传播的具体实施过程中，各相关的国际关系主体的文化因子，即"特殊成就"的内核——价值观念与传统思想的双向流动，因相互的"硬性""差异性""不可共容性"而出现不体贴、不吻合现象，产生摩擦、排斥和碰撞。

曾提出"文明冲突论"的美国学者塞缪尔·亨廷顿（Samuel Huntington）就指出："在国际交往中，每一个国家都倾向于追随文化相似的国家，抵制与其没有文化共性的国家。"在此，他所关注的正是跨文化传播中"同性相吸、异性相斥"的问题。

---

① 朱增朴.文化传播论［M］.北京：中国广播电视出版社，1993：80.

另外，传播学认为：在人际交往中，能否真正实现双向沟通，是决定交往能否成功的基本前提。所谓双向沟通，是指：进行交往的有关各方，不仅要想方设法使自己的交往对象准确无误地理解自己所传输出的信息，同时也得"竭忠尽智"把握对方所输出的信息。而要做到这一点，首要的是建立起交往各方公认的沟通模式或沟通渠道。

由此观之，文化外交虽是国际交往，是国家政府行为，但落到实处，归根结底要通过人际交往来实现。准确地说，是通过某些获得外交授权的人士，代表国家政府进行跨文化背景的人际交往。因此，文化外交的执行者、参与者的宗教信仰、知识结构、价值取向、思维方式，乃至心理状态，无不为误解的萌生提供了程度不一的可能性，从而导致文化交往的失败和国际冲突的产生。

更为严重的是，在跨文化传播过程中，强制性的信息输送更可能诱发国际冲突。本来，各国文化间的差异是情有可原的，没有必要天下一统，应求同存异。但是，在国际关系的客观现实中，出于意识形态和宗教信仰上的原因，总有一些国家自觉不自觉地通过跨文化传播输出自己的文化信息（包括价值取向和制度安排），而对方的文化逐渐被销蚀和取代。这正是以武力征服欧洲的拿破仑所希冀的——精神征服。毫无疑问，这种强制性的跨文化传播即文化信息的强行贩卖，必然招致那些受输国的抗议和抵抗。这种变异为国际政治斗争工具的跨文化传播，诱发国际冲突就在所难免了。

三、我国的文化外交决策

在当代国际关系中，正因文化外交在其中发挥着双重效应，各国的文化外交在一定程度上共同规定着某一时期特定的国际文化关系格局。这种国际文化关系格局一旦确立，将反过来制约各国文化外交政策的决策。

进入 21 世纪，国际关系格局发生了深刻的变化，尤其在大国关系上，中国作为最大的发展中国家——成长中的世界大国，随着经济体制改革的深入和加入国际贸易组织，经济发展的后劲很强，潜力巨大；还有，随着以政治民主化为目标的政治体制改革的启动，中国面临着一个前所未有的崛起机会，它理应在人类历史中担当起更大的责任，在国际社会中发挥更大的作用。为此，中国应策划成长中的大国战略。

中国的国际战略除了政治战略、经济战略和军事战略外，还有一条重要的战略是文化战略。亨廷顿扬言："世界进入了一个新阶段。在这个阶段中，冲突根源不再是政治意识形态方面，也不再是经济方面，而是文化方面。""未来的国际冲突将是文化冲突。""文化间的冲突将在不同文明的国家或集团之间发生，将沿着不同文明之间的断层线展开。"[1] 在此，亨氏无疑夸大了文化差异性的一面，为各国正常的跨文化传播和交流人为地设置了理论上的障碍，甚至在某种意义上助长了西方国家蓄意制造国际冲突的行为。但他的话也昭示出国际关系的一条演变规律，那就是国际"交流"的重心有从政治、军事和经济逐渐向文化转移的倾向。顺应这种演变，国家的外交战略整体在结构上也得做相应的修补、调整，尤其是要把文化对外战略摆到应有的位置。

而实施文化对外战略，要具体落实到文化外交活动中。"文化"已经被越来越多的国家视为一种新的国家权力资源——"软权力"（soft power），区别于传统的政治、经济和军事等硬权力——而在外交领域加以广泛和充分地运用。在这方面，西方国家，尤其是美国早就强烈地意识到。美国第 28 届国会外交委员会在 1964 年所作的第二份报告中就公然宣称："有些外交政策的目标是能够直接对付外国人民而不是他们的政府的。通过应用现代新闻工具的器械和技术，今天就有可能联系一国人口的大部分或其有影响力的部分，一一向他们报道，影响他们的态度，有时甚至诱导他们到一个特定的行动方向。这些群众反过来能够对他们的政府施加明显的，甚至断然的压力。"[2] 这里表明的是，文化外交可以通过目标国公众左右其政府的对外政策。1988 年发表《1999，不战而胜》一书的美国前总统尼克松（Nixon）也曾提出：对付敌对

---

[1] 亨廷顿. 文明的冲突与世界秩序的重建［M］. 周琪, 等译. 北京: 新华出版社, 1998: 5-7.
[2] 席勒. 新闻工具与美帝国［J］. 国际新闻界, 1979（1）: 1-9.

国，要从硬对抗转向软进攻，"透过极权的每一道壁垒，传送西方的信息……无论是利用人员流动，还是通过交换书籍或广播节目，将给这些壁垒后面的亿万人民以希望，并将逐渐侵蚀……到制度的基础，正像渗出的地下水能够侵蚀一座监狱的基础那样"。① 这里进一步明确点出了美国政府利用文化软权力所展开的文化外交是西方实施"和平演变"战略的重要策略。

美国在向全球推广和普及所谓"普世价值"（universal value）及其相应的制度安排的文化外交中，凭借其发达的信息传播技术，增强其在国际政治中的说服力（persuasiveness），不断地"妖魔化中国"（demonizing China），散布"中国威胁论"或"中国崩溃论"，这确实在很大程度上影响了美国乃至西方、日本和东南亚民众对中国的看法，使我们的国际形象受损。毫无疑义，在文化外交决策上，我们要"师夷长技以制夷"，"以其人之道还治其人之身"。

首先，文化作为一种软权力，不同于石油、核武器和洲际导弹等资源性的硬权力，它具有非垄断性、扩散性乃至共享性，其威力恰恰也来自其广为传播。每一个国家都或多或少拥有自己的文化资源，如传统优秀的文化遗产、优越的社会政治制度和政治领导人的人格魅力等。自新中国成立以来，我国政府对文化外交工作逐渐自觉起来，并一直在努力挖掘和有效利用我们的文化资源。尤其在与他国的政治、经济关系处于非正常状态或遇到麻烦时，文化外交，作为政治外交的"开路先锋"或"润滑剂"（"催化剂"），更是扮演了重要角色。典型的是1971年的"乒乓外交"，"打开了两国人民友好往来的大门"。这就告诉我们，越是对外政治、经济关系处于紧张或松懈，乃至尚未建立对外关系时，越要注意寻求和实施文化外交，加强国际文化交流、合作和援助，架设各级各类的国际文化桥梁，以发挥其应有的改善和修复整体对外关系的作用。例如，我国政府定期或不定期地在世界各国举办"中国文化节"，就有力地增进了我国的对外吸引力（attraction），提升了我国的国际形象。

其次，如前所述，具体实施文化外交策略的重要手段是国际大众传播媒介。我们要充分利用包括报刊、电视、电台和被称为第四媒体的因特网等在

---

① 尼克松．真正的和平[M]．张光远，译．北京：新华出版社，1985：111–112．

内的高效能、有强穿透力的软权力资源，传播能吸引他国的文化和信息。尤其在我们被西方强势的国际传媒封杀时，我们要主动还击，调动我们自己的传媒，"用我们自己的口向全世界大声发出自己的声音"，以求打破隔阂和封锁，寻求国际公众的谅解、同情和支持。在这方面，我国政府通过外交部新闻司的新闻发布会、记者招待会、国家主席或政府总理接受国外记者采访、全国人民代表大会期间一系列的记者招待会，借助自己和他人的新闻媒介的传播，让世界了解中国。国务院近年来更就中国人权状况、粮食、劳动和社会保障等世人关注却又有误解的重大问题发表权威的白皮书。还有，新华社实现了向"世界性通讯社"发展，新闻社的重建和拓展，中国国际广播电台的建立，《中国日报》《人民日报》（海外版）的创办，以及中国中央电视台英语频道（CCTV-9）在欧洲部分国家的落地播放，等等，已经引起并将进一步引起国际社会的广泛关注，有力地引导国际舆论朝向我们的导向目标。在此基础上，我国的文化外交决策具体实施时，还得进一步自觉地树立起国际传播战略思想，以求实现"3IP"，即国际传播媒介（international press）、国际公众（international public）与政府对外政策（international policy）之间良性互动的运作机制。

最后，鉴于跨文化传播有可能诱发国际冲突，我国的文化外交在决策上要始终坚持"协和万邦"的文化外交理念，既要提高警惕，坚决抵制别国文化外交上的"文化帝国主义"的做法，又要注意"己所不欲，勿施于人"，秉着自愿、互利和双向、细致的原则行事，努力减少误解，避免冲突。

试论美国的文化外交:软权力的运用*

美国政府很早就意识到,文化将在经济全球化、政治民主化和社会信息化进程中占有日益突出的地位,发挥越来越重要的作用。事实上,美国一直试图凭借自身强大的军事、经济实力和数字优势,通过文化输出、文化渗透、文化侵略或文化殖民等手段,不断加强美国文化在全球的影响力,最终实现全球文化霸权。由此看来,文化外交已经成为美国对外政策的一个重要组成部分。

在国际关系领域,纵观整个外交史,国家外交活动中都蕴含着文化因素,文化不仅仅是外交的背景、基础和决定性要素之一,① 而且不断走向外交舞台的前台,自身独立成为国家对外活动的一部分,出现了单独以文化为内容的新型外交形式——文化外交。从美国冷战后,尤其是进入 21 世纪的外交实践看,文化外交是继军事外交、科技外交、经济外交之后又一被倚重的对外策略。正如美国外交专家宁克维奇(Ningkevich)在《文化外交》一书中所宣称的:"文化手段将成为我们穿越社会主义屏障的更强大也更重要的渗透工具。"

---

* 本文原载于《太平洋学报》2004 年第 2 期。

① 美国学者 J. P. 洛弗尔在谈到文化对外交的影响时说:"人是在文化氛围中长大的,受到其中的基本价值观、风俗习惯和信仰的熏陶……在每个民族国家,统治本身和外交政策的制定都是在某种文化背景中发生的。"另一位美国学者 M. J. 麦哲也说:"文化是驱使民族国家……采取行动的基本动力。"

一、文化与软权力

以价值观念、宗教信仰为核心的文化，不同于自然资源、体力、军事力量、经济或科技实力等以实物为特征的有形力量，而是一种以思想、精神、意识为特征的、无形的集体认同力和感召力。这种认同力和感召力往往通过思维、语言、道德信仰及人格（国格）魅力（charm；enchantment）等方式显现出来，国际政治学者称之为"文化力"（cultural power），也有人把它归为"思想力""信仰力""精神力量"或"价值观的力量"。就像一般意义上的力量或权力，文化力在于"能够对他人的思想和行为施加影响和控制"。而在国际关系领域，文化力能够使"一个国家影响其他国家按照它自己的目标行动"，"产生我方希望的行为"，使"一国在国际舞台上控制他国政策、影响国际事务、实现预想目标"。由此，文化成为一国综合国力的有机组成部分；而且，随着整个人类和各民族自我意识的不断觉醒，相对于军事、经济与科技实力，凝结为一国凝聚力（cohesion）、提供精神动力的文化在综合国力中的比重不断增加。

文化是综合国力中最积极、最活跃也最革命的要素，它把诸如地理因素、自然资源、工业能力、军事储备等客观存在的国家潜力"激活"起来并加以协调，使之产生出现实的权力（影响力和控制力）。毫无疑问，对一个国家来说，优越、先进的文化往往能通过对国家潜力的最优化配置、组合和协调，最大限度地把它激活、发挥出来。相反，处于弱势的、后进的文化，由于其集体认同感低、向心力弱、社会惰化（逍遥）现象严重，往往会抑制、窒息住原本巨大的国家潜力，或把它瓦解掉。正因此，有人把文化视为"间接权力"，它是"权力的倍增器"（force multiplier），能通过对直接的硬权力（包括军事、经济和科技权力）的"柔化"（软化），使其更易于被接受而神奇般地增值，这就是所谓"间接权力增值论"。[①] 在一国综合国力中，占据枢纽地位

[①] 约瑟夫·奈（Joseph S. Nye）提出的观点，它用以反对唯传统经济实力是问的"经济权力论"。

的文化扮演着极为关键的角色，发挥着举足轻重、不可估量的作用，文化力的强弱在很大程度上决定着国家在国际竞争中的胜负。

越来越多的国际关系学者干脆把"文化"这种新的国家权力资源概括为"软权力"，以区别于传统的政治、经济和军事等硬权力。"软权力"概念最早是由哈佛大学肯尼迪政治学院院长、美国前国家情报委员会主席、副国务卿约瑟夫·奈提出的："当一个国家让其他国家自愿要求该国所希望的东西，那么就发生了所谓'吸纳的、同化的权力'或'软权力'，这完全不同于命令其他国家做自己所希望的那种硬的或强制的权力。"① 对一个国家来说，软权力就是指其吸引力，而不是强制力，即"一国通过自身的吸引力而非强制力，在国际事务中实现预想目标的能力"。② 通俗地讲，"使他国心甘情愿地做你想让它做的事"，"想其所想"，进而"做其所想"，可谓"不战而屈人之兵""兵不顿而利可全"。这种吸引力之所以"吸引"人、之所以让接受者情愿接受，就在于"己所欲于人者恰成人之所欲（others want what you want）"，己所施于人者恰是人之所求，因而达成"成己"又"成人"的结果。可见，软权力是"通过劝导他人或他国追随或认同我方的价值规范和制度安排，进而产生我方所意想的行为"来实现的。③ 也就是说，通过吸引他国理解和支持自己来达到自己所意想的结果。归根结底，作为吸引力的软权力靠的是示范和说服，诉诸人心，包括人的思想、情感和意志，达到以理服人、以情感人、以意（志）化人。奈认为，这种吸引力意指"文化和意识形态的无形力量"。④ 因此，软权力就是文化力，就是文化的魅力。

文化的实质是"人化"，是"化"人，而且是"内化"人，即通过社会制度（规范）塑造、改造、造化人。那么，一国的文化（包括其宗教信仰、价值观念、意识形态等），对外而言，其目的是"化国家"，即转化别的国家。

---

① NYE J S. Soft power [J]. Foreign Policy，Fall 1990：166.

② NYE J S. OWENS W A. America's information edge [J]. Foreign Affairs，March/April 1996：21.

③ KEOHANE R，NYE J S. Power and interdependence in the information age [J]. Foreign Affairs，September/October 1998：86.

④ NYE J S. Hard Power，Soft power [N]. The Boston Globe，August 6，1999.

一国文化，凭借其独特的穿透力、扩散力、震撼力，深入他国民众，感染、感动、感化其民心，改变其信仰和价值偏好，使其"归化"，从而对他国政府施加影响，最终采取有利于我方的态度和政策。由此看出，文化就是一种软权力资源。

二、美国文化外交：软权力的运用

著名的美国国际关系理论家、传统现实主义大师汉斯·摩根索（Hans Morgenthau）提出，当今国际政治"不仅以传统的政治压力和武力方法进行，而且在很大程度上是争夺人心的斗争"。[①] 在当代美国外交史上，现实主义政治家基辛格（Kissinger）除了关注国家利益和权力均衡外，也不忘理想和道义。早在20世纪70年代末，他就指出："美国不能只是为了维持力量均衡而在世界上继续有目的地存在下去；除了维持力量均衡，还要推广美国的观念和价值。"[②] 可见，作为外交家的基辛格已经充分意识到推广美国文化的重要性，企图利用东西方缓和之机，在美国的霸术中引进软权力。而后，美国另一位"忧虑型"外交战略家——布热津斯基（Brzezinski），深感美国陷于"自由放纵的丰饶角"而使传统价值观沦丧，从而导致了美国霸权的相对没落。他声称物质力量已不足以支撑美国的霸权，提出要重振美国理性的价值观，在全世界树立当之无愧的道义样板，并向全球积极地拓展其理想和道义，从而确保美国的全球霸权利益。显然，布热津斯基把文化外交和软权力的运用提升到战略的高度。[③] 与此相呼应的是，"文明冲突论"的鼓吹者塞缪尔·亨廷顿为把文化（文明）因素提到国际关系的核心位置上，扬言："世界进入了一个新阶段。在这个阶段上，国际冲突的根源不再是政治意识形态的，

[①] 摩根索. 国家间的政治：寻求权力与和平的斗争 [M]. 徐昕，等译. 北京：中国人民公安大学出版社，1990：115.
[②] KISSINGER H. Years of upheaval [M]. Boston: Little, Brown and Company, 1982: 242.
[③] 布热津斯基. 失去控制：21世纪前夕的全球混乱 [M]. 潘嘉玢，刘瑞祥，译. 北京：中国社会科学出版社，1995：219.

也不再是经济上的，而是文化上的。"① 西方基督教文明正面临其他文明类型的挑战。由此，他指出：今日美国面临的威胁不只在经济领域，更重要的在文明方面。在此，他从文化本身的深度为美国的文化外交提供了强有力的理论基础，并昭示了未来国际权力政治将从硬权力争斗向软权力争斗转移，国际"交流"的重心将从军事、政治、经济和科技向文化转移。

进入 21 世纪，就美国的文化软权力资源，奈作出了充分的论证："美国软权力的一个资源是其价值观念，在某种程度上美国被认为是自由、人权和民主的灯塔，而其他国家纷纷仿效；软权力的另一个资源是文化输出、电影、电视节目、艺术和学术著作以及因特网上的材料；软权力也通过国际组织（比方说，国际货币基金组织、北约或美洲人权委员会等）发挥作用，它们在一定程度上鼓励其他国家确认和形成同美国利益相兼容的多样化选择，这些国际组织巩固了美国的软权力。"② 在此，可以说，奈既表达了对美国强大的文化软权力的充分自信，同时也为美国充分而有效地开发、利用自身的软权力资源开展文化外交提出了明确的策略。

从外交实践上来看，自二战结束、自 20 世纪六七十年代，尤其是冷战终结以来，美国就不断加强"自由""民主""人权"等人道主义文化价值观的对外宣传、扩张，向非西方国家推行所谓"和平演变"。文化作为一种新的权力资源——软权力——在外交领域得到了广泛、充分而有效的运用，出现了文化外交的新景观。美国第 28 届国会外交委员会在 1964 年所作的第二次报告中就公然宣称："有些外交政策的目标是能够直接对付外国人民而不是他们的政府的。通过应用现代新闻工具的器械和技术，今天就有可能联系一国人口的大部分或其有影响力的部分，——向他们报道，影响他们的态度，有时甚至诱导他们到一个特定的行动方向。这些群众反过来能够对他们的政府施加明显的，甚至断然的压力。"③ 这里表明的是，文化外交可以通过目标国公众左右其政府的对外政策。1988 年发表《1999，不战而胜》的美国前总统尼

---

① HUNTINGTON S. The clash of civilizations [J]. Foreign Affairs, Summer 1993: 22.
② NYE J S. The power we must not squander [N]. New York Times, Jan. 3, 2000.
③ 席勒. 新闻工具与美帝国 [J]. 国际新闻界, 1979 (1): 1-9.

克松也曾提出：对付敌对国，要从硬对抗转向软进攻，"透过极权的每一道壁垒，传送西方的信息……无论是利用人员流动，还是通过交换书籍或广播节目，将给这些壁垒后面的亿万人民以希望，并将逐渐侵蚀……到制度的基础，正像渗出的地下水能够侵蚀一座监狱的基础那样"。①"播下思想的种子，这些种子有朝一日会结成和平演变的花蕾"。这里进一步明确点出了，美国政府利用文化软权力所展开的文化外交是实施其"和平演变"战略的重要策略。实际上，从老布什政府实行的"超越遏制战略"到克林顿政府制定的"参与与扩展战略"，都包含了"软权力"思想和文化外交策略。

美国文化外交的表现形式和手段是多种多样的。从表现形式上看，主要有两种：文化援助和文化制裁。对其盟国或被认为是可教化的国家，实行平民（间）合作、情报共享、互通有无的文化援助；对所谓"邪恶轴心国""流氓国家"，则实行封锁消息、禁止教育技术转让、撤销教科文卫合作项目等方面的文化制裁。从手段上看，其"文化帝国主义"政策则是无所不用其极。从福特基金和富布赖特奖学金项目的发放，到 VOA（"美国之音"）、CBS（"哥伦比亚广播公司"）、CNN（"美国有线电视新闻网"）、ABC（"美国广播公司"）对"中国威胁论"或"中国崩溃论"的散布；从对发展中国家的对外援助额度的增加，到以民主化和人权问题为由暂停对外援助项目；从妖魔化萨达姆，到欢迎穆斯林神职人员参加国民大教堂举行的纪念活动并邀请其入白宫，再到伊拉克战争期间开辟"舆论第二战场"。总而言之，所有这些文化外交的形式和手段都是对美国软权力——"美国民主和自由市场的吸引力"②——的淋漓尽致的发挥。正如《波士顿环球报》的一位记者所言："如果说美国无法推翻萨达姆，不能使日本和中国抑制对美国的贸易顺差，也不能确保美国边境没有毒品贩子和国际恐怖主义分子出入，美国的全球政治、军事势力范围实际上是有限的。但美国文化（包括大众文化，popular culture，又译"流行文化"或"通俗文化"）在世界各地占有支配地位，使这个世界以一种更深刻、基本和持久的

---

① 尼克松. 真正的和平 [M]. 张光远, 译. 北京：新华出版社, 1985：111-112.
② NYE J S, OWENS W A. America's information edge [J]. Foreign Affairs, March/April 1996：20.

方式日益美国化,结果是,美国利用军事和经济力量没有达到的目的,却利用软权力轻易达到了。"

三、美国文化外交给我们的启示

文化外交是一种最能体现外交"和平"特点的外交形式,因为作为一国文化力在对外关系上的运用,它诉诸的是软权力。就软权力而言,它无须动用"军事大棒"威逼、胁迫、强制对方,也无须花费"经济胡萝卜"哄骗、利诱、收买对方,它依赖的只是文化观念,所要做的无非是"自由信息——不求物质回报,但求对方相信创新和发布出的信息,包括市场营销、广播和宣传等——的劝说"。① 所谓"君子动口不动手""君子喻于义""君子之交淡如水",由此看来,结束了"胡萝卜+大棒"政策的文化外交最近乎"君子外交"。

冷战结束后,伴随着信息技术革命和经济全球化的深入,世界越来越走向相互依存,世界的权力发生了深刻的转型。世界政治的分裂和多元化,带来了权力资源在各领域间互换的困难,最突出的表现是:军事资源、经济资源、政治资源之间的转换成本大大提高,因此各国不得不面临权力的转移,从传统的硬权力转向无形的、较少强制性和危险性的、低成本(代价、风险)而又高效能的软权力——国家凝聚力、普世性的文化、价值观念和意识形态、有效的沟通力、对他国具有吸引力的多边国际制度和机构。② 而这种权力资源的转移恰好契合了和平的时代主题。

当然,应该看到,就美国而言,其软权力资源的挖掘和传播、其文化外交的开发和开展,并没有足够地体现出真正的君子风范,也并没有给世界带来真正的和平。

一方面,就软权力及其运用——文化外交本身而言,它们没有改变国际政治作为权力之争的权力政治本质,也不可能改写国际关系的现实主义的三

---

① KEOHANE R, NYE J S. Power and interdependence in the information age [J]. Foreign Affairs, 1998: 84-86.
② NYE J S. Soft power [J]. Foreign Policy, Fall 1990: 164, 166-168.

大预设——国家是国际行为主体（国家中心预设）、国家是统一的理性选择行为体（理性预设）、国家都是追求权力的（权力预设）。①

另一方面，具体就美国的软权力和文化外交的实际实施而言，正如担当"美国软权力和文化外交政策顾问"角色的奈在《哈佛国际评论》（冬季号）发表的文章《说服力》中所指明的：美国在软权力和文化外交的实施过程中，较少考虑他国的利益和感受，一不小心就自行其是、单打独斗、独步天下，而惹来"文化统治""文化霸权主义"（"文化帝国主义"）之嫌。缺乏宽容、同情和体贴之心，必然招致他国的疏离、猜忌、反感、怨恨、抵制和对抗，最终反而为此付出沉重的代价，既违逆了文化外交的主旨和初衷，也背叛了软权力的本性。②他指出，在文化外交上的单边主义（单极主义、美国主义）不仅不会增进，反而只会挥霍（squander）、破坏和削弱其软权力资源，使美国权力陷入困境（the paradox of American power）之中：一方面是世界唯一超级大国的潜力无限、实力大增，另一方面则是权力运用受到的限制越来越多，对外影响力越来越弱。为此，他建议：在运用软权力的文化外交中，美国必须以诚恳合作的态度，坚持多边主义（国际主义）的"共享"方针，在"开明"、包容（loose）的多边机制框架内行使权力，力求赢得尽可能多的"人心"和广泛的接受，以实现自己的对外目标。"我们不但要从道德的角度，而且要从实用的角度，来论证软权力。""美国实力的长盛不衰不在于自身的努力维持，更最终取决于其他人在多大程度上觉得、认为，这种力量不仅服务于美国的利益，而且容纳（accommodate）、兼顾到他们的利益。"③

首先，国家政府必须充分重视在外交中的软权力的作用，大力开展文化

---

① KEOHANE R. International institutions and state power: essays in international relations theory [M]. Boulder: West view Press, 1989: 40.
② 比方说，断然退出国际社会处理全球气候变暖的《京都议定书》；他认为：美国政府不妨在指出其缺陷的同时，提出能让多方利益兼容的改进意见。总之，美国的孤立主义政策只会使国际社会"把国际上存在的问题统统归咎于美国实力"；美国实力一旦成为国际社会的攻击目标，这种厌恶、抵抗和报复情绪也就"成为恐怖主义、民族主义的吸铁石"。
③ NYE J S. The paradox of American: why the world only superpower can't go it alone? [M]. New York: Oxford University Press, 2002: 138.

外交，充分利用其无限挖掘、超越时空、迅速扩充、持久共享的巨大潜力。但与此同时，不可滥用软权力，不当、失度的文化外交政策和活动只会对软权力造成损害，因为软权力的运用并非不用付出任何代价，并非不用仔细盘算各种不同选择的成本、不用追求预期效用最大化。①

其次，在具体实施文化外交的过程中，每个国家必须清楚，虽然从理论上讲，国家的软权力资源是无限的，但在实际的利用上则是受限制的，因为其文化的方方面面并非对任何国家、在世界任何地方都有吸引力。②因此要因地制宜，适时地调整文化外交的内容和目标对象，以免误用软权力，"明珠投暗""对牛弹琴"。

最后，正如推销商品，在做广告的同时，必先有可供出售的优质产品。一个国家在向别国表达和传播自己的文化和政治理念时，必须先把自我塑造好，在国际舞台上树立起良好的国家形象（national image），也就是说，自己先要把民主、自由、博爱和人权等民族国家文化价值和政治理想实现出来，方可公之于世、示于人，进而吸引人。要做到不"虚用"软权力，以诚信来增强在国际政治中的说服力，就离不开国家"信誉政治"（politics of credibility）③的配套实施。

《易经》有言，"观乎人文，以化成天下"，这恐怕是对"文化"一词的最好诠释。今天，对运用文化软权力实施文化外交的现代国家来说，不妨把"己所欲，施于人"同"己所不欲，勿施于人"结合起来，作为文化外交的基本原则，并且把握好"己欲立，则立人；己欲达，则达人"这一文化外交策略的精髓，唯有如此，才能成功地实现文化外交的目标。

---

① 比方说，一个国家在制定对外目标、执行外交决策时，一旦发动舆论攻势，诉诸多边手段，既照顾他国利益又兼听他国意见，势必限制自身活动的自由、灵活度，贻误战机和效率，这就是软权力运用的代价。
② 譬如，在某些保守的伊斯兰教国家，好莱坞许多东西并无吸引力，美国文化对塔利班政府是无效的。
③ 它还不同于摩根索所谓"威望政策"（Policy of Prestige），因为它倚赖的基本手段不是武力炫耀，而是诚信。KEOHANE R，NYE J S. Power and interdependence in the information age [J]. Foreign Affairs，September/October 1998：89-90.

试论国际传播在国家树立国际威望中的作用*

"国际威望"(international prestige),又称"国际声望(名望)"或"国际声誉(名誉)",是指一个国家通过把国内的道德、知识、科学、艺术、经济或军事等成果向他国投射(projection)而获得一种理想的国际形象(国家的对外形象,foreign image)。① 这种国际形象一旦确立起来,就对国家的国际影响产生无形而强大的冲击力。国家良好的国际形象,作为外交可直接依靠、动用的资源,能够创造、维持和增强国家的对外影响力,有效地实现国家的战略利益。

一、国际威望的现实主义理解

按照传统的理解,国际威望指国家的对外政治威望(political prestige),即对外政治影响力(political influence)。从社会心理学的角度讲,影响力通常指对他人的心理和行为的作用力,② 而从本质上说,是一种心理压力。在国际政治中,国际威望或政治影响力指的是一国对他国的心理压力。

国际威望从何而来?现实主义理论认为,它来自军事实力(military

---

* 本文原载于《国际论坛》2005 年第 1 期;全文转载于人大报刊复印资料《国际政治》2005 年第 4 期。

① FREEMAN C W, JR. Arts of power: state craft and diplomacy [M]. Washington D C: United States Institute of Peace Press, 1997: 41.

② The Merriam webster thesaurus [M]. Massachusetts: Merriam-Webster Inc., 1989: 313.

strength）或军备（military preparedness）上的优势（preponderance）。军备的自然显露造成无定向的心理压力，而国家间军备上的差距造成一国对另一国的心理压力。也就是说，在有军备差距的两个国家中，军备强的国家对军备弱的国家有政治影响力，即具有国际威望。而且，国家间这种军备强弱对比越悬殊，强军备国对弱军备国造成的心理压力就越大，强国的政治影响力也就越大，国际威望就越高。

既然作为政治影响力的国际威望来自军事实力，那么，国家如果要树立起国际威望，就要加强军事力量，更重要的是，要把这种军备优势显露出来。国际关系理论中的现实主义大师汉斯·摩根索就此提出了"威望政策"（policy of prestige）——"一国的外交政策寻求的是，为维护或增加权力而显示它所拥有的权力"。国家必须确保，他人就我自身在国际社会中的地位所形成的"心理形象"（mental picture），即便不超过实际，至少也要如实地反映出我的实况。他认为，一个国家，为了让自身实际拥有的实力——或自以为拥有的实力，或希望别国相信它拥有的实力——给对方以最突出的印象，一个最重要的手段就是炫耀武力（the display of military force）。① 应该说，无论这种武力炫耀是阅兵、军事演习、实战，还是暗含当今信息时代与实战效果有同构性的"概念战"（conceptual war），它的威望政策大体就是显示武力的政策；而它所谓国家政治威望无非是被他国认可（意识到）的军备优势，或者说在他国心目中的实力——"实力名声"（reputation for power）。②

然而，即便如此，摩根索也没有忽视树立国际威望的另一条威望政策（策略），那就是对外宣传（propaganda）。这种对外宣传不仅仅限于军事上的宣传，从根本上讲，是一种直接"攻心"（塑造和改造人心）的"心理战"（psychological warfare）。③ 他已经意识到，在当代世界，"争夺强权的斗争不仅以政治压力和军事力量这样的传统方式来展开，而且在很大程度上是一场

---

① MORGENTHAU H J. Politics among nations: the struggle for power and peace [M]. 6th ed. New York: Alfred A. Knopf, Inc., 1985: 87.

② Ibid. 93.

③ Ibid. 352–353.

争夺人心的斗争"。① 在广大的亚、非、拉和中东地区，冷战首要的是在两种对立的政治哲学、经济制度和生活方式之间的竞争。这种竞争的一个主要手段就是对外宣传，它寻求增进自己一方的威望，而贬抑对方的威望。

摩根索认为，外交上的对外宣传古已有之，但由于现代技术的发展，当代（尤其是二战后）的对外宣传无论在量上、质上，还是在范围和效果上都突飞猛进了，成为配合传统外交手段的独立外交工具。继交际、政治交涉（如协商、谈判，Diplomacy）和武力交涉之后，对外宣传这种心理战成为实现外交战略的第三条途径。而且，基于所有外交活动的成败归根到底取决于对人心的争夺，而对外宣传诉诸的是关涉个人利害的理性评判、价值选择和情感偏好，不必辗转求助于物质利益或暴力的使用，就可直接"模塑"（mold）人心，因而可以说，外交在最原本的意义上乃为对外宣传。②

正是对外宣传这一外交武器的运用加剧了国家的政治威望同其实际的军备状况不相吻合、极不相称。各国都以一种工具主义（功利主义）的态度来处理对外宣传的内容，淋漓尽致地发挥对外宣传的"意识形态本性"——从自我的意志出发对国情和世情进行主观的诠释，而不是从客观的国情和世情本身出发去科学地求证。也就是说，它可以不顾宣传的真实性，但求宣传的有效性。③ 本来一国的武力是通过政治哲学、宗教信仰、价值观念、意识形态和社会制度等"因素透镜"折射（显示）出来的，这使得各国不可能如其所是地（要么渲染、夸大，要么低调、谨慎）向世界表明其真实拥有的实力；加之这些宣传出去的文化因素本身成为国家对外影响力的一大部分，因此必然出现国家的政治威望同其实际的军事实力的背离。

可见，对国际威望及其树立所做的现实主义解释，不可能否认这样的国际关系现象，即一个国家的军事实力或军备并没有发生根本性的改变，而它的国际威望却大为改观——当然，也可以反过来说，一国的军备状况大为改

---

① MORGENTHAU H J. Politics among nations: the struggle for power and peace [M]. 6th ed. New York: Alfred A. Knopf, Inc., 1985: 95.
② Ibid. 353.
③ Ibid. 97–100, 353–354.

观,而其国际威望并没有提升。而且,二战后,随着对外宣传在外交中的比重不断增大,这种现象越来越突出。

正是这种日益突出、看似悖谬的国际关系现象向国际威望的现实主义理解提出了挑战。人们不禁要发问:国家的国际威望难道仅仅奠基于国家的军事实力(军备优势)之上吗?

二、国际威望的建构主义理解

建构主义一反现实主义对物质因素的重视,认为在国际体系结构中,有比国家物质实力分布更要紧的因素,即观念因素。它认为,是国际体系的文化规范性决定(规定、制约)着其权力物质性,而不是相反。在世界这个大空间内,所有物件原本并无任何意义可言,只有存在于一定国际体系内的人赋予其意义后,才是真正现实的。也就是说,物质存在只有(国际)社会化了,只有纳入一定国际社会结构内,并通过其中的文化观念才予以确认。"对于人类的行为来说,只有通过共享的知识结构(意义系统),物质资源才被赋予意义。"[1] 具体地说,物质实力的含义,即社会意义是在国家之间社会文化价值结构的相互认同关系中确立和体现出来的——无论这种相互间的集体认同(collective identity)是积极的或友好的还是消极的或敌对的。而这种集体认同完全是文化意义上的。比方说,美国会认为朝鲜的五件核武器比英国的五百件核武器对美国构成更大的威胁,因为英国是美国的朋友,而朝鲜是美国的敌人。至于美国对伊拉克大规模杀伤性武器的极端关注,乃至对与其相关的任何其他问题都高度敏感,以至于不惜动用武力,这是由美伊之间相互极度敌对的身份(认同)关系所确定的。这些都表明:有比客观物质存在——军事实力——更能造就国家对外心理压力、成就对外政治影响力的因素,那就是对相互身份的观念性确认。例子有朝鲜退出核不扩散条约在西方世界所引起的震荡,远大于20世纪60年代核大国——法国退出北约军事一体化机构,

---

[1] WENDT A. Construction of international politics [J]. International Security, 1995, 20 (1): 73.

亦因为国家相似的武力显示处在不同的国际社会观念支配下，因而产生了不同的政治影响力。

建构主义坚持认为：物质因素（权力或制度）固然是国际关系的重要因素，但最重要的还是人们的观念，也就是说，要看相关国家在看待对方国家时持有什么样的看法。在相同的力量和制度条件下，彼此不同的观念和看法，会带来不同的国家间的威望势能。因此，在它看来，一国的国际威望不仅建立在其军事实力上，更重要的是建立在相关国家彼此间的集体认同——对相互身份的确认上。也就是说，国际威望与其说是由客观的物质力量奠基起来的，不如说是由主观的文化观念建构（construct）起来的。建构主义的国际威望不再是一种物化的存在，没有被实体化——把国际威望当成一种独立自主、有着自身的力量和目的的"超有机体"的实在（一国的实力），而是存活于不断交往着的国家之间的关系——一种主观的相互认同关系——中，因而始终处于一个过程中。

即便是对国际威望的现实主义解释也承认，国际威望寻求的不过是社会认同（认可、肯定，social recognition），或者说，他人对自我评价的承认或确认（confirmation）。因此，在争夺生存与权力的斗争中，他人对我们的观点、看法同我们实际的情形一样重要。是我们在他人"心镜"（mirror of mind）中的形象（我们的威望）——哪怕这镜中之像是歪曲的反映，而不是我们原本的样子——决定了我们在社会中的身份、地位。①

可见，正如建构主义所理解的，各国的社会属性、特征、角色身份和国际威望不是国家所固有的，而是由国际社会所赋予、构成的；一国的"国际威望"实际上都是从国际社会、国家间的相互认同关系中理解、意会和接受而来的。从一定程度上说，一国的国际形象或国际威望确实可以脱离其客观实在，而完全由观念所"意想"、想象出来，甚至可以说，在国际社会根本就不存在所谓"客观、真实而公正"的国际威望。

---

① MORGENTHAU H J. Politics among nations: the struggle for power and peace [M]. 6th ed. New York: Alfred A. Knopf, Inc. 1985: 87.

基于把国际威望建立在国家间观念性的身份认同（承认、确认）关系上，而不是一国物质性的军事实力上，建构主义将重新定义"国际威望"概念。如果说现实主义把"国际威望"意义上的对外影响力界定为一种纯粹的政治影响力，一种因实力而对外辐射、威压对方的强制力（coercion，心理压力），一种最原初意义上的权力（power）——让对方做他们不愿意做的事情的能力，那么，建构主义则把国际威望这种"强权力"弱化成"软权力"——一种诱导型、向内吸纳式（co-optive）[1]的吸引力，[2]一种国格魅力。这种作为国际威望的软权力表达的是一种不同于一般权力意义的、真正的影响力，是能够让别人自觉、主动地做你想让他们做的事情的作用力。对任何国家而言，"软化（或柔化）"了的国际威望更能有助于劝服他国接受和追随其外交谋略，引导它们沿着与其国家利益相契合的方向发展。

三、从对外宣传到国际传播

从上述分析中，我们可以看出，现实主义对"国际威望"这一概念的理解，决定了它相应的威望政策的选择。把一国的国际威望建立在物质要素——其军事实力——之上，在实施威望政策时，不可避免地导致对武力炫耀的倚重，而对外宣传更多的是服从和服务于武力炫耀，并没有获得完全的独立。而按照建构主义的理解，国际威望是由国际文化价值结构的相互（身份）认同关系所建构和表达出来的，因此，树立一国的国际威望更应该诉诸国家之间文化价值观念的相互吸引，以寻求对彼此身份的积极认同。无疑，与现实主义相反的是，建构主义倚重的是对外宣传，而不是武力炫耀。

不过，建构主义的对外宣传不同于现实主义的传统理解，它完全独立于军事实力或军备竞赛上的宣传，是一种淡化政治意识形态色彩、强化科学知

---

[1] NYE J S. Soft power [J]. Foreign Policy, Fall 1990: 166.
[2] NYE J S, OWENS W A. America's information edge [J]. Foreign Affairs, March/April 1996: 21.

识与文化意味的对外"宣传"（传播，公布，publicity，public relations）。① 在此，对外"宣传"遵循跨（国）文化传播（communication）法则，以双向、平等沟通为基础，反对精英式的单方面强制性信息输出（灌输）和极度功利性的劝服，注重在信息交流、共享与互换彼此意向中达成公认与共识。这就是本真意义上的国际传播（对外传播、② 跨文化传播）。反过来，对外宣传是赤裸裸的、公开的国际政治传播，它沦为国际传播的一种特殊形态，甚至可以说，是一种异化了的形态。

二战后，尤其是冷战结束后，各国逐渐意识到，在全球化的信息时代（电子媒介时代），国际传播在塑造国家形象中起着举足轻重的作用。从一定意义上说，对一国而言，国际传播就是国家形象的传播，因而，国家的形象力取决于国家的国际传播力。于是，各国纷纷从事信息情报的收集、播发和服务文化价值观的阐发与交流，以此取代传统的对外宣传，重塑国家在国际社会中的威望。应该说，国家威望政策从对外宣传向国际传播的转换，表明国家在树立国际威望上不断走向成熟。

以信息和观点的流通为中心的国际传播，其手段多种多样。首先，作为国际政治传播，它是一种国家政府间的行为，主要是靠文化交涉、谈判、签订各项国际文化交流项目的官方协定，缔结文化条约，召集和参与各项国际文化会议，组建和加入国际文化组织，保障文化人员的互访，举办文化成果的对外展览等。其次，更为重要的是，它可以作为一国政府对外向国际公众社会所展开的一项国际公共关系活动。在此，国际传播的关键是，依靠包括互联网、广播、电视、电影、书报、音像在内的国际传播媒介，通过培植

---

① 从20世纪60年代开始，美国新闻署就明确区分了"publicity"与"propaganda"，认为前者是以公众熟知的事实为基础，如其所是地（as it is）报道事实信息，因而具有客观中立性；而后者，其政治意识形态色彩浓厚，存在虚假信息（disinformation）成分，其真实性和可信度值得怀疑。可见，宣传是变异了的传播。有关"宣传"的定性，参见沃纳·赛佛林，小詹姆斯·坦卡德. 传播学理论：起源、方法与应用［M］. 北京：华夏出版社，2000：106-108.

② "国际传播"与"对外传播"均属跨文化传播范畴，"均为信息交流，只是定位不同而已"。前者标明"跨越两个或两个以上国家的文化体系的信息交流"，后者则强调以我为主与他国之间的信息交流。参见郭可. 当代对外传播［M］. 上海：复旦大学出版社，2003：3.

或影响国际公共舆论，减少国际公众（民众，mass）对本国产生错误（消极）观念，着意提高本国在国际社会中的形象和影响力，进而左右他国的意志与行为来实现自身的外交战略意图。这就是所谓"媒体外交"（media diplomacy）。① 基于国际传播范围和领域广泛，其传播所指、对象或受体，不只限于国家政府，还包括非政府组织（NGOs）、民间团体或个人，甚至直接面向他国公众，因此，在一般意义上，国际传播也是一种公共的外交形式——公共外交。② 这也是国际传播不同于政治、军事等传统外交的一个重要特征。

作为国家威望政策的国际传播，其主旨就在于通过文化信息和价值观念的对外投射和相互流通，产生"文化（吸引）力"，激发他国的认同感（乃至敬畏感），建构起与他国之间积极（友好）的身份认同关系；在获得国际社会的积极肯定和认可中树立起良好的国际形象，确立起应有的国际威望。

美国"软权力"研究专家约瑟夫·奈曾在"9·11"恐怖袭击事件发生后深入地反思了美国外交策略的实施。他先后在《美国权力的悖论：为何世界唯一的超级大国不可单打独干》与《说服力》（载于《哈佛国际评论》2003年冬季号）中指出：由于美国在对外行动中，较少考虑他国及其民众的生活经验、环境、利益和感受，一不小心就自行其是、单打独斗（go it alone）、独步天下，招致他国的疏离、猜忌、反感、怨毒、仇恨、抵制和对抗，为此付出了沉重的代价。这种落入"对外宣传"窠臼的做法惹来的是"强权政治""霸权主义"（"帝国主义"）之嫌恶。因缺乏宽容、同情和体贴之心而导致外交上的单边主义（单极主义、美国主义），不仅不会增进，反而只会挥霍其丰富的文化资源，使美国的权力陷入困境之中：一方面是世界唯一超级大国的潜力无限、实力大增，另一方面则是权力运用受到的限制越来越多，对外影响力（国际威望）越来越弱。为了改变外部世界对美国的"观念"，尤其是伊斯兰世界和阿拉伯国家民众对美国根深蒂固的看法，他建议：在外交中，美国

---

① MALEK A, ed. News media and foreign relations: a multifaceted perspective [M]. New Jersey: Ablex Publishing Corporation, 1997: 44.

② U. S. Department of state. dictionary of international relations terms [M]. 1987: 85.

必须以诚恳合作的态度，坚持"开明"、包容的多边主义（国际主义）"共享"方针，力求赢得尽可能多的"人心"和广泛的接受，以重新塑造美国形象。"美国实力的长盛不衰不在于自身的努力维持，更最终取决于其他人在多大程度上觉得、认为，这种力量不仅服务于美国的利益，而且容纳、兼顾到他们的利益。"可见，在一次次近乎痛苦的反思中，西方学者越来越意识到了国际传播对国家国际威望树立的意义。

在实施国际传播这一威望政策时，关键在于准确、恰当、适度地运用国家的文化资源（如信息资源、价值观念、制度设计与安排等）。一方面，国家政府必须充分利用文化资源无限挖掘、超越时空、迅速扩充、持久共享的巨大潜力；但与此同时，不可滥用文化资源，不当、失度的国际传播策略和活动只会对国际威望造成损害。每个国家必须清楚，虽然从理论上讲，国家的文化资源是无限的，但在实际的利用上则是受限制的，因为其文化价值观的方方面面并非对任何国家、在世界任何地方、在任何时候都有吸引力。① 因此要因地制宜，适时地调整国际传播的内容和目标对象，以免误用文化资源，"明珠暗投""对牛弹琴"。当然，最要紧的是，国际传播讲究的是"信誉政治"②，这是对传统的威望政策的一次超越，或者说，它才是真正可靠的威望政策。国家的国际威望源于国家的威信（reputation），而威信在于信誉，进而在于诚信（包括诚实与守信两方面）。这就是所谓"以信立国"，"信生威"。正如推销商品，在做广告的同时，必先有可供出售的优质产品。一个国家做国际广告，实施国际公共关系战略时，它向别国表达和传播自己的文化和政治理念，必须先把民主、自由、博爱和人权等民族国家文化价值和政治理想实现出来，方可公之于世、示于人，进而吸引人，从而在国际舞台上树立起良

---

① 譬如，在某些保守的伊斯兰教国家，好莱坞许多东西并无吸引力，美国文化对塔利班政府是无效的。

② KEOHANE R，NYE J S. Power and interdependence in the information age [J]. Foreign Affairs, September/October 1998：89–90.

好的国家形象。靠诚实、诚信来增进国家在国际政治中的信服力,[①] 以说服力促进认同力和对外影响力,这必然意味着国际威望的大提升。

[①] 1963 年,美国新闻署主任爱德华·R. 莫罗(Edward R. Murrow)在一次国会听证会上讲:"……诚实是最好的宣传,而撒谎是最糟糕透顶的事。我们要有说服力,就必须令人信服;要令人信服,就必须有诚信;而诚信的保证是诚实,就如此简单。"——"What is Public Policy", www.publicdiplomacy.org/html.

国际政治的文化建构[*]

——对建构主义方法论的一种解读

一、建构主义方法论革命

"世界永远是被演绎的,而不是被实证的","世界是一种建构的过程"。在国际关系领域,建构主义作为一种方法论,[①]兴起于20世纪90年代。[②] 国际关系建构主义方法盛行的一个直接动因是,当代国际关系中最具根本意义的重大事件——冷战格局的突发式、和平式的终结。这一事件是传统主流国际关系理论,无论是现实主义还是理想主义,无论是新现实主义(结构现实主义)还是新自由主义(自由制度主义),所难以解释、规范和预测的。传统现实主义的国际关系理论在冷战结束和后冷战时代复杂多变的世界事务、国际生活面前显得苍白乏力,迫使人们对现存的一切理论进行深刻反省,提出

---

[*] 本文原载于《东南学术》2006年第4期;全文转载于人大复印资料《国际政治》2006年第12期。

[①] 严格说来,不能把"建构主义"当作某种具体的理论,事实上,从内容上讲,它包括纯粹理论、国家与国家利益理论、国际体系理论、国际体系转换理论以及国际和平理论等。而且,从立场上讲,它也并非铁板一块,大致可分为后现代(激进)建构主义、主流建构主义、现代性建构主义等派别。

[②] 国际关系建构主义学派的代表人物尼古拉·奥努弗(Nicholas Onuf)首先建议将该词指代基于20世纪80年代具有后现代性质的社会批判理论(包括女性主义)而发展起来的方法,它是所有坚持社会的文化建构、观念本体论等立场的国际关系理论家族。

新的理论研究视角、取向、范式和框架，从而重建（重构）所有的国际关系理论，重新诠释一部新的国际关系史，这就是当代西方国际关系领域的建构主义方法论革命。

从本质上说，建构主义方法是一种社会学方法。它预设人类关系的结构主要是由观念因素而不是由物质因素决定的。从此出发，注重从社会化（规范化）的宏观总体上，研究社会个体及其身份、利益、行为和所谓"不以个体意志为转移"以及具有原发、层累力量的社会结构体系是如何由共享的观念建构（构成）的（而不是天然固有）。[①] 可见，建构主义不是一般意义上的社会学方法，而是一种"文化社会学方法"。它认为，既然社会是文化的社会，而文化是社会的文化，那么社会建构的实质是文化建构，社会性建构是以文化为内容的建构，因为对人（乃至对物）而言，社会化的过程同时就是一个文化（规范化）的过程。

建构主义方法的革命性在于超越了主体—客体的二元对立，摆脱了是客体决定（造就）主体，还是主体决定（创造）客体的两难选择，引入超乎两者之上的第三个维度——文化（规范），并以此为更根本、更实在的东西，它决定（规范、规定、建构和影响）包括人和社会秩序在内的世间万物。首先，人与人、人与社会的互动关系都要由文化来沟通；其次，在人的社会化过程中，社会对人的建构实质上是文化对人的建构，因为社会本身也是由文化所建构。也可以说，文化在建构人的同时，包含着被文化所建构的社会对人的建构。由此形成了世界三维建构模式体系，那就是：文化直接建构社会、文化直接建构人与文化通过社会间接建构人。因此，可以说建构主义方法是建

---

① 基于建构主义既不同于物质主义，也不同于个体主义，主流建构主义代表亚力山大·温特（Alexander Wendt）把它视为一种结构理念主义（structural idealism）。参见 WENDT A. Social theory of international politics [M]. Cambridge: Cambridge University Press, 1999: Ch. 1.

立在文化（规范）本体论或社会本体论上的。①

二、国际社会的文化建构

建构主义方法首先应用文化社会学视角看待整体性的国际政治，确立国际政治（社会）的文化建构立场。它主张的不是传统方法的物质本体论，而是文化（制度）本体论或者说社会本体论，它不是根据在行为体背后起作用的实力分配和权力结构等物质层面的东西来看待国际体系，而是认为这个体系是由观念层面上的与规范相关联的机构所组成。因此，在它看来，国际政治的基本结构是一种观念结构，起码是一种社会结构，而绝非绝对的物质结构。它强调：国际关系体系（系统）、结构或格局不是先在的、既定的、一成不变的，而是国际文化（制度）的社会构建（构成）物，是在国家间持续不断的互动性实践活动中不断生成、嬗变和转换的——可以说，国际体系是制度化进而器物化的文化（制度）体系，即社会化、现实化的国际文化（制度）体系。"国际体系是诸机构的集合体，而且诸机构是诸规范的现实化。当其构成性规范的一部分（或全部）发生改变时，国际体系的基本变化随之出现。"② 正是从这个意义上说，无论是冷战体系的形成还是解体，都是冷战双方对传统约定的规范（价值观念）的打破和修改所导致的。而国际社会的无政

---

① 20世纪英国哲学家卡尔·波普尔提出了"世界3"理论，认为在主观世界与客观世界之外，还有一个在性质上介于这两个世界之间的第三个世界，即以物质形态表现出来的精神凝结物（精神结晶），如文化、制度等。而且认为，这个"世界3"是沟通主客观世界的桥梁，比主客观世界更实在。可以说，建构主义方法吸取了波普尔"世界3"理论的营养；或者说，它们是不谋而合的。值得指出的是：建构主义超越了现代主义的马克思主义关于唯心、唯物的哲学性二分法，因为它最终把具有本体地位的文化（或社会）置于人类的社会实践活动之上，认为：文化规范、制度等无非是行为体互动在一定阶段"固化"而成的，而社会结构的存在也并不独立于行为体的实践之外，也就是说，从本源上讲，无论是文化还是社会，都是行为体实践活动的产物。这恰恰与马克思主义的实践本体论有不谋而合之处。

② KOSLOWSKI R, KRATOCHWIL F. Understanding change in international politics: the soviet empire demise and the international system [J]. International Organization, 1994, 48 (2): 223.

府状态也不是单一的、既定的,而是由国家间多样的互动而生成的国际文化结构所建构和塑造的。不同的文化结构(三种角色结构——互为敌人、竞争对手还是朋友)构造着不同的国际关系、不同的无政府社会结构或状态"逻辑"(三种国家间关系——敌对或冲突关系、竞争关系、合作关系)。① 一般而言,国际制度一旦得以确立,就成为国际社会共享的文化,"社会共有知识使互动在时间上具有相对的可预测性,也造就了稳定社会秩序的自均衡状态"。② 一定的国际规范或制度支撑一定的集体安全机制,从而缓解国际社会的无政府状态。相反,"没有成员之间一定程度的文化共同体,国际体系(特别是国际社会)不会形成"。③ 可见,国际体系的基本秩序、结构和关系不仅仅是权力物质性的,而更是文化规范性的。正是国际体系的文化规范性决定(规定、制约)着其权力物质性,在世界这个大空间内,所有物件原本并无任何意义可言,只有存在于一定国际体系内的人赋予其意义后,其才是真正现实的。也就是说,物质存在只有(国际)社会化了,只有纳入一定国际社会结构内,并通过其中的文化观念才予以确认。"对于人类的行为来说,只有通过共享的知识结构(意义系统),物质资源才被赋予意义。"物质实力的含义即社会意义是在国家之间的社会文化价值结构的相互认同关系(无论是积极的还是消极的)中确立和体现出来的。④

三、国家行为体的文化建构

建构主义是从个体国家的文化建构立场来解释国家行为的。正如文化的

---

① 参见 WENDT A. Anarchy is what states make of it: the social construction of power politics [J]. International Organization,1992,46(2):391-425;温特. 国际政治的社会理论[M]. 秦亚青,译. 上海:上海人民出版社,2000:314.
② 温特. 国际政治的社会理论[M]. 秦亚青,译. 上海:上海人民出版社,2000:233.
③ BUZAN B. From international society to international society: structural realism and regime theory meet the english school [J]. International Organization, Summer 1993, 47(3): 327-352.
④ WENDT A. Construction of international politics [J]. International Security, 1995, 20(1): 73.

实质是"人化",是"化"人,通过制度(规范)造化其社会成员——处于一种成型文化中的个体必定被此种文化建构,"在决定行为体的行为方面,社会规范、法则、认同等因素同物质现实同等重要、同样有影响力"。① 那么,国际文化的实质是"国家化"、转化国家,即对存在于其中的国家施加影响,予以塑造和改造。一定的、被制度化了的国际文化意义系统确定国家行为体对其周围的国际(物质)环境作出一定的理解和反应,确立一定的社会认同,进而影响其利益构成,最终决定其采取相应的国际行动。也就是说,国际社会共有的文化观念建构国家的身份,并通过这种身份政治或"认同政治"影响其利益和行动。比方说,当"冷战"这个文化形态形成之后,美国人和苏联人就有了共有的信念:他们互为敌人。这个信念帮助确立了他们在任何给定情景中的身份和利益,并进而决定彼此相应的敌对性行为方式。② 在此,建构主义方法强调,在一定的国际社会体系中,各国家行为体的行为模式(主要是对外的外交行为和外交决策)是由国际体系层面上的文化规范创造的,而不是由自身的单位文化所决定。当国际规范发生变化(由国家行为体间的互动样式的改变所造成),各国家的认同(身份)也会随之调适,其利益也将发生改变,行为也会相应地出现转换。③ 建构主义认为,各国的社会属性、特征、其角色身份不是国家所固有的,而是由国际社会所赋予、构成的;而各国的国家利益——无论是政治利益(主权独立)、经济利益(财富)还是精神利益(国家尊严)不是由其客观的物质权力所界定,而是由其认同(身份)来定义,是国家从国际社会中学习的结果。"国家只有在国际体系中确立了自我身份或自我认同后,才能相应地确定其利益的范围、程度和数量。""利益

---

① FINNEMORE M. National Interests in international society [M]. New York: Cornell University Press,1996:128.
② 温特.国际政治的社会理论[M].秦亚青,译.上海:上海人民出版社,2000:233.
③ 参见另一位建构主义者约翰·拉吉(John Gerard Ruggie),RUGGIE J G. Constructing the world policy: essays on international institution [M]. New York: Routledge,1998:14-15.

不是存在'那里'等待被发现,而是通过社会互动而建构起来的。"① 也就是说,"国家利益源于国家认同",②"利益依赖于认同","认同是利益的基础"。③ 身份是利益的指针,它塑造利益,行为体的身份包含了利益的成分,是利益认识、界定和选择的先决条件。行为体是根据身份选择利益的(而不是相反,即便行为体是根据利益选择身份,但从根本上说,这些利益自身仍然是以更深层的身份为前提条件)。至于作为国家利益一部分的国家安全,安全利益及其威胁的来源也不是客观存在的东西,不是来自国际权力体系中国家间物质实力的平衡和对自身权力的巩固、扩张和炫耀,而是可以由国家"臆想"、想象出来或由国家通过话语等工具"建构"起来。④ 可见,"安全"概念是"扎根于语言和文化之中的",其含义不是固定不变的,而会随着世界政治的变化而生发、流变。⑤ 最终,国家的行动是由利益(而不是由文化观念)直接支配的,国家利益是外交行动的最高指针和最终标准。⑥ 国家只有在具有某种身份和利益后,才能采取与其身份和利益相符合的行动。国家正如个人一样,很多时候并不知道自己是谁,什么对自己重要或有价值,自己又最需要什么,以及如何运用合法的手段去获取它们,还有什么是自己的安全或威胁,所以,所谓真实而客观的"国家角色(身份)""国家利益"和"国家安全"实际上都是从国际社会及其文化、规范(制度)中学习、理解和意会而来的。而国家一旦学会和认同了这些国际规则和制度,其身份和利益得以确立,行动就

---

① FINNEMORE M. National interests in international society [M]. New York:Cornell University Press,1996:2.
② HUNTINGTON S. The erosion of the national interests [J]. Foreign Affairs,Sep./Oct.,1997:28.
③ WENDT A. Anarchy is what states make of it:the social construction of power politics [J]. International Organization,1992,46(2):398.
④ CAMPELL D. Writing security:united states foreign policy and the politics of identity [M]. Minneapolis:University of Minnesota Press,1992.
⑤ CHILTON P A. The meaning of security. post-realism:the rhetorical turn in international relations [M]. East Lansing:Michigan State University Press,1996:193-216.
⑥ 这也是国际关系理论的现实主义大师摩根索的观点,参见MOEGENTHAU H J. Politics among nations:the struggle for power and peace [M]. 6th ed. New York:Alfred A. Knopf, Inc.,1985:11.

有了明确的方向。也正是在这层意义上，建构主义对国际制度规范国家行为有独特的理解，它不同于自由制度主义，认为制度不仅仅是管制性的，而且是构成性、生成性的，也就是说，制度不仅具有因果性力量，向行为体施加外在的约束，影响其外在的行为（造成因果性影响），还作为一种构成性要素，深入行为体的内部，即规定其内在的认同（对自我身份、利益与安全的体认），塑造其行为模式，对之产生构成性影响。[①] 这一方法论范式的转换，不仅体现了国际社会行为体对国际制度从外在强制向内在自觉的飞跃，也预示了国际共同体的进步。

四、国家行为体的社会建构

当然，建构主义方法并没有否认，除了国际文化对个体国家的直接建构外，还有另一种间接的建构。它从个体国家的社会建构角度进一步说明了国际社会体系结构对国家行为的直接建构作用，这恰好体现了国际文化通过国际社会间接建构国家个体。基于国际社会本是由国际文化所建构，归根到底，这种对国家行为体的社会建构是一种社会的文化建构。建构主义指出，在大多数场合，以国际规范和制度为表现的国际文化并不是直接用来建构国家行为的，而是通过一定的国际生存空间来实现的。因此，如果不理解国家所处国际体系中的特定社会结构，就不能理解国家对国际文化价值的实际取向和对国际制度规范的具体选择，就没法解释不同的国家对同一国际文化体系会有不同的看法和态度。建构主义对国家行为体同国际社会的相互关系做了如下分析。在国际政治行为体与国际政治体系结构之间存在着紧密的相互构成关系，双方对于对方都有强有力的构成力。主流建构主义派代表温特指出："分析国际政治的社会建构，就是要分析（国家行为体之间）互动过程如何产

---

① 比方说，某国加入世界贸易组织（WTO）成为其会员国后，其行为必须遵守该组织的规章制度；而更为重要的是，由于该国将这些国际规范内化，使其成为自我生存之所必需和发展的一部分，从而改变了该国的自我认同，使其在国际社会拥有了新的身份和利益，结果是行动为之一变。

生和再产生出影响（国家）行为体认同和利益的诸（国际）社会结构——无论这种社会结构是合作性或冲突性的。"① 国际体系、国际政治（无政府）结构对于国家有着完全意义上的建构作用，不仅仅影响到国家的（外在）行为，而且影响到国家的（内在）身份和利益。② 在此，建构主义强调的是，国际政治体系的社会结构对其中的行为体具有相当的建构（构成）力，它不仅确立单个的国家的含义、认同及利益，而且确定它们所从事的经济、政治及文化活动的模式。

从上述内容中，我们可以看出，建构主义方法从三个方面——对国际社会的文化建构、对国家行为体的文化建构与对国家行为体的社会建构——实现国际文化对国际政治的完整建构，并为国际文化及其所建构的国际政治的发展指明了方向。

归纳起来说，建构主义认为，国际政治可以重建，因为它本来就是由国际文化建构起来的，而不是特定不变。而国际文化本身也不是恒定的，文化之所以成为文化，就在于它具有自我再造的能力和趋势。③ 建构主义的文化不是一种物化的存在，没有被实体化——把文化想象成一种独立自足、有着自身的力量和目的的"超有机体"的实在，而是不断被人化——被活动着的人负载和诠释，始终处于一个过程中。国际文化之所以如此，是基于建构主义的主体间性思维对主体性思维的克服。正如后现代主义下人的主体性不再体现为征服客体的孤立，而是体现为主体之间的相互交往的共存关系，在后现代国际社会里，各国家及其单位文化也是处于一个不断交流互动的状态下，促成"文化间性"的文化格局。进一步从文化全球化视野展望，世界各地区、各民族不同文化在互动中不断超越自身界限，相互渗透、吸纳和包容。可以预期，在一个"跨文化（公共）空间"内，世界将建立起各文化互为朋友身份的、积极的集体认同，进而达到人我合一的完全的认同，形成"集体身份"的"世界文化共同体"。这最终导向的就是建立在非暴力、自愿、自

---

① WENDT A. Construction of international politics [J]. International Security, 1995, 20 (1): 81.
② 温特. 国际政治的社会理论 [M]. 秦亚青, 译. 上海: 上海人民出版社, 2000: 315.
③ 温特. 国际政治的社会理论 [M]. 秦亚青, 译. 上海: 上海人民出版社, 2000: 233.

律、互信、互助（他助式）协作基础上的"多元安全共同体"（不同于一般意义上的集体安全体系）或"世界永久和平共同体"，即所谓"世界大同"，这就是康德文化的理想状态。

基于最好的和平与安全不是来自均势、强权或霸权下的外在强制约束，也不是源于根据成本／收益计算而来的社会契约规范，而是来自彼此间最积极的集体认同和完全的相互信任，这才是真正的和平与安全（"软和平"或"软安全"）。建构主义首次充满信心地提出了向不以武力为解决彼此间争端、奉行集体安全的康德式国际体系过渡的主张，以最终实现充分的、持久的世界和平与安全。[①]

[①] 温特.国际政治的社会理论［M］.秦亚青，译.上海：上海人民出版社，2000：370-387.

大众传播下的国家身份建构*

在国际关系学界,有关国家身份的研究一直在被称为"身份政治"（politics of identity）的建构主义范式下进行。尽管这种研究范式缺乏对国际政治生活的社会性（互动的密度）限度的认识。

但是,国家所处的国际社会是由国家与国家的社会性实践即互动所组建的,而国家的身份是国际社会中的共有知识——无论是积极的,还是消极的——所建构出来的。所以,问题的关键不在于要跳出这种研究范式,而在于,如何把国际社会中的国家身份建构相对于国内社会中的个人身份建构的特殊性揭示出来。为此,我们不妨引入大众传播的视角,从分析国家间互动的大众媒介性出发来展开研究。

一、大众媒介参与下的国家间互动

人类社会经历了从口头传播、文字传播、印刷传播到电子传播、网络传播五个历史阶段,不断大众化的媒介折射出人与人之间从"亲密接触"到远距离"照面"的交往历程。国家就诞生在这个从定向的人际传播不断走向不定向的大众传播的非替代性过渡中。诞生后的国家（country）是一个占有一定生存空间的大社区,国家间的空间距离决定了国家之间的交往不可能局限于人际交往,而国家（nation）的社群性（民族性）同样决定了国家间的交往

---

* 本文原载于《现代传播（中国传媒大学学报）》2007年第4期。

更多地表现为群体（国民体）与群体（国民体）的交往。因此，从本质上说，国际交往是大众传播行为，它需要借助大众传播媒介来完成。

从历史上看，几乎可以说，国家间的交往是同国家的诞生同时发生的。如果说，古代意义上的国际交往（包括政府间的外交）还带有很浓厚的人际交往色彩，或者说，在很大程度上仍建立在人际传播的基础之上，那么，现代意义上的国际交往则逐渐依赖于包括报刊、电报、广播、电影、电视和互联网等大众传播媒介，从而把自身建立在大众传播的基础上。

在大众媒介的参与下，国际交往日益频繁和密切，国际关系以从未有过的广度和深度向前发展。正是由于大众媒介的"介入"，国际交往日渐褪去了人际交往的痕迹，而日益凸显出超越人际关系的"国际关系"特性来。今天，动用大众传媒的媒介外交和以媒介外交为手段、面向国际公众的公共外交的兴起，就是大众媒介积极参与国家间交往的集中表现。如今，大众媒介已开始把国际社会联结成一个高度相互依存的整体。对此，加拿大传播学者马歇尔·麦克卢汉（Marshall Mcluhan）曾预言，在信息时代，电子媒介（包括国际互联网）可以超越一切空间距离和时间差异，使信息传播瞬息万里，使对地球上某重大事件的报道同该事件的发生同步进行，从而把不同国家的民众即时性地"召集"在一起，整个世界变成一个"地球村"。由此，人类重归"部落化"生活。①

然而，不管"地球村"是否是一个"遥（远）不可及的梦想"，②"地球村"本身就是一个虚拟的环境（virtuality），一个"媒介现实"（media reality，或者说，象征性现实），而"地球村"中的所有事件都是"媒介事件"（media events）。从这个意义上预期，大众媒介深刻卷入的未来国际社会也将趋向于一个完全由媒介事件所构筑的"媒介社会"，由此，国际社会中国家间的交往在很大程度上变成了媒介互动（media interaction），从而有别于国内社会中客观、真实的人际交往和互动。

---

① 麦克卢汉.理解媒介：论人的延伸：[M].1版.何道宽，译.北京：商务印书馆，2001：8.
② 福特纳.国际传播："地球都市"的历史、冲突与控制[M].刘利群，译.北京：华夏出版社，2000：303.

大众媒介的参与、国家间媒介的互动无疑在一定程度上弥补了国际社会中人际（亲身）互动的稀疏，既强化了国际社会对国家的影响力，又加固了国家对国际社会的依赖性，从而增进了国际政治生活的社会性。

不过，作为"人的延伸"的大众媒介的参与不仅构成了国际社会中国家间的互动与国内社会中人际互动之间的区别，即媒介互动与亲身互动之间的区别，同时也决定了国际社会中国家身份的建构不同于国内社会中个人身份的建构。

二、以大众媒介为中介的国家身份建构

建构主义认为，在国际社会，国家间的互动形成、造就共有知识（国际文化结构），共有知识反过来（内在构成性地而非外在因果性地，constitutive）建构了国家行为体（的属性），塑造着国家的身份。可见，国家的身份不是先天的，而是后天的，是国家通过自身的主观努力而获得的；而且，它也不是自封的，而是由国际文化结构建构而成。

那么，在大众媒介盛行的国际传播时代，国际文化结构是如何构成的？它又是如何建构了国家的身份？

社会学认为，个体的身份建构涉及三个层面的内容，即角色定位、自我认同与他人的承认。那么，在国际社会，国家身份的建构基本上也由上述三方面构成。不过，具体到大众传播媒介参与下的国家身份建构，则是一个建立在国家间媒介互动之上并以大众媒介为中介的集体认同过程。这个过程大致包括媒介教示、媒介解读、媒介回应、媒介返回应等四个阶段。

下面，以20世纪60—70年代中美关系史上所发生的一次身份认同大转换为例，来说明上述以大众媒介为中介的国家身份建构过程。①

中美两国之间新的国家身份建构经历了以下四个阶段：

媒介教示阶段。1969年之前的中美两国处于敌对状态，其身份认同结构

---

① 郭树勇. 建构主义与国际政治 [M]. 北京：长征出版社，2001：175-177.

是"敌人"模式，互认对方为敌人。尼克松上台后，基于对国际形势特别是美、苏、中三大国关系的判断，希望改变与中国的不友好状态，变"敌人"关系为"朋友"关系。为此，尼克松通过媒体多次表示美国愿意同中国对话，譬如，在1970年10月欢迎罗马尼亚总统宴上，他以美国总统的身份，第一次公开使用"中华人民共和国"称号；而后，美国的《时代》周刊等各大媒体纷纷传递了尼克松有意访华的意愿，这些都是"意味深长的外交信号"。在此，美国政府通过语言和行动等各种符号的媒介传递，告诉中国美国想要扮演中国的朋友的角色，同时也希望中国能够作出相应的回应。

媒介解读阶段。中国政府通过媒介获得了尼克松政府的一系列示好的信号后，联系以往美国对华一贯恶劣的所作所为以及中国对美国持久作出的"敌人"定义，对之给出了各种可能的解读。与此同时，中国领导人对国际局势重新予以审视，对中美关系的未来走向进行了重估，又从自身国家根本利益出发，经过慎重的分析和考虑，对国际体系和中美关系作出了同美国一致的判断，即冷战格局下的美苏攻守态势发生了变化，中美过去的敌对状态应该结束了。

媒介回应阶段。中国通过社会学习，就国际结构同美国达成了共识，与之共享着一套观念，从而积极地接受了美国的角色定位，也明确了自身应该扮演的角色。于是，中国政府一改过去反美的立场和敌视的态度，着手调整对美政策，并通过大众媒介把这一善意的回应传递给美国。譬如，1970年10月初的一期《人民日报》在头版头条刊登了毛泽东主席与斯诺（Snow）夫妇一同站在天安门城楼上检阅国庆大游行并亲切交谈的照片，在报纸的右上角"毛主席语录"栏中还登有这样一句话——"全世界人民包括美国人民都是我们的朋友"；12月25日，《人民日报》又发表了一期"毛泽东与斯诺的谈话"，向美国委婉地转告了中国欢迎尼克松访华的姿态；第二年4月，在美国和西方家喻户晓的《生活》杂志又发表了有关毛泽东与斯诺的谈话，从而进一步把中国欢迎尼克松访华的姿态昭示于国际社会。所有这一切反馈善意的信号向美国表明：中国愿意以"朋友"的身份来对待美国，同时也期望美国以"朋友"的角色来对待中国。

媒介返回应阶段。美国从媒体上接收到中国诚意邀请尼克松访华的信息后，思量着中国在发出邀请的同时所提出的一系列条件以及对美国角色的要求，同时进一步认定国际局势，不断修正自身原有的不切实际的盘算，调整对华方针，以期走近中国对美国的期望——这是一次社会学习的过程。最后经过多次的媒介信息传递和谈判，中美双方终于在1972年2月达成《上海公报》，标志着双方共有的国际文化结构的形成，它带来了中美新的社会身份（认同）结构的确立——从"敌人"结构到"战略伙伴"结构，由此相互建构（互构）出双方新的积极的国家身份。

三、结论

无疑，上述中美国家身份的建构建立在媒介积极互动而导致的积极的集体认同基础之上。然而，国家间的媒介互动并不全是良性的，基于媒介反映社会现实如同哈哈镜和探照灯，媒介信息易于误传、误读（有时是有意为之），导致国家间展开一种恶性的媒介互动，彼此在媒介形象上丑化、妖魔化对方，结果发展成敌对的共同认识，进而"物化"为敌对的国际体系，双方最终互构出"敌人"的国家身份。譬如，在中美建交以前，两国通过针锋相对、以牙还牙的媒介交锋，所传递的有关对方的信息含有太多的"傲慢"和"偏见"，这等于双方"乐于"回应、接受了彼此互赋的"敌人"角色，而陷入"霍布斯式的憎恨"（Hobbesian Hate）中。于是，中美的冷战状态成为自我应验（自我证实或自我实现，self-fulfilling）的预言。在很大程度上，整个敌对的国际冷战体系、美朝和美伊（伊朗、伊拉克）之间敌对的社会结构无不是由恶性的媒介互动构筑起来的。由此可见，在国际社会，以大众媒介为中介展开互动的国家之间更易于发生消极的集体认同，建构出相互敌对的消极身份。

以大众媒介为中介的国家身份建构的特殊性（也可以说是复杂性）还表现为，在现实的国际政治生活中，无论国家间的国际文化结构的构成，还是国家身份的建构，都不是在国家间的一次媒介互动基础上完成的。只有经过多次乃至无数次持续的媒介互动，国家间共享的文化规范体系才最终成型，彼此间的国家身份才终于得以确立。这就解释了，在国际社会，许多媒介互动中的国家何以始终保持身份的模糊和游移，迟迟难以建立起相对稳定的国际关系，而不像社会中"亲密接触"之人的个人身份和人际关系确立得那么明朗、快捷。世界上有近200个国家，但迄今在国际舞台上有鲜明"身份"的国家并不多见。

另外，在国际政治现实中，尤其是处在空间距离和时间差异不复存在的（信息传播）全球化背景下的现代国际政治中，国家间的媒介互动绝不限于两个国家之间的媒介互动。如同人际互动，国家间的媒介互动往往呈网络状，每一个国家都是媒介传播网络中的一个纽结，它同其他许多国家都发生着媒介互动，发展出多边关系。可见，国家的身份及其建构都是有针对性的，一国针对不同的对象国展开不同性质的媒介互动，从而建构起相对于对象国的不同性质的国家身份。举例说，美国相对于英国是朋友，而相对于朝鲜，则是敌人，这源于美英之间与美朝之间不同的媒介互动，一个是良性的，一个则是恶性的。基于国家间媒介互动的复杂多样性，在国际社会，不可能赋予一个国家以同一种身份，可以说，一国与多少个国家发生了媒介互动，它就拥有多少种身份。而且，可以预见的是，国际媒介互动并不能根本地改变国际社会的协同发展状态。不管国家间的媒介互动有多密集，媒介关系有多密切，只要世界仍是一个没有世界政府的无政府"社会"，国家间就不可能发生像一般社会中个人之间那种人我合一的完全的认同，所有国家的同一种身份即"集体身份"就永远是个国际政治的神话。

文化软权力化的一种传播学解读*

自20世纪90年代初美国国际政治学者约瑟夫·奈提出"软权力"概念以来,文化的跨国传播问题引发了国际传播学者越来越多的关注。

一、文化软权力化是文化传播力的实现

从社会学的意义上说,权力是一个关系范畴,它指示的不是某个实体,而是一种关系,一种非对等、不均衡的压迫性关系。而文化,按文化学者的一般性理解,是一个相对封闭的价值系统,带有某种实体色彩,属于实体范畴。由此可见,文化与权力分属于不同的范畴系列,二者绝不能等同。基于权力只存在于人(国家)与人(国家)之间的关系中,那么,文化只有进入个人(一国)与他者(他国)关系中,才可能附带有权力的属性。

实际上,约瑟夫·奈是从权力资源即"无形的力量资源"的角度来界定文化(广义的文化,包括观念、意识形态和国际制度,主要指价值观念和思维方式)的,它是一种软权力资源(soft power resource),以区别于软权力本身。[①]他指出:"一个国家文化的全球普及性和它为主宰国际行为规范(norm)而建立有利于自身的准则(standard)与制度(institution)的能力,都是它的

---

* 本文原载于《当代传播》2008年第3期。
① NYE J S. Soft power [J]. Foreign Policy,Fall 1990:167.

重要的力量来源。"①显然，文化本身并不等于软权力——诱导、吸引、劝服和同化他国的"吸纳力"（cooptive power），它并不能自动地"让他人（他国）想做你想要对方去做的事情"。对一个国家来说，要实现在国际舞台上控制他国、影响国际事件的外交目标，首要的是让他国民众和国际社会认可、追随并分享该国的文化价值观，即被对方民众认同，并把对方同化，进而对对象国的对外决策施加影响，使对方按照我方的目标、意愿、意图或意志采取我方所预期的行动。对美国而言，就是"把他人转化为按美国人的思维方式进行思维的人"。②可见，控制权（包括对思想、态度和行为的影响和控制）是在这种文化"认同"和"同化"中得以实现的。一国的对外控制力一旦增强了，作为一种权力资源的该国文化也就转化为真正的权力。由此可见，对一国来说，只有当自己的文化观念与价值取向在国际社会广为传布并为目标国民众所普遍接受和认同，其文化才变为真正的软权力，而被彻底软权力化。相反，单有文化价值观而无外向的认同、同化及由这种认同、同化所带来的影响和控制，那么就无软权力可言。

文化之所以能转化为软权力，或者说，能够软权力化，首先是由文化这种软权力资源本身的特性决定的。不同于硬权力资源的垄断性和排他性，扩散性和共享性是文化软权力资源的基本特性。硬权力资源如军事实力或更准确地说军备只要存在，即便不使用或充其量只需炫耀，也能给目标国施加一定的压力，因为军力优势的自然显露就可以给对方造成不定向的心理压力，从而产生政治影响力即所谓"国际威望"。③譬如，冷战期间美苏之间的军备竞赛给彼此所带来的威慑。而文化软权力资源是非垄断的，自然地倾向于对外扩散；而且，越是对外扩散和推广，其辐射力越强，被认同、分享的可能

---

① 奈.美国定能领导世界吗？[M].何小东，盖玉云，译.北京：军事译文出版社，1992：26.
② PRESTO W. Hope and folly: the united states and unesco: 1945—1985 [M]. Minneapolis: University of Minnesota Press, 1989: 31.
③ MORGENTHAU H J. Politics among nations: the struggle for power and peace [M]. New York: Alfred A. Knopf, Inc., 1985: 87.

性就越大，其潜在的软权力也就越强。借用培根对知识的论述，文化如同知识，"其力量不仅取决于其自身的价值大小，更取决于是否被传播，以及被传播的深度和广度"。相反，"如果封闭或垄断一种文化，那么就不能使它构成'软权力'的基本支柱"。① 不难看出，文化软权力资源的扩散性和共享性更能反映国际"关系"的关系性——国际关系本来就直接表现为交流、传播关系。正如美国国际关系学者艾克拉·爱里亚（Akira Iriye）从文化关系的角度解读国际关系时所言，国际关系就是"意识的共享与传递……记忆、思想、感情、生活方式、学术与艺术以及其他形式符号的交流"。② 正因如此，国际范围内的文化传播关系在国际关系中日益凸显出来。

不过，文化的扩散性和共享性只是为文化软权力化提供了可能，而文化要真正转化为软权力，所必需的是文化传播力的推动。所谓文化传播力，就是推动一国文化向外传播，使其由民族文化"泛化"（普遍适用或普适化）为世界文化的力量。在很大程度上，文化软权力化就是文化对外传播力的实现。

在信息日益全球化的时代，作为信息传播载体的大众媒介自然地成为文化传播力的象征。通常，对外文化传播通过两条途径展开：一是人际传播，表现为各种跨国人际交往和对外文化交流活动；二是大众传播，是指运用大众传媒对外传播文化信息。相比而言，在文化的对外传播上，无论就传播的深度还是广度，大众传播都要优于人际传播，因为大众传媒大容量、高速度、高密度的信息传输能使各种文化信息资源最大限度地得到展示和共享。可以说，大众传播媒介是文化传播最重要的媒介和载体，是推动对外文化传播最强大的动力。这一点已越来越被世界范围内的文化传播实践证明。

基于大众传播媒介在文化软权力化中不可或缺的作用，约瑟夫·奈把大众媒介视为文化软权力资源的有机组成部分。他指出："特别是文化、教育、大众媒介等方面，软权力的性质是无法用传统的地缘政治学来解释和评估

---

① 王沪宁. 作为国家实力的文化：软权力［J］. 复旦学报（社会科学版），1993（3）：96.
② IRIYE A. Culture and international history［M］// HOGAN M J, PATERSON T G, eds. explaining the history of American foreign relations. Cambridge：Cambridge University Press，1991：214-225.

的。"① 在此，他把大众媒介当成了像文化一样的软权力资源来看待。在2004年出版的《软权力——世界政治中的制胜之道》一书中，为证明美国软权力仍然强大，约瑟夫·奈描述了美国文化、教育资源的拥有量，其中就罗列出"电影和电视节目第一出口国""书籍出版最多""互联网主机最多"等等大众媒介"指标"。从上述意义上说，一国文化软权力化的过程终归为该国大众媒介对外文化传播的过程。

二、文化软权力化是国家对外传播的战略目标

国务院原新闻办主任、现全国政协外事委员会副主任赵启正在2006年3月9日政协会议上发言指出了中国文化的严重"入超"状况。他认为，其中的关键在于中国的文化对外传播力不强。而文化只有传播，才有影响力，国家的强大才有持续的力量。确实，我们无法回避的一个问题是：尽管我国拥有悠久灿烂的传统文化，具备丰厚的文化软权力资源，但是我国文化的对外传播力和影响力却不大，文化的软权力化程度还很低。之所以出现这种困局，除了在客观上信息传播技术手段还相对落后以外，更为重要的是，在主观层面上，我们尚且缺乏必要的文化软权力化的战略规划，以及相应的制度（包括法律制度）设计和政策安排。

要想尽快改变这种文化软权力化程度低的局面，不仅仅在于实现对外传播物质技术手段上的飞跃，也不限于构建政府宣传控制与媒介专业约束之间良性互动、行之有效的对外传播机制，更为根本的是要确立起一种最能符合国家利益而一以贯之的对外传播战略目标。

文化的软权力化是在国家主导和控制下实现的，它具体落实到政府直接或间接从事的对外文化传播活动上，尤其体现在政府指导大众媒介向国际社会或目标国传播本国文化的行为中。在此，政府对大众媒介的指导根本性地集中在对外传播战略目标的确立上。

---

① NYE J S. Soft power [J]. Foreign Policy, Fall 1990: 154.

根据对国际关系学中建构主义理论的理解，一国在国际社会中的国际"权威"或威望并不取决于——起码不完全取决于——它的军事、经济实力等客观物质性因素，而是取决于国际的社会性观念，即它同对象国或者说目标国之间所达成和构成的共有观念（shared idea）或所谓"共识"（共有知识），它是由主观的文化观念（结构或模式）社会地建构起来的。具体来说，如果它同对方共享一种积极的合作性观念，那它们彼此就会把对方当朋友看待；而如果它同对方共享一种中性的竞争性观念乃至消极的敌对性（冲突性或对抗性）观念，那它们彼此就把对方当竞争对手乃至敌人看待。由此可见，在国际社会中，每一个国家的身份都归属于集体中的身份，是集体认同（无论是积极的还是消极的）的产物。

进一步说，建构主义认为，"国家利益（包括最高意义上的安全利益）源于国家身份"，① 依赖于自我身份认同。一国是在确立了自我身份之后，才相应地界定和选择自身利益，确定其利益的范围、程度和数量。可见，就像国家身份，国家"利益也不是'自在地'存在那里等待被发现，而是通过社会互动而建构起来的"，② 或者说，是从与他国共同缔结的国际社会中学习的结果。最终，国家行为又是由国家利益决定的，国家依照自身的身份和利益相应地采取与之相符的行动。总而言之，无论是国家身份、国家利益还是国家行为都是由文化观念所建构的，都是在"集体预期（或期望）"（collective expectation）中完成的。作为国际社会中的成员，每一个国家都是从共有的文化观念中首先获知自己是谁，进而知道最需要什么，最后懂得应该采取什么样的行动。

从上述内容可以看出，对一个国家来说，对外文化传播的战略目标应当是：制造和供给"共有（文化）观念"，从而引导和规范相关国家确立其国家身份，定义其国家利益（包括国家安全），支配其国家行为，最终达到在文化

---

① HUNTINGTON S P. The erosion of American national interests [J]. Foreign Affairs, September/October 1997: 28.
② FINNEMORE M. National interests in international society [M]. New York: Cornell University Press, 1996: 2.

观念上影响和控制目标国的目的。

从上述意义上说,文化软权力化的大众传播策略首要关注的是,运用大众媒介向国际社会提供"共有观念(文化)"。为此,一国的大众媒介要积极地通过对外传播力促使本民族文化(所谓"私有观念")为国际社会所广泛接受和认同,从而提升和转化为相关国家共享的、作为共有观念的国际文化乃至世界文化。

比方说,就国家安全而言,一个国家就可以利用传播出去的文化的同化作用,将自己的安全认知灌输给其他国家,以与对方共享同一套国际安全知识(观念),从而塑造和改变他国对自身安全利益的认知。譬如,美国文化在中国的大众传播无疑可以起到软权力的作用,即通过宣传美国观念影响中国对自身安全的看法,促使中国认同美国的战略思维进而融合到美国所期望的战略格局中。①

另外,作为世界霸权国,美国为国际社会所提供的"公共产品"(public goods)大多是要求所有参与国共同遵守的国际制度(体制、机制或规制)。而从本质上说,这些制度无一例外都是规范即社会性的文化约定,都是"共有观念",它们通常表现为积极的合作观念和中性的竞争观念——当然,也有少量消极的敌对观念。② 美国就是靠大众媒介向国际社会传播这些"共有观念"来让其他国家认同,由此同化对方的思想观念,从而在"合作"和"竞争"中达到"规范"和控制对方国家行为的目的。比方说,二战后美国向西欧国家放送的"大西洋联盟"观念和向日本放送的"日美同盟"观念就实现了这样的战略意图。

作为最大的发展中国家,中国正在"创造性地融入"(或者说"选择性地融入")国际社会中。在参与、学习和接纳其中的国际制度的同时,我们有能力也有义务向国际社会提供能够被人认同以至于同化对方的"共有文化"(最

---

① 陈玉聃.论文化软权力的边界[J].现代国际关系,2006(1):60.
② 美国有时也向他国灌输冲突性的共有观念或文化,导致被同化的对象国有可能反过来向美国发起挑战,反而威胁其国家安全,削弱其相对实力。譬如,美国在反恐战争中向国际社会传播所谓"恐怖文化",人为地制造出更大规模的反美、仇美情绪。

好是合作观念,以免人为地树敌和树立竞争对手)。当下,我们不妨把文化输出的对外战略目标有侧重地锁定在广大发展中国家,动用各种大众传媒积极地向它们宣传一种积极的共有观念——"北京共识"(Beijing Consensus),[①] 从而在国际认同中有效地"影响"这些国家发展模式的选择,与之共同构建和谐世界。事实上,2006 年在中国政府倡议下主办的"中非合作论坛北京峰会"就蕴含着这样的宗旨并取得了一定的成效。

中国有着"文化天下"——以"文"同"化"天下——而"协和万邦"的和平外交传统。"文化天下"无疑是文化软权力化的最高境界。在全球化而文化多元主义日盛的今天,我们当然不敢企望也不应该靠传播中国的"和"文化去"社会地"建构起建立在完全积极的集体认同基础之上的集体身份——"世界文化共同体"。但是,只要我们明确对外传播战略目标并相应地制定出科学合理的大众传播策略,以贯彻国家战略的意志持之以恒地实施下去,我国文化的软权力化程度就一定能提升到与其应有价值相称的水平上——在积极地影响世界的同时,为和谐世界的建构作出我们应有的贡献。

---

① "北京共识"是由美国高盛公司咨询顾问乔舒亚·库珀·拉莫(Joshua Cooper Ramo)总结出来的一套表述中国改革和发展模式的文化观念:国家主权利益至上、效率与公平兼顾、注重生活水准的高质量增长、循序渐进的可持续发展以及和谐社会的建构,它成为鼓吹"三化"(贸易自由化、价格市场化、私有化)而导致"拉美化"危机的"华盛顿共识"的对立面。

软实力的实现与中国对外传播战略[*]
——兼与阎学通商榷

自20世纪90年代初美国前助理国防部部长、著名国际政治学者约瑟夫·奈提出"Soft Power"概念以来，一些从事中国国际关系和外交研究的学者就其定义、来源、特性、要素、层次、分类、作用等进行了全方位探讨。不过，迄今为止，学界对其基本内涵仍然存在着较大争议。相应地，在提升中国软力量的路径选择上，人们也是众说纷纭，难以达成共识。其中，最大的分歧出现在阎学通与其他学者之间。鉴于此，本文试图从概念辨析入手，提供一条澄清和化解分歧的路径，并就中国软实力的实现提出自己的见解。

一、软权力还是软实力？

"Soft Power"一词被引入中国以来，首先就面临一个翻译问题，学者们对之持有不同的说法。目前，该词在学界主要有三个汉译名："软权力""软实力"和"软力量"。就使用频率而言，这些译名难分高下，而且这种使用上的混乱态势未见改观。其实，对"Soft Power"的不同译法折射出译者不同的理解重心和思维取向。当然，要消除"Soft Power"在译名上的歧异，首要的是回到它原初的使用语境中去。

---

[*] 本文原载于《现代国际关系》2008年第7期；全文转载于《中国社会科学文摘》2008年第11期。

奈最初是这样定义"Soft Power"的,"一国让他国(自愿)要求该国所欲求的东西",而非"强令他国去做该国所欲求的事情";"由于其他国家追随……,一个国家可以达到它所希望的结果"。① 显然,奈此处所指的"Soft Power"是一种特殊的、非强制性的影响力、支配力或控制力——是"吸纳(同化)力"、② 感召(感染、感化)力、"吸引力"、"说服力"(persuasiveness)。③ 奈从力量类型的角度对"Soft Power"予以进一步界定,认为力量分为行为力(behavioral power)与资源力(resource power),前者指获得预想的结果的能力,后者则指通常与达到预想结果的能力相关联的资源的拥有。"Soft Power"与"Hard Power"并立,同属于行为力;其中,"Soft Power"是指一种出于他者想你之所想而获得你所意想的结果的能力。④ 在此,奈更明晰地把"Soft Power"界定为一种行为能力——影响他者的行为能力,而非资源力,并非资源或对资源的占有。可以看出,奈把作为行为能力的"Soft Power"纳入一种与他者之间作用与被作用的关系中,使之归属于关系范畴,而不是把它当作实物(资源)或当作实体范畴来看待。

在社会学或政治学上,"权力"不是实物,而是一种非均衡、不对等的压迫性关系,它属于关系范畴;"实力"则是一般性的实物,是一个实体范畴。显然,"权力"与"实力"是两个不同的概念,归为两类不同的范畴。据此,行为力是权力,可称之为——"行为权力"(而不可说"行为实力");资源力则是实力,可称之为——"资源实力"(而不可说"资源权力")。既然"Soft Power"属于行为力,而行为力是权力即"行为权力",那么就应该把奈所言的"Soft Power"表述成"软权力",以揭示其作为行为力的关系特性。如果把"Soft Power"译成"软实力",显然误解了奈的本意,误把它当成实物

---

① NYE J S. Soft power [J]. Foreign Policy, Fall 1990: 166.
② NYE J S. Soft power [J]. Foreign Policy, Fall 1990: 166.
③ KEOHANE R, NYE J S. Power and interdependence in the information age [J]. Foreign Affairs, September/October 1998: 86.
④ KEOHANE R, NYE J S. Power and interdependence in the information age [J]. Foreign Affairs, September/October 1998: 86.

或实体了；而"软实力"恰恰属于奈所言的资源力，更准确地说，它表示的是资源力中同软权力相关的资源（实）力，它是"无形的权力资源"（power resource），即软权力资源，包括"文化、意识形态和制度等"。① 事实上，奈在软权力与软权力资源（软实力）之间作出了严格的区分。故而，他作出了"吸纳力（软权力——引者加）——让他国要你之所要，与软权力资源（Soft Power resource）——文化吸引力、意识形态和国际制度"之间的区分。②

奈是在（行为）权力/（资源）实力范畴划分的基础上分别进一步区分硬/软权力或硬/软实力。也可以说，相比于硬与软（权力或实力）区分，权力与实力之间的区分更为根本。由此而言，硬实力对应于硬权力，软实力对应于软权力。基于"软权力"和"软实力"是归属于不同范畴的两个完全不同的概念，应当把作为"行为力"的"Soft Power"译成"软权力"；而把"资源力"意义上的"Soft Power"译为"软实力"。我们可以参照"Soft Power"所处的不同使用情境和语境（上下文），具体地确定其所属范畴，给出相应的译名。当然，如果"Soft Power"脱离了特定的语境，难以判定是行为力还是资源力，就不妨模糊或笼统地把它译为"软力量"。

诚然，无论从理论视域还是从价值取向上讲，作为一位以美国为本位而又身处全球化背景中的国际政治学者，奈更多地关注世界范围内的国家互动中那种影响与被影响的非对称权力关系，而不只局限于一国内部资源的多寡、自身实力的大小。因而，他所理解的力量是外向型的，指的是对外影响力，它在国家之间实际地发挥作用而构成某种权力（关系）；它不是内倾的，并非一种内在的实力或潜力。联系到此种使用情境，奈所说的"Soft Power"无疑指称"软权力"。从这个意义上说，奈是一位"软权力"学者，而并非我们常言的"软实力"学者。

当前，在国内的国际关系和外交学界，"软权力"和"软实力"的混用现象很普遍，学者们往往随意使用这两个概念，无意对二者做严格区分，或是

---

① NYE J S. Soft power [J]. Foreign Policy, Fall 1990: 167.
② NYE J S. Soft power [J]. Foreign Policy, Fall 1990: 167.

理所当然地认为二者是同一的。即便有学者意识到二者之间的差别,并试图有区分地加以使用,也没有找到一种明确的依据来贯彻这种区分。

"软权力"与"软实力"之间混用是相互的。譬如,该是"软权力"的地方使用了"软实力",谈到一国的"吸引力"或"动员力"时,明明涉及的是行为权力,使用的却是"软实力"一词,以至于出现这样矛盾的断语:"奈将'软实力'定义为'当一个国家使得其他国家以预期目标为目标时的同化权力'。"① 反过来,该是"软实力"的地方使用了"软权力",如谈到一国文化资源时,涉及的无疑是资源实力,使用的却是"软权力"一词,以至于出现了"文化软权力"这样内含矛盾的术语。②

二、"文化软实力":软实力就是文化

国内学界之所以一直放任软力量研究前提上的概念模糊,一个重要的原因是,学者们在理解"Soft Power"的内涵时,过度专注于它同"Hard Power"之间即"Power"的"软"与"硬"之间的区别,而忽略"Power"本身内涵的复杂性和微妙性。对"Power"内涵的忽视,恰恰成为对"Soft Power"内涵的理解出现分歧的根源所在。

纵观当前对"Soft Power"基本内涵的阐述,国内学界大致分为强调文化要素即观念(价值观、思想、精神或原则)要素与强调政治要素即政策(制度、战略或规则)运用的两派,不妨分别称之为"文化派"与"政治派"。前者以文化为本位,指出政治是在一定的文化背景下运行、在文化价值观指导下运作,强调的是文化对政治运行的导向作用;后者以政治为本位,突出文化资源需要政治运作,在政治运作中体现其价值,强调的是政治对文化资源

---

① 阎学通,徐进.中美软实力比较[J].现代国际关系,2008(1):26.
② 陈玉耿.论文化软权力的边界[J].现代国际关系,2006(1).笔者本人也曾混用这两个概念,使用过"文化软权力"这样的术语,参见李智.文化外交:一种传播学的解读[M].北京:北京大学出版社,2005:49-60.

的实现功能。① 多数学者可归为文化派，② 阎学通则是政治派的代表。③

其实，从范畴分类角度看，文化派所指的文化和政治派所指的政治分属于不同的范畴。文化是价值观念系统，它指为特定时空下的人群所共享、传承的一套符号意义系统，它关涉的是一种抽象的实在物，因而属于实体范畴；政治是资源操作行为，它指资源依某种价值取向而进行配置，它所关涉的是一种关系（往往是不对等的权力关系），因而属于关系范畴。概而言之，文化是一种资源，是资源实力，由此而有"文化实力"之说；而政治是一种行为，是行为权力，由此而有"政治权力"之说。可见，文化派与政治派之间的争论，并不是在同一范畴下展开的。政治派所探讨的并不是软实力本身，而是软实力的运用。两派之间的争论与其说是软实力的内涵之争，不如说是（文化）软实力与软实力的运用即（政治）权力之争。严格地说，这场有关软实力内涵的争论是无效的。

纵观政治派的代表阎学通对软实力的研究，他将软实力定义为"一国国际吸引力、国际动员力和政府国内动员力的总和"，把政治如动员力归为软实力，乃至于软实力的核心，称之"政治实力"。在定量研究中，动员力成为他首创性地构设的软实力评估指标体系中的核心指标构成要素之一。④ 可见，阎学通始终在实体的范畴下谈非实体的政治，把分属于关系范畴与实体范畴的政治与文化混为一谈。当然，阎学通也承认，政治与文化两者之间有重要差异，因而把文化称为"资源性实力"，把政治称为"操作性实力"。在此，他似乎像奈一样区分了资源力与行为力，可是，他的这种区分是有限的，是在同一范畴（实体范畴）下的区分，政治这种原本属于关系范畴的操作性或行为性权力被当成了与文化这种资源性实力并立的另一种实力。

---

① 俞新天.软实力建设与中国对外战略［J］.国际问题研究，2008（2）：16.
② 王沪宁.作为国家实力的文化：软权力［J］.复旦大学学报（社科版），1993（3）：91-96，75；陆钢.文化实力弱让中国失分［J］.世纪行，2007（6）：45-46.
③ 阎学通.软实力的核心是政治实力［N］.环球时报，2007-05-22；文化资源需要政治运用［N］.环球时报，2007-08-02.
④ 阎学通，徐进.中美软实力比较［J］.现代国际关系，2008（1）：26.

通过上述分析，可以断定：政治不属于实力，不是软实力的构成要素，软实力的唯一构成要素是文化。从这个意义上说，软实力就是文化，软实力就是文化软实力，而无其他软实力可言。在界定软权力资源（软实力）时，奈列举了"文化、意识形态和制度"等要素。无疑，这些软实力要素都可归结为文化。归纳起来，他所说的文化包括两个层面和两种形态：一个是内隐的观念层面，它包括价值观念、思维方式、思想理念、精神或原则等形态，可称之为观念性文化；一个是外显的制度层面，该层面属于一种社会性的文化约定，或者说，是文化的社会化实现，它表现为战略、政策或规范、规则等形态，可称之为制度性文化。在这两种文化中，一般而论，观念性文化比制度性文化更根本，前者是原生性的，后者是衍生性的。可以说，前者是源，后者是流；前者是体，后者是用。但这两种文化都属于资源实力，而且它们既不具有威慑性，也不具有报偿性，而是魅惑性的，都是资源实力中的软实力。

当然，在国际关系中，在国际政治情境下，软实力或者说文化软实力更多地体现为制度性文化。在谈到美国的软实力（软权力资源）时，除了美国的流行文化，奈经常提及的就是美国的制度，包括政治制度、经济制度等，譬如，他把体现自由主义和自由市场原则、管控国际经济的美国制度当作美国软权力的首要源泉。①

三、实现中国软实力：文化软实力的权力化

如果学界就软实力的基本内涵达不成一致，那么势必导致软实力建设的路径选择上的分歧。学界两派对软实力基本内涵的不同理解决定了对提升软实力路径的不同选择。前者循文化路径，倾向于文化投入，把建设核心文化价值观体系、提高文化吸引力作为提高中国软实力的主攻方向；后者则循政治路径，倾向于政治投入，把调整对外战略和政策、发展与更多国家的战略

---

① NYE J S. Soft power [J]. Foreign Policy，Fall 1990：168.

友好关系作为增强中国软力量的主要策略。① 二者这种关涉软实力性质的分歧远远大过关于软实力程度上的歧异，必将在外交实践中带来一定的后果。不难想象，如果基于对软实力基本内涵的理解偏差而带来对提升软实力路径选择上的偏颇，就无法为我国软实力提升战略的制定提供科学的理论支持和合理的决策参考，从而丧失政策建议的有效性。

由于对软实力的政治化（权力化）误解，加之对中国文化传统的虚无主义态度，政治派代表阎学通在提升软力量的路径选择上实际已陷入无路可走的境地。他把国际动员力中的战略友好关系即军事盟友数量的增加作为突破口，因而提出调整（不结盟）政策的对策。殊不知，历史已经证明，一国战略盟国的数量就像国际规则制定权大小一样，从根本上说，不是取决于该国的相关战略、政策，而是取决于它的军事和经济实力等硬实力。实际上，软实力——即便是作为制度性文化的战略和政策——的增加和提升在阎学通的视野之内落空了。

通过前面的分析，我们完全确认，软实力就是文化软实力。因此，软实力的增强和提升无疑就是文化软实力的增强和提升。现在的问题是：一国到底如何来强化和增益自身的文化软实力呢？

在全球化背景下，国家资源实力（包括软实力）的意义在于国际关系性，其价值是在国家间的互动中通过不对等的权力关系体现出来的。也就是说，资源实力的价值不在于自我持有，而在于对外作用。可见，评估一国实力不仅要看资源数量，还要看其质量，看它在多大范围和程度上对其他国家施加了影响。

当然，资源或占有资源本身虽然并不等于行为能力，但资源或对资源的占有是行为能力的基础，决定着行为能力。按现实主义的理解，权力源于实力，基于实力；实力是权力的根源、基础和依据。因此，国家的实力决定国家的权力，一国的实力越大，它对他国或在国际社会的权力就越大。相应地，

---

① 俞新天.软力量建设与中国对外战略［J］.国际问题研究，2008(2):15-20；阎学通，徐进.中美软实力比较［J］.现代国际关系，2008（1）:24-29.

一国的软实力越强,它对外的软权力就越大。确实,在国际社会,作为一种以特殊的方式(非强制)影响他国的行为力,一国的软权力要靠对软权力资源——软实力的动用而获得。正是在这个意义上,奈指出:作为一种吸引力,软权力就是"通过文化和意识形态的魅力吸引对方的能力"。① "影响他国欲求的能力往往同无形的权力资源如文化、意识形态和制度等联系在一起。"② 对一国来说,在一定的国际背景和历史条件下,其作为一种实体的文化资源是既定的,其文化实力(软实力)的量是一定的。因此,软实力问题的关键不在于能否增强或提升,而在于如何把作为潜能的现存实力发挥出来,实际地对对象国或者说目标国施加影响和支配性的作用。由此,实力从一种潜在状态转变成一种实在状态,转化成现实权力。这就是文化软实力的权力化过程或者说文化的软权力化过程。

一国文化只有在国际社会广为传播并得到普遍认同后才能成为一种软权力。因此,传播是实现文化由(软)实力转化为(软)权力即文化软实力的关键所在。文化是通过传播而获得影响力、获得对象认同的。被对象认同乃至于进而同化对象的程度是文化软权力化的唯一表征。就一国而言,文化软实力的权力化过程就是文化的对外传播过程。

在此,不妨运用国际关系理论中的建构主义范式来对文化的软权力化现象作出解读,从而确立起实现中国软实力的对外传播战略,开创出一条中国民族文化软权力化的路径。基于建构主义理论的理解,对一个国家来说,对外文化传播的战略目标应当是:制造和供给"共有(文化)观念",从而引导和规范相关国家确立其国家身份,塑造其国家偏好,定义其国家利益(包括国家安全),支配其国家行为,最终达到在文化观念上影响和控制目标国的目的。就此而论,文化的软权力化就是文化的共有化。为此,一国的大众媒介要积极通过对外传播力促本民族文化(所谓"私有观念")为国际社会所广泛接受和认同,从而使其上升和转化为相关国家共享的国际文化乃至世界文化

---

① NYE J S. Refining the national interest [J]. Foreign Affairs,July/August 1999:24.
② NYE J S. Soft power [J]. Foreign Policy,Fall 1990:167.

即共有观念。一旦这些共有观念为相关国家所认同，就可以同化对方的思想观念，进而规范和支配对方的国家行为。

作为最大的发展中国家，中国正在"创造性地融入"（或者说是"选择性地融入"）国际社会。在参与、学习和接纳其中的国际制度的同时，我们有义务向国际社会提供"公共产品"（public goods），作出国际贡献，从而充分地展示出一个负责任（accountable）的大国形象。而作为一个拥有悠久而灿烂的文化传统的国家，我们有能力提供给国际社会的公共物品主要不是（也还不能够是）物质资源，而是文化资源（同时包括观念性文化和制度性文化）。当然，我们对外传播的文化是有选择的：它必须既具备民族特性，又拥有世界普适性；而且，这种文化应该是"友好型""合作型"而非竞争性或对抗性的。

为此，中国要加紧建设以"和"为核心的文化价值体系，积极考虑世界对中国软实力的需求和对中国软实力运用中的要求，充分调动人力资源和大众传播媒介把"和谐世界"的理念传播到世界各地，使之成为国际社会普遍认同的文化理念。当前，中国尤其应当把文化对外传播战略目标锁定在广大发展中国家，通过各种传播渠道向这些国家传播最富有国际吸引力的中国经济发展模式——"北京共识"，从而在国际认同中有效地"影响"这些国家发展模式的选择，并与之共同构建和谐世界。

国家资源软权力化的路径分析*
——一个传播学的视角并以美国为例

随着信息时代的到来,国家动用武器装备所要付出的成本和代价越来越大,于是,文化、国际机制、自由贸易等软性资源或软资源的运用变得越来越重要和频繁。与之相应,国家权力的运作方式也发生了根本性的改变,逐渐从硬性运作或硬运作转向软性(柔性)运作或软运作,从强制运作转向非强制运作。正如约瑟夫·奈所指出的:在这样一个时代,虽然军力仍然是最终的权力形式,但对于现代大国而言,诉诸武力比以前几个世纪的代价要高得多。如果一个国家可以使其权力被其他国家视为合法,它将在追求自己的目标时受到更少的抵制。如果其文化和意识形态具有吸引力,则其他国家将更愿意追随其后。如果该国能够建立与对象国(或者说目标国)社会相一致的国际规范,对方就无须被迫作出改变。如果该国支持其他国家按照其预期采取行动或限制行动,它就无须以高昂的代价实施强制性权力或硬权力。① 如果一个国家真的能够达到上述要求,那么它无疑就能在国际舞台上获得合法性和话语权,同时也能对国际社会的各成员国产生吸引力和感召力。这些都将成为该国国家资源软权力化的重要表征。

那么,哪些国家资源可以拿来软权力化呢?约瑟夫·奈认为,国家软权力的来源主要有三个:文化吸引力;意识形态或政治价值观;塑造国际规则

---

* 本文原载于《现代传播(中国传媒大学学报)》2011年第8期,由笔者和硕士生萨其尔合作撰写。

① NYE J S. The American national interest and global public goods [J]. International Affairs, 2002, 78(2): 1333-1344.

和决定政治议程的能力。①"影响他国欲求的能力往往同无形的权力资源如文化、意识形态和制度密切相关。"无形的软权力资源包括"文化吸引力、意识形态和国际机制"。②上述三种软权力的来源都属于软实力的范畴,都是软性资源即软实力资源。这些软性的国家资源的软权力化都遵循一定的对外传播路径。下面从信息传播的角度分别探讨国际机制、文化、意识形态这三项(软性的)国家资源软权力化的路径。

一、国际机制软权力化的路径——国际概念的世界传播

所谓国际机制(international regimes),是指"在某一特定问题领域里组织和协调国际关系的原则、准则、规则和决策程序"。③美国谋求建立世界新秩序的战略和努力,不仅以强大的经济、军事和技术优势为后盾,更是利用了自身所设计和制定的、可适用于世界各个国家和地区的国际机制。当美国接替欧洲成为世界霸权国家的时候,国际规则也发生了根本性的变化。随着单纯以武力解决问题的成本越来越大,美国在世界上追求的不再是帝国,而是霸权。帝国与霸权的主要区别在于:在帝国内,领导国家在国际秩序之外单方面采取行动;而在霸权秩序中,领导国家建立多边规则和制度,并在其中运作。作为霸权国,美国拥有强大的国际机制的设计和制定权,从而构建起以"国际俱乐部"为形式的国际体制。在这种体制下,美国在很大程度上可以无障碍地制定国际规则,掌握国际议程和政策安排,吸引其他国家参与俱乐部的"游戏",投身于集体行动(国际行动),也就是说,美国可以要求其他国家遵守美国所制定的"游戏规则",按照美国的意志来制定本国的内外政策。可见,国际机制——尤其是能主导世界的国际机制——在国家软实力资源中占据极其重要的地位。

---

① 奈.软力量:世界政坛成功之道[M].吴晓辉,钱程,译.北京:东方出版社,2005:11.
② NYE J S. Soft power[J]. Foreign Policy, Fall 1990:167.
③ KRASNER S D, ed. International regimes[M]. Ithaca:Cornell University Press, 1983:1.

美国主导的这种以"国际俱乐部"为模式的国际机制在国际社会和各国家之间获得了合法性,为美国赢得了国际舞台上的话语权,同时也提高了美国的国际号召力和动员力。这种合法性、话语权、号召力和动员力的赢取就是国际机制的软权力化过程。这是一个按照美国的意愿、建议和要求以非强制的方式施加国际影响力的过程,它主要是通过传播新的国际概念(理念)来实现的。

从最初对国际机制的探索到今天在国际体系中扮演领袖角色,美国不断提出最时新的国际概念,来激发和引导国际社会的热点议题,并推动相应的国际行动。美国深谙国际概念策划和营销之道,极为注重对国际概念的"修辞"和包装。所有包裹、"柔化"着美国国家意志和对外政策意图的国际概念,都被予以修饰,从而看起来很"人类",也很"人道"和"人权"。譬如,在世界霸权交替之际,美国提出了顺应时代潮流,强调与旧霸权割裂的国际概念。针对当时刚刚结束的世界大战,美国总统威尔逊(Wilson)率先推出了以"民主""人权""自由""自决""和平"和"正义"等概念为核心、充溢理想主义色彩的"十四点原则(或计划)",使之成为引领世界走向永久和平的"世界和平纲领"。在此,意欲借助"纲领"成为世界领袖的美国人将自己定义成"维护世界和平,捍卫人类权利的战士""救世主"和"世界法官",将自己的目的宣称为"必将为世界各国带来和平与安全,并使世界本身最后获得自由"。

为了在国际社会推行"十四点原则",威尔逊前往欧洲四处游说,宣传和平理念,促使巴黎和会通过了建立国际联盟的决议。美国所倡导的和平主义理念在国际舆论上获得了普遍的支持和好感,在国际上,美国被描绘成"人类权利的斗士""和平王子"。不难看出,美国善于为国际机制的制定、推广和接纳、认同而设计国际概念并予以宣传和传播,这既有助于塑造合意的国家形象,更为重要的是,可以为国际机制辩护(论证其合理性),为其赢得合法性,从而便当地把其他国家吸纳入自身所制定的国际机制内,"怂恿它们以一种(与美国)兼容的方式界定自身的利益"[1]和发展自身的偏好,并采取有

---

[1] KEOHANE R O, NYE J S. Power and interdependence in the information age [J]. Foreign Affairs, 1998, 77 (5): 86.

利于（至少不损害）美国的对外政策和行动。"这些国际机制不仅影响着其他国家追求利益的方式，也影响着它们对自己行为的理解及其利益的判定，塑造着它们处理国际问题的方案。"①

纵观美国的对外关系史，这种以传播国际概念为路径引领国际舆论从而实现国际机制软权力化的做法，已经成为美国历届政府对外权力运作的一种惯例。伴随着信息时代的到来，美国更是屡屡提出花样翻新的国际概念，在世界范围内推广自己所制定的国际机制，尤其是信息传播领域方面的国际游戏规则，使之被世人公认，从而实现国际化和全球化。譬如，为了推销信息跨国流通的"游戏规则"，美国提出了"信息商品""信息自由流通""全球信息高速公路""智慧地球"等概念，来掩饰美国欲将其他国家发展成自己的"信息盆地"的全球战略图谋。"全球信息高速公路"是由前美国副总统戈尔（Gore）1994年在国际电信联盟"世界电信发展"大会上首次提出的。此概念一经倡导，在全球范围内迅速掀起了建立"信息高速公路"的浪潮，众多国家和地区纷纷购买网络终端产品，接入国际端口，实现互联，从而加入以美国为首的信息共同体内。然而美国对这一国际概念却是经过精雕细琢的，美国没有说"国际信息高速公路"，而是提"全球信息高速公路"，用"全球"这一地理概念而非"国际"这一政治概念，是着意淡化国家主权概念，从而为其"信息跨国自由流通"这一国际机制的推行扫清认知和操作上的国界障碍。

二、文化软权力化的路径——大众文化的全球传播

作为一种国家资源，文化不仅仅是一套承载和容纳民族精神世界的符号系统，也是一种可以参与国际竞争的软实力。在科技、交通、通信等不发达时，文化传播和文化交流的广度和强度都极其有限，各国文化几乎处于孤立状态，文化的生产也尚未产业化，不是统一模式、大批量、无限制地产出。

---

① 罗峰. 国际机制：美国霸权的隐形外衣 [J]. 社会观察：2005（8）：30.

但随着信息全球化、文化产业（cultural industries）、大众社会和消费社会的兴起，大众文化大行其道，在全球范围内传播，对相关国家和地区的民众产生吸引力、认同力和同化力。由此，大众文化在全球文化形态中逐渐占据了主导地位。作为一国软实力资源的文化的软权力化主要是通过大众文化的全球传播来实现的。从很大意义上说，文化软权力化的过程就是大众文化全球传播的过程。

不同于传统小众化的精英文化，大众文化面向大众，更多的是提供消遣和娱乐，而不是高级的审美享受。在美国，经济性（商品性或市场性）、娱乐性和消费主义成为文化的基本特征，人们消费、体验美国大众文化，实现不同性质、不同程度的娱乐和消遣。美国大众文化的基调是世俗的、民主的、自信的和乐观向上的，它展现了自由主义、平等主义和物质享乐主义的迷人魅力，充斥着性、暴力、激情、冒险及浪漫主义的色彩。无论是通过生活消费品广告（如美国快餐）还是娱乐节目（如好莱坞大片）的展示，大众文化产品都在不同程度上鼓吹着反极权主义与个人价值的提升，宣扬着反抗压制与扶持弱者的精神。无疑，这种大众文化既体现了美国自由民主（liberal-democracy）的核心价值观，也表达了对人类"普世价值"的关怀和诉求。这就不难理解，美国的大众文化为何会拥有相当广泛的全球吸引力和认同力。

作为一种相对低廉而有用的国家软实力资源，美国文化并非所有方面对每一个人、对其他国家的所有民众都有吸引力（譬如，对保守的穆斯林人来说，它就没有吸引力），但只有美国的大众文化才真正超越了文化取向、政治立场和宗教信仰上的差异，成为全球性和普世性的。"从没去过美国的日本年轻人穿着印有美国大学校名的运动衫。尼加拉瓜的电视台即便在政府同美国支持的游击队激战时也在播放美国选秀节目。同样，苏联的青少年穿着牛仔裤，四处搜罗美国的唱片……"① 作为承载文化价值观的象征符号，美国的大众文化在全球范围内传播、"流行"到哪里，美国的文化价值观就扩展、渗透到哪里。

---

① NYE J S, Soft power [J]. Foreign Policy, Fall 1990: 169.

美国大众文化的全球传播遵循"示范—认同"模式（exemplary-identity model）。①凭借着无可比拟的技术水准、资本优势与制作和市场运作模式，美国的大众文化是全球大众文化的"标准"和"样本"，这种"范型"在全球范围内被不断模仿、复制和翻新而现身于世界各地（所谓"达拉斯化""迪斯尼化"），被各国受众消费、接受和认同，从而导致对美国大众文化的深度崇拜、迷魅和依赖。更为根本的是，美国大众文化的全球传播通过思维和观念上的同化作用而影响到全球受众的身份建构，从而产生身份认同上的"美国化"（Americanization）趋势。这是美国文化价值观普世化（换句话说，全球文化同质化）的结果，也是美国文化软权力化的标志所在。

美国抓住了全球文化向消费主义文化转型的契机，成功地向世界输出自己的文化价值观。基于大众文化的商品化，美国充分利用市场经济的力量拓展文化产品生产和贸易渠道，扩充文化市场的占有率，进行全方位的文化渗透。美国十分注重高科技的运用和文化产品的配套生产，打造文化产业，使美国文化产品更具吸引力和竞争力。此外，美国成功运用WTO来打破其他国家的文化保护壁垒，使美国文化在世界各国畅行无阻。表面上看，美国大众文化产业的大企业都由于非政府部门运作，遵循客观、中立的文化立场和态度，但是在实际操作中，它们都受到美国政府不同程度的支持，因而无不有力地承载和传达代表美国国家利益的文化价值观。从上述意义上说，美国文化软权力化的大众文化全球传播路径是由美国国家战略和政策所设定的。

三、意识形态软权力化的路径——政治价值观的对外宣传

意识形态是一种特殊的政治文化，其核心是政治价值观，因而又被称为政治意识形态。作为一种国家软实力资源，意识形态的软权力化主要是通过政治价值观的对外宣传来实现的。

美国著名的政治学者罗伯特·达尔（Robert Dahl）曾指出："美利坚是一

---

① 孙英春.大众文化：全球传播的范式［M］.北京：中国传媒大学出版社，2005：306-307.

个重视意识形态的民族,只是作为个人,他们通常不重视(忽视)他们的意识形态,因为他们都认同同样的意识形态,其一致程度令人吃惊。"① 美国人表面上的思想观念多元背后是社会高度共享的意识形态共识。美国意识形态的核心是"美国例外论"(particularism,"独特论"或"特殊恩宠论"),即坚信:美国是上帝赐予恩宠、救赎而唯一拣选的国家,它从根本上有别于其他国家,是世界上独一无二的道义之邦,比其他任何国家在道义上都"更高尚",是众国家效仿的"自由""民主"的样板。同时,居于"山巅之城"的它领受把"自由的(神)圣(之)光"照亮全人类的神圣政治使命。美国人通常认为,"他们的国家是优秀的国家,可能是世界上'最伟大'的国家","他们的'民主的'政治制度可能是一种最好的制度"。② 对此,美国学者斯特林·约翰逊(Sterling Johnson)解释说:"从历史上讲,美国人对世界的看法是'二分法',他们拥有这样一种信念,即美国过去是、现在是,将来还会是世界上最好的国家。他们认为,美国所信奉的理念过去是、现在是,将来还会是不仅对美国自身合适,而且对世界上其他国家也合适。因此,为了使美国的使命得到传播,要么劝导、要么强迫弱小国家接受这些信条,文明由此带到了非文明国家。"③

基于这种让世界各国自由化、民主化的神圣政治使命感,美国以最执着的精神、最持久不懈的力量推行自由、民主的政治价值观。"欧洲民主国家中没有哪个国家认为在世界范围内'促进民主'是其外交政策的重要组成部分。这些民主国家无一认为自己是'山巅之城',而我们则不同,我们在世界上有一种特殊的道义——政治使命,我们已习惯于这样认为,也这样行动。"④ 事实上,纵观美国的建国史,为了让世界各国人民尤其是美国所谓"极权""专

---

① 罗赛蒂.美国对外政策的政治学[M].周启朋,付耀祖,等译.北京:世界知识出版社,1997:354.

② 阿尔森.怎样了解美国人[J].现代外国哲学社会科学文摘,1992(6):17-19.

③ JOHNSON S. Global search and seizure: the U. S. national interest v. international law [M]. Brookfield,1994:5.

④ KRISTOL I. Defining our national interest in o. harries(ed.)[M] // America's purpose: new visions of u. s. foreign policy, Calif: San Francisco,1991:60.

制"国家的民众接受、认同美国的自由、民主政治价值观，美国政府几乎动用了所有的对外传播机器，采取了各种各样的传播手段开展对外传播。从早期向海外发布《独立宣言》到两次世界大战期间反法西斯主义的战时宣传，从冷战时期反共产主义的"赢得人心和思想"之战到后冷战时代反独裁主义、反恐怖主义的信息之战，这是一部典型的意识形态对外传播史。

不同于一般文化价值观的传播，以政治价值观为核心的意识形态的传播是一种国际政治传播行为，这一特殊的传播形态就是宣传。它通过处心积虑地操纵有意义的符号及其表述，来控制意见、意志、信仰和态度，达到一致行动，因而带有鲜明的政治（偏向）性和强烈的劝服性。正如英国政治学者特里·伊格尔顿（Terry Eagelton）对意识形态所做的分析，一切意识形态总是通过诸多手段（包括一元化、行为化、合理化、合法化、普适化和自然化等六种主要策略）使人们相信，这是关于这个世界和社会的唯一正确、可行的，并且是既合理又合法的、具有普遍意义的认识。① 在国际社会制造这种世界观（社会观）共识和舆论一律是通过政治价值观（意识形态）的宣传来实现的，它由此完成意识形态的软权力化。对此，美国左翼学者诺姆·乔姆斯基（Noam Chomsky）甚至认为，美国自由民主的政治价值观的长期宣传已经造就了一种反共产主义意识形态的"宣传模型"（propaganda model）。② 作为一种控制架构（control mechanism）或框架（framework），反共意识形态及其所支配的美国国际新闻报道的传播，深刻地影响了国际受众尤其是广大发展中国家民众的国际观。

四、小结

在国际社会，无论强国还是弱国、富国还是穷国，无论国家资源的多寡，都持有力争国家资源软权力化的意愿和愿景。虽然各国软性的国家资源（国

---

① Cf. EAGELTON T. Ideology：an introduction［M］. London：Verso，1991：58.
② Cf. HERMAN E S，CHOMSKY N. Manufacturing consent：the political economy of the mass media［M］. New York：Pantheon Books，2002：29.

家软实力资源）即国际机制、文化和意识形态等资源要素在质量和数量上有差别，但其软权力化都遵循着大致相同的对外传播路径。当然，由于具体的传播策略、手段和力度各不相同，各国所获得的国家资源软权力化的效果大不一样。

再论国际话语权及其提升路径*

在中国国际关系和国际传播学界，国际话语权备受关注，被广泛讨论和引证。不过，虽然学界对"国际话语权"这一概念做过一些界定，但在总体上几乎把它当作一个不言自明的概念或是一种甚是了然的常识，因而未能对其内涵加以深究。由此，这一"热词"的含义仍然是含混不清的，被误读和误用的现象极为严重。然而，今天面对国际社会各国对国际话语权如火如荼的争夺和中国对国际话语权的强烈主张，"国际话语权"日益作为突出的问题"压向我们，以致我们不再能避免它或坚持我们习惯的意见"。① 为此，有必要对这个在频繁使用中已被理所当然地"自然化"的时髦术语重新加以"陌生化"（alienate, estrange）和"问题化"（problematize）处理，从而追索其本真的含义。

一、话语及话语权辩证

为揭示和应对国际话语权争夺的现实，首先有必要通过知识考古学式的"再嵌入（入境）"（re-embedding）到"话语权"这一概念得以产生的原初语境中去，追根溯源其含义。

进入20世纪，在整个西方哲学思想史上出现了一个语言（学）转向，即

---

* 本文原载于《北大新闻与传播评论》2014年第9辑。
① 伽达默尔.真理与方法哲学诠释学的基本特征[M].洪汉鼎，译.上海：上海译文出版社，1999：470–471.

从探究世界本质——"世界是什么"——的本体论和如何认识世界的认识论转向如何表述世界的语言学。而后，在人文社会科学中，又从语言（学）转向话语及话语理论。"'话语转向'，是近年来发生在我们社会的知识中的最重要的方向转换之一。"[1] 在后一场转向中，法国哲学社会学家、后结构主义（解构主义）者米歇尔·福柯发挥了关键性的作用。福柯与符号学家的本质区别在于他并非通过语言，而是"通过话语关心知识和意义的生产"，他的研究对象由此从"语言"转向"话语"。[2] 他是第一个彻底突破语言学的学科边界，从社会学的新视角重新观照和界定话语的人。他从社会关系的角度深描了话语背后所蕴含的意义以及由此编织的权力关系网络。他的这一独特的话语转向的显著标志和核心成果应该是"话语权（力）"（discursive power）概念的提出。

（一）话语

到底何为"话语权"？要把握福柯的话语权概念，首要的是理解他的"话语"概念。福柯首先认为：话语不是"词"（词语）和"物"（事物）的简单结合体，也不是语言和现实之间的接触面。尽管话语是由符号构成的，但话语所做的并不止于用符号来指称事物（"现实的无声存在"），话语因而不能被化约为语言（language）和言语（speech）。"正是这种'不止'是我们必须揭示和描述的。"[3] 那么，话语到底是什么？所谓"话语"，是一种陈述。但它不是一般的陈述，它不同于逻辑学中的命题、语法中的句子，也不同于语用学中的言语行为，因为它不受语言学或逻辑学标准和规则（"正规用法"）的规范和约束。作为一种特殊的陈述，话语既不是符号系统，也不是语言或逻辑结构，而是社会实践活动，是深度嵌入社会之中并与之展开内在构成性（constitutive）互动的实践活动。作为陈述活动，话语最根本的特性就是实践

---

[1] 霍尔.表征：文化表象与意指实践［M］.徐亮，陆兴华，译.北京：商务印书馆，2003：6.
[2] 霍尔.表征：文化表象与意指实践［M］.徐亮，陆兴华，译.北京：商务印书馆，2003：45.
[3] FOUCAULT M. The archaeology of knowledge［M］. trans. A. M. Sheridan Smith. New York：Pantheon Books，1972：48-49.

性。"我们必须视话语为我们强加于事物的一种暴力，或无论如何是强加于其上的一种实践。"① 这种实践性具体表现为："话语是各种机构通过一种界定和排斥的过程运用其权力的手段。"② "话语意味着一个社会团体依据某些成规将其意义传播于其社会之中，以此确立其社会地位，并为其他团体所认识（认同——引者注）的过程。"③ 由此可见，作为一种社会实践活动，话语不仅仅是被动地指称和描述事物，而是积极地"定义"（界定、规范）事物（包括事件），即"赋义"（赋予意义或含义）——赋予事物以意义，"通过制造和再造意义的社会化过程"，把言说者自身、"他者"及身处于其中的社会现实建构起来。简言之，所谓话语的实践就是用符号界定事物和建构世界的社会实践，其核心是赋义行为。在《知识考古学》中，福柯不仅把作为实践的话语本身当作研究对象，并反复使用"话语实践"（discursive practice）这个概念来突出话语的实践维度和实践品性。基于话语的实践性，话语研究"不把——不再把话语当作符号的整体来研究（把能指成分归结于内容或者表达），而是把话语作为系统地形成这些话语所言及的对象的实践来研究"。④ 而话语分析，则是考察话语的实践条件、受制约的规律和它在其中运作的场地。

（二）话语权

从上所知，作为一种社会实践活动，话语具有一定的社会功能，它直接表现为对社会现实的能动建构作用。这种社会建构作用产生了情境化（随机化、个人化）和结构化（制度化，化为习惯、惯例和制度）的社会效力，包括参与人与人之间的权力分配，塑造人际（或群际）间的社会关系，制约个体的身份认同、意志、态度及思维和行为方式。作为功能性（而非工具性）的陈述实践，话语总是处于一定的时空背景即社会历史情境之中，并对其所

---

① 福柯.话语的秩序［M］//许宝强，袁伟.语言与翻译的政治.北京：中央编译出版社，2001：21.
② 斯道雷.文化理论与通俗文化导论［M］.杨竹山，等译.南京：南京大学出版社，2001：130.
③ 王治河.福柯［M］.长沙：湖南教育出版社，1999：36.
④ 福柯.知识考古学［M］.谢强，马月，译.北京：生活·读书·新知三联书店，1998：62.

处的社会历史情境产生影响。换言之，话语既深处在一定的社会权力关系中，又对这种社会权力关系进行改造。话语通过赋予意义即自我界定和界定"他者"及相关的社会事物，既确证、维系和强化（固化）又削弱、重置和重构社会常规的存在与占有及权力分配方式。显然，话语的这种社会建构功能是通过对社会权力关系的积极介入来实现的。之所以如此，是因为话语不仅仅是权力的手段、"权力的工具"，同时也是权力的载体和产制者，它"承载着和生产着权力"。话语（实践）由此成为权力生成和施行的实践载体。甚至可以说，话语若是不同时预设和构成社会权力（关系），它也就不存在于社会或是不可理喻和想象的。由此可见，话语的核心社会功能就是"赋权"（赋予权力），即赋予某个社会个体或群体以权力（同时剥夺另一社会个体或群体的权力）。"如果没有话语的生产、积累、流通和发挥功能的话，这些权力关系自身就不能建立起来和得到巩固。"[1] 至于话语在加强、强化某种权力关系的同时也抵抗和削弱另一种权力关系的实践，同样是对话语的权力效应的一种证明。正是从这个意义上说，话语的意志就是权力的意志，话语关系就是权力关系。归之，话语本身就是一种权力，可谓之"话语权力"，即所谓"话语权"。

福柯的话语（实践）理论不仅突破了传统认识论观念中言与行之间的二元对立，而且突破了语言与世界之间的二元对立。它超越了把语言仅仅当作指称事物和社会交流工具的工具主义语言观，上升为话语本体论（决定论）——话语建构世界，决定着人与世界、人与人之间的关系。他的话语（权力）理论对话语与权力的内在同一性关系（"话语即权力"）的揭示则表明：话语与权力之间不是一种外在的联系，而是具有内在的勾连或关联。因此，在解读"话语权"时，不能外在地理解话语与权力之间的关系，把两者的关系"异化"成手段与目的的关系，把话语单纯地理解为内容、对象、载体和手段，把权力理解为创制、占有、把握和运用话语的主体资格、能力、力量或目的。由此观之，"话语权"成了一个复合词——"话语的权力"，并极有可能被误解成另一个带有私人性含义的复合词——"话语的权利"。相反，应

---

[1] 福柯.权力的眼睛［M］.严锋，译.上海：上海人民出版社，1997：228.

该内在地理解话语与权力之间的关系，把两者之间的同一性关系理解成体用关系——前者是"体"，是本体、本质和本源；后者是"用"，是属性、特征和功能，即把话语理解成权力的根本、主体和母体，把权力理解成话语的本质属性、必然产物、后果和效应。体用合一，话语必然生成权力，话语权就内在地蕴含在话语之中，或者说，话语内在地蕴含着话语权，话语权的实质就是作为权力的话语或作为话语的权力本身。因此，从概念的基本内涵上讲，"话语"等同于"话语权"。在此观照下，"话语权"其实是一个单元词——"话语（权力）"。

二、国际话语权的意义和机制

福柯的话语权力理论揭示了话语（实践）与权力之间的内在同一关系——话语即权力，以及话语权力的生成机制——因赋义而赋权的机制，同时也批判性地重铸了人们的世界观——世界（包括社会现实）不是既成的，而是生成的，是在话语实践中形成的。换言之，世界不是客观存在的，而是话语主观建构起来的。福柯的这套话语理论成为后殖民主义思潮（如旨趣在致力于东方自主、自觉"自我表述"的东方学）、后现代国际关系思潮的重要的思想来源，它深刻地形塑了国际关系理论中的建构主义取向。因此，它为国际关系学将话语作为构建国际关系现实、影响国际政治进程的重要因素提供了本体论基础。福柯的话语（权力）理论对国际关系理论与实践的影响集中体现在"话语权"概念及批判性话语分析在国际关系学界的兴盛上。由此，国际话语权成为国际政治和外交领域中的一个核心议题。

（一）国际话语权的意义

在人类漫长的社会实践历程中，伴随着人类文明化程度的提高，人类活动中的文化因素越来越多。由此，作为文化载体的（象征）符号、话语、文本、影像（形象）与作为文化内容的信息、意义、观念、知识的地位越来越凸显。一直以来，暴力/强制（violence/coercion）与话语/意义（discourse/

meaning）是形成和施行权力的两大机制，两者相互成就，互为补充。但在现代社会，尤其是进入第二现代（类似于后现代）阶段后，权力不再像从前那样倚重暴力手段，而日趋依靠话语在人类头脑中建构意义、形塑理解而生成和施行。① 也就是说，权力更多的是通过话语（符号）而非暴力来施行。由此可见，话语越来越成为最为重要的权力资源或来源。换一个角度说，进入现时代，人类社会的制度结构发生了深刻变化。在现代性的四个制度性维度——资本主义、民族国家、军事力量和媒介传播及其分别对应的四种权力——经济权力、政治权力、强制权力和符号权力中，媒介传播及其所对应的符号权力在现代社会中发挥着日益重要的作用。② 这也是一个人类权力运作机制从武力、财力威逼、利诱型的硬权力转向文化吸引、劝服型（"以文化人"）的软权力的发展过程。③ 由此可见，话语（实践）越来越成为权力生成和施行的重要实践载体，相应地，话语权（符号权）日益成为一种核心的权力形式——（文化）软权力。基于话语是以符号为承载形式和以信息为基本内容，所谓符号竞争或信息博弈，从实质上说，就是话语权的竞争或博弈。

从国际关系现实和国际政治实践上看，自二战结束以来，尤其是冷战之后，各民族国家生存和发展的生态即国际关系环境发生了很大的变化，全球化、社会化、媒介化和人文化的趋势日益明显。这种趋势所带来的直接后果和表现的显著标志是多边外交、公共外交、媒体外交和文化外交等新型外交形态日渐兴盛。从本质上说，话语（权力）机制是这些外交活动的核心运作机制，而这些外交活动成为话语（实践）的重要实践载体和表现形式。由此观之，在当今时代，国际话语、国际话语权及国际话语权的争夺越来越成为国际社会的主题乃至关键议题。如果说国际政治的实质是权力政治，那么，

---

① CASTELLS M. Communication power［M］. New York：Oxford University Press，2009：10-12，50-51，416. 转引自马杰伟，张潇潇. 媒体现代：传播学与社会学的对话［M］. 上海：复旦大学出版社，2011：254，270-271.

② THOMPSON J B. The media and modernity：a social theory of the media［M］. New York：Stanford University Press，1995：45-52.

③ NYE J S. Soft power［J］. Foreign Policy，1990，Fall：166-169.

国际政治越来越变为国际话语权政治。

从学理上准确地讲，所谓国际话语，是指以民族国家为代表的国际社会行为体依据某些成规将其意义施加在国际事物（或事件，是指国际意义上的事物或事件，而不局限于地域上的国界内外）之上，并传播于国际社会之中，以此确立其在国际社会中的地位，并为其他国际行为体所认同的社会实践过程。它是发生在国际社会即各个国家之间的跨国话语，或者说，是一般意义上的话语横移、扩散到国际领域而泛化成的在世界范围内流行的话语。而国际话语权则是国际话语在国际社会的实践过程中所生成并予以施行的权力。

（二）国际话语权的机制

在国际关系实践中，国际话语（实践）到底是如何在跨国间或在国际社会中运作的呢？它是如何生成并施行权力的呢？在国际关系交往或外交过程中，民族国家等国际社会行为体不断地赋予国际事物（或事件）以意义（含义），从而定义了国际事物（或事件）的性质和特征，同时也界定了自身和作为"他者"的其他国际行为体的身份和利益。在此过程中，或辩护、确证或质疑、瓦解国际社会统治结构和权力秩序的合法性，从而确立起某种有利于自身利益的国际权力关系。国际话语的权力效应直接表现为参与国与国之间的权力分配，塑造国际社会的关系，制约相关国家的身份认同、意志、态度及思维和行为方式。从中可以看出，这是一个由国际社会行为体赋予国际事物（或事件）以意义到赋予作为赋义者的国际行为体以权力的过程，概言之，是一个因赋义而赋权的过程。其中权力生成的核心机制是定义机制，同时也是规范机制。由此可见，国际话语权实质上就是国际定义（规范）权。

国际定义权有多种表现形式，包括对国际社会中的物质存在或物件的界定权、对国际事件的是非曲直的裁定权、对国际机制（规则）的制定权和对国际事务的动员权等。其中，对国际社会中的物质存在或物件的界定权是根本，是最基本的国际定义权，其他的权力都是建立在界定权的基础之上。国际定义权主要是通过议程设置（agenda-setting，"说什么"）和框架设定（framing，"怎么说"）来实现的，或设置有关国际社会中的事物或事件的媒

体报道议程，进而设置国际公众的舆论议程；或设定分析、解释国际社会事物或事件的框架，进而形塑、支配和影响国际公众对相关国际事物（或事件）的理解和解释（interpretation）。由此，最终的结果是把国际社会现实建构起来，同时把国际权力关系确立起来。从这个意义上说，国际定义权就是国际议程设置权或国际框架设定权。

三、国际话语权的制约因素和提升路径

国际话语（实践）通过赋义（定义）国际事物（或事件）建构国际社会的现实，从而形塑和改造着国际权力关系。而且，可以预期，随着人类文明化程度的提高和话语权力机制的日益凸显，国际话语将会在国际社会的现实政治变革中发挥着越来越重要的作用。然而，作为深度嵌入国际社会之中并与之展开内在构成性互动的社会实践活动，国际话语在影响和改造现存的国际格局和秩序（其实质为国际权力关系）的同时，又深受国际社会中盛行的权力关系的影响和支配。事实上，作为社会实践意义上的国际话语，始终服从和服务于国际政治中的权力关系。

（一）国际话语权的制约因素

从本体论上讲，话语是作为社会的动物——人的一项基本的社会实践活动，人人都从话语实践中获得一定的话语权，并由此衍生出人之为人的一项基本权利（人权），即所谓言论自由。话语同样是作为国际社会的基本行为体——国家的一项基本的社会实践活动，它突出表现在对外交往即外交活动中。从国际关系史上看，自从国家诞生开始，每一个国家都日益频繁地从事着面向国际社会的话语实践，从而拥有或大或小的国际话语权。自从17世纪国家主权、国家领土与国家独立等现代国际关系基本准则通行于世以来，国际话语（实践）便成为民族国家一种自觉而受到保护的国家行为，由此衍生为种种基本的国家权利，如在国际舞台上的发言权、评议权、表决权和裁决权。

任何国家都在从事国际话语实践,并因此而获得国际话语权。但每个国家都不能随心所欲地从事国际话语实践,也不能如其所愿地获得国际话语权。这是因为,任何国家的国际话语实践都是基于一定时代背景下的国情及其所处的国际环境所作出的,其国际话语权力施行及其效应的发挥要受制于这种时代背景、国情和国际情境。概括起来说,影响和制约一国国际话语(权)的因素基本上来自两个方面:一个是国内的,主要是国家的文化资源及其传播力量;另一个是国际上的,主要是国际政治格局及国家在国际社会权力关系中所处的地位。

从国内看,一国的文化资源是既定的,是历史传承的产物,是社会发展长期自然积累的结果。因此,国家的战略和政策很难在短期内靠国家意志改变文化的品性、品质和容量。文化实质上是一套价值观念系统。一国的文化价值观念系统是整个国际社会文化价值观念系统(体系或结构)的一部分。在国际上,不同国家的文化价值观系统各不相同,但同时有些国家的文化价值观系统具有一定的相似性乃至同质性。这就意味着,不同的国家同他国的文化同质性大小不一,或者说,其文化在世界范围内的普遍程度即国际普遍度、普世(普适)度不同。譬如,中国民族文化以儒家文化为代表,美国是一个有基督教文化传统的国家。世界上有儒家文化传统的国家大多集中在东亚和东南亚地区,而有基督教文化传统的国家则遍及欧洲、美洲和大洋洲地区。从这个意义上来衡量,美国文化的普世度显然要高于中国文化。从广义的文化即包含制度文化尤其是政治制度文化上讲,中国文化是一种社会主义民主发展型文化即所谓"中国模式"。相比于以西方市场和民主为特征的美国文化即美国模式,中国文化的普世度虽然在南方广大发展中国家较高,但总体上仍然不及美国文化。

如前所述,话语实践首先是一种赋予意义的实践(赋义实践)。更抽象而简约地说,文化是一套意义系统。作为意义系统,一个国家文化的话语实践就是把自身的意义加诸国际事物(或事件)上而对之予以定义,从而把由国际事物(或事件)所构成的国际社会现实建构起来。一国文化意义系统的普世度决定着该国国际话语(权)的实现程度。民族国家文化的普世度越高,其国际话语（权）就实现得越顺畅。如果一国的文化意义系统同国际主流的文化意义系统或目标（对象）国的文化意义系统缺乏同质性，在品性上大相径庭、大异其趣，那么，它在话语实践过程中对相关国际事物（或事件）的赋义行为就难以被理解或被误解，这是一种典型的跨文化交流障碍。如果国家的这种话语实践或赋义行为带有政治强制和暴力性质，它把某种意义强加于国际事物（或事件），那么，它还可能遭到目标受众的跨意识形态抵制，不认同且抗拒其对国际事物（或事件）的定义。最终的结果是，建构有利于自身的国际权力关系的国际话语权即国际话语的赋权的权力效应没能积极有效地发挥出来。纵观近现代历史，凭借其文化价值观或意义系统的超强普世性，以英美为代表的西方国家在国际舞台上始终扮演着最为活跃的国际话语实践者角色，然而，即便是美国，在从事国际话语实践时，同样会遭遇跨文化和跨意识形态的抵制。譬如，美国的全球反恐战争宣传就遭到了阿拉伯和伊斯兰世界的冷遇和反感。

　　文化是传播的。作为文化传播的实践载体，话语实践同时是一个传播文化意义的过程。话语实践要赋予事物以意义，就必须把意义传播出去。在国际关系领域，由于时空距离的扩大，国际话语实践更多的是通过大众媒介把意义传播到国际社会，以此来完成对国际事物（或事件）的赋义行为。一方面，大众媒介具有符号传递和放大功能。大众媒介是承载和传输符号媒介的技术媒介，是对符号媒介的延伸和放大。面向国际社会，国家必须借助大众媒介来传输符号和传递信息，以便更大容量、更大规模和更快捷地去赋予国际事物（或事件）以意义，从而使对相关国际事物（或事件）的定义被最广大的国际受众接收、接受和认同。另一方面，大众媒介具有强大的议程设置和框架设定功能。大众媒介不仅仅是技术、中介、载体和渠道，总是被社会化和制度化的大众媒介也是一种对信息的筛选、过滤和建构机制，它在承载符号去定义国际事物（或事件）时，绝不是简单、被动地指称（描述）国际事物，而是主动地、有价值偏向地去界定（规范）国际事物（或事件），从而形塑着国际受众对国际事物（或事件）的理解和解释，实现对国际舆论的引导。正是从这个意义上说，大众传播媒介及其传播——大众媒介传播的力量代表着话语（符号）权力。而且，随着人类社会媒介化程度的不断提高，媒介传播越来越代表着话语（符号）权。由此，一国的国际大众媒介传播力的大小在很大程度上决定着该国国际话语（权）的实现程度。国家的国际大众媒介传播力越大，其国际话语（权）就实现得越充分。事实上，在国际社会，国际话语权大的国际行为体往往都是拥有强大的国际大众媒介传播力的西方国家。

从国际上看，有一个重要的因素影响和制约着一国国际话语权的施行和实现，那就是国家所处的国际政治格局即国际权力关系。对国家的话语实践和话语权来说，国际影响因素要比国内影响因素更为根本，更有决定性。这是因为，国际因素是外在的客观因素，它不以单个国家的意志为转移，也不受单个国家的作为和努力所控制和决定。而且，国际因素是宏观因素，它作为国际事物（或事件）存在和国际行为发生的生态环境从根本上决定了国际事物（或事件）的状态和态势。国际政治格局不仅从根本上规定了一个国家国际话语实践空间的范围，而且决定了该国国际话语权力发挥的效应。纵观近现代国际关系史，在不同的历史时期和不同的国际政治格局下，各国的国际话语空间和话语权力不断变化。譬如，二战前的世界历史是欧洲的历史，以英国为代表的老牌资本主义国家对世界事务拥有绝对的话语权。冷战期间，在两极对峙的国际体系下，美苏两个超级大国共同主宰了诸多国际事务的话语权。而且，在此期间，在美苏互为攻守的交错态势下，这两大国交替地垄断着军备竞赛、战略结盟上的绝对话语权。进入两极体系解体的后冷战期间，在一超多强的国际政治新格局下，美国在和平演变、对伊作战和全球反恐等议题上独断专行地施行国际话语，独享国际话语权。与此同时，随着以中国为代表的发展中国家在国际政治格局中的崛起，不对等的、严重失衡的国际权力关系有所调整，这些国家在人权、民主、无核化和环境保护等公共议题上的国际话语实践日趋活跃，因而拥有越来越大的国际话语权。

（二）国际话语权的提升路径

鉴于国家的国际话语实践面临上述国内和国际因素的影响和制约，一个国家该如何提升其国际话语权？事情总是两面的，制约因素同时也是动力因

素。应该从事物存在和发展的制约因素出发来发掘促进事物进一步发展的因素,由此把制约因素转化成动力因素。就国际话语实践和国际话语权而言,国内文化资源及其传播力与国际政治格局既是制约因素,又是动力因素。其中,作为国际话语实践的外在制约因素,国际政治格局和国际权力关系本身在某种程度上也是国际话语实践的产物,因此,一个国家很难先行通过人为努力和政策调整来改造和改变现存的国际政治格局。基于此,一国要提升国家的国际话语权,首要的是改造其国际话语实践的内在制约因素——文化资源及其传播力。概括地说,在既定的国际政治格局下,增进国际话语的文化普世化程度和拓展国际话语的大众媒介传播渠道必然成为提升国际话语权的两条主要路径。

首先,从话语资源或内容上讲,增进国际话语的文化普世化程度。作为一套独特的价值观系统或意义系统,一国文化自身的普世度是一定的。但是,文化并不完全是一个封闭的系统,在日益全球化的状态和趋势下,各国之间的相互依赖程度越来越高,民族国家的文化在国际互动中相互碰撞和相互影响。一国的文化价值或意义系统一旦被动用到国际话语实践中,成为国际话语资源和话语内容,那么,它就可能被改造,而且必然会被改造。被纳入国际话语实践的民族国家文化价值(意义)系统的改造主要表现为其核心价值观和意义的包容性、泛用性和普世化程度的提高。国际话语实践不能闭门造车,不能一厢情愿、一意孤行。其质量、合理性和有效性不在于语言学或逻辑学上的完善性或完备性,而在于社会学意义上话语(实践)与语境(国际社会情境)的契合和融贯。一个国家在从事国际话语实践时,要把赋义所要动用的价值(意义)系统对外开放,让外在世界(既包括发达世界,也包括发展中国家)以反馈的形式参与到价值(意义)系统的重构中,从而构建起一套能够与国际社会有效沟通,并能被国际受众普遍认同的价值(意义)系统。唯其如此,国际话语的定义权效应才能发挥出来。譬如,中国本土有悠久的"民贵君轻"的民本价值观,但这种价值并不同于由西方世界先行定义和阐发并业已占据主导地位的民主价值。为此,必须把民本价值改造成民主价值,形成一套具有自身特色即强调民主内涵的社会经济基础性、和平性和可持续性的，而且普世的民主话语（至少适用于广大发展中国家）。中国一直怀抱处理人与自然关系的"天人合一"的价值观，同样有必要通过学术创新即思辨、辩证地把这种直觉体悟型的价值观理论化（概念化）而普遍化，使之成为具有普世性的环保话语的理论基础和学理依据，从而为中国赢得人类未来至关重要的国际生态话语权。

其次，从话语渠道或媒介上讲，要拓展国际话语的大众媒介传播渠道。在现代社会，国际话语实践的由赋义而赋权的机制通常是通过大众媒介来运作的，大众媒介不仅尽可能地延伸和放大意义的传播，而且充分发挥议程设置和框架设定的功能，有偏向地定义国际事物（或事件）和事务，从而建构起有利于自身的国际权力关系，最大限度地实现国际话语的赋权效应。正是从这个意义上说，拓展国际大众媒介传播渠道就是拓展国际话语实践空间，国际大众媒介传播渠道在物质技术和运作机制双重层面上决定了国际话语实践空间的大小和国际话语权实现的程度。由于今天西方媒体垄断全球传播资源，全球新闻出现了议程（包括主题和框架）同化的现象，这无疑强化了西方世界对世界事物（或事件）和事务的定义权。对此，广大发展中国家应加强涉外媒体的内容生产和加工能力，扩大采集和传播网络覆盖面（所谓"摆摊""铺点""上星""落地"和"入户"），增加传播语种、信息品种和发稿量，尤其是提高国际新闻（跨国新闻或越境新闻）的自采率（原创率）、首发率（首播率）和被转发率（被转载率）。国际新闻的自采、首发、被转发率意味着对国际事物（或事件）和事务的定义率。这是激活一国国际话语实践和提高国际话语权的关键所在。

在当今国际社会，国际话语权越来越被战略化，各国都把提升国际话语权提升到国家战略的高度，以国家意志的名义来作为和努力。其中，国际话语实践不活跃和国际话语权不大的国家易于患上国际话语权焦虑症，往往倾一国之力来构建和制造一套属于自己的、高质量的、最具影响力的国际话语体系，并争取和利用一切权利、机会拿这套话语体系在国际舞台上发言、评议、表决和裁定各种国际事物（或事件）和事务。这种国家主体性张扬的背后隐含的其实是工具主义的消极话语观。无论是世界潮流还是其中中国的潮流，浩浩荡荡，一切话语皆为"大道"之"说"（所谓"道说"），应该力求让"话语本身来说话"，而人和作为人的共同体的国家无非是替话语来说话的。对任何国家来说，无论是增进国家国际话语的文化普世化程度还是拓展其国际话语的大众媒介传播渠道，无非都是让国际话语"说"得更顺畅、更有效力。

本质主义与建构主义：国家形象研究的方法论反思*

一、本质主义的国家形象观

长期以来，我们习惯于从认识论的角度来理解国家形象，把国家形象看作对一个国家"本体"（实体，包括其客观物质状况和精神状况）的主观性评价和认定，表现为国际受众对该国的印象。显然，这是认识主体对客观存在或实际状况的再现，或者说，是一个国家的客观存在在人们头脑中的反映，因而，这是一种不折不扣的反映论。① 而且，在此，无论多么强调国家形象在形成过程中反映的能动性、再现的歪曲性（放大或缩小）或评价的主观性，其根本都在于确认国家形象的客观实在性和物质本源性，即国家形象建立在物质基础之上，没有物质本源，国家形象就无从谈起。② 正是从这个意义上说，上述对国家形象的理解是本质主义（essentialism）的（因以本质为基础，同时也是基础主义的），即认为国家形象根源于、建基于也从根本上取决于一种有着内在本质即本身固有的根本属性和要素、由自身所规定的实物——国家

---

* 本文原载于《新视野》2015 年第 6 期；全文转载于人大复印资料《外交学》2016 年第 3 期；论点摘编于《新华文摘》2016 年第 6 期。
① 刘小燕. 关于传媒塑造国家形象的思考[J]. 国际新闻界，2002（2）：61-66.
② 刘继南，何辉. 中国形象：中国国家形象的国际传播现状与对策[M]. 北京：中国传媒大学出版社，2006：5.

的客观状态。显然，这种本质主义国家形象观下的国家形象概念当归属于实体范畴，它所折射出的是把国家形象当作一种被反映的实在之物（实物）的实体性思维（substantial thinking）和个体主义（individualism）方法论。

在本质主义和实体性思维的观照下，国家形象被视为国家基于自身"本体"（现实状况）而自我定位、设定、塑造、构建并有待对外传播的形象或在"他者"（包括他国政府、民众和一般性国际社会公众等）心目中所形成并不断固化的形象。由此，作为主体的主权国家可以通过设计、包装自我并把构建好的自我传播出去，以求在国际受众中留下良好的印象，从而形成合意的国家形象。可见，国家形象的提升或下降及其优劣性似乎基本上取决于主体国家的主观意愿及其作为的努力程度。迄今为止，中国学界国家形象的研究大都"共同体架构"般地遵循和沿袭国家形象构建（基于实力的定位、设计、塑造）→传播（推广）以实现提升（优化、改观）的路径。① 学界正是在这种"构建→传播"（所谓从"塑造国家"到"传播形象"）② 的思维逻辑范导下无不积极主动地提出诸多国家形象构建策略或传播策略。而从现实层面上看，多年以来中国在国家形象的设计、定位、建构、塑造和传播上确实不遗余力，然而，迄今中国在由西方世界所主导的国际社会中的国家形象并没有获得预期的改善。这无疑表明：我们对自身设计和传播的形象未能为目标国民众和国际社会所接受，或者说，我们主体意志的形象表达没有获得客体的认同。

由此可见，一国的国家形象并不完全乃至根本就不受主体国家的主观意愿支配，也不完全或根本就不受控于主体国家自身的作为和努力。纵观国际社会，国家的综合国力或实力（包括其政治制度和国民素质）与国家的国际形象之间并不存在一种必然的、线性的因果关联性，更不存在一种正相关的关系。而同一个国家在不同国家国民心目中的形象也可能大不一样。此外，

---

① 何辉，刘朋，等.新媒体环境中国家形象的构建与传播［M］.北京：外文出版社，2008；吴友富.中国国家形象的塑造和传播［M］.上海：复旦大学出版社，2009.
② "国家的政策正确，国家建设得好，才有传播的资源；对于好的资源，还需要好的传播艺术才能建立好的国家形象。"参见赵启正.公共外交与跨文化交流［M］.北京：中国人民大学出版社，2010：50.

一个国家的客观物质状况或社会体制的改变与其国家形象的变化之间也不存在同步性。由此看出，关于国家形象的这种本质主义逻辑和实体化的理解并不符合国家形象的存在和生成现实。归根结底，本质主义（实体性）思维支配下的国家形象观是成问题的，它对国家形象的形成现实缺乏充足的再现力和解释力。这就决定了，本质主义的国家形象研究在国家形象建构决策上的理论指导意义会有局限，其政策建议在很大程度上有可能失效。

二、建构主义的国家形象观

显然，如果要进一步推进国家形象的理论研究，提高这类研究的实效性，就必须突破传统的实体本体论世界观及其所表现的本质主义方法论和实体（个体）性思维方式。当务之急是，要确立一种与实体性思维相对立的思维，寻求一套可以替代本质主义的更为理想的理论框架或知识范式，以便对国家形象的"本质"及其形成过程作出更有再现力的描述和更具说服力的解释。这种与实体（个体）性思维方式相对立的思维就是关系性思维（relational thinking），与本质主义分析框架（解释范式）相反的方法论则是建构主义方法。[①]

在建构主义方法中，有一种典型的建构主义理论范式存在于国际关系学中，这种所谓建构主义国际关系理论归属于社会学范畴（因而又被称为社会建构主义，social constructivisim）。作为世界观和方法论，如果说本质主义有着实体或本质的本体论假设，认定世界万物及世界本身存在着一个客观的、唯一的本质（实体），事物因其固有本质而独立自存，应当透过现象揭示事物的本质，那么，建构主义则持有结构或关系的本体论假设，它认为世间万物乃至整个世界是被建构（"结构"，structure）的产物，事物通过社会的

---

① 建构主义有多重含义，狭义的建构主义是指心理学、教育学、社会学或国际关系学等领域中的一套"建构"理论（分析框架）；广义的建构主义则是指一种反本质主义的世界观和方法论，既是思维方式，又是研究方法，它涵盖了众多建构主义的理论。本书所涉及的建构主义多指广义上的建构主义，即方法论意义上的建构主义。

建构而有意义地在关系中相互（或关联）存在着，应当在交往互动的关系中促进事物的生成。基于建构主义从国际"社会"的角度来解读国际政治和国际"关系"现象，注重国际事物（或事件）及事务的社会性，建构主义国际关系理论被称为一种国际政治社会学（IPS，International Political Sociology）。建构主义用非个体主义即整体主义（holism）或结构主义（structuralism）的社会学视角看待世界政治，认为国际政治的根本结构是社会意义上的结构（sociological structure）即社会关系，因此，应当从（国际）社会关系的角度来理解和看待国家身份。它假定：一国的身份（identity）不是该国的固有物、私有物和现成物，也不是先天给定或内生的，而是在国际社会与他国的交往、互动即信息传播（交流、沟通）中通过观念共享，凭借观念结构或结构化的观念而"社会地"（socially）建构起来的；国家之间的"共有（或共享）观念"（信念、期望，shared ideas）、"社会性共享知识"（socially shared knowledge，即文化[①]）、"共同知识"（common knowledge）或"主体间共识"（intersubjective understandings）建构起国家间的相互认同关系，从而界定了相关国家彼此的国家身份，而双方国家身份的同步和同向转变推动了国际关系和国际体系的变迁。我们完全可以把这种建构主义的理论范式创造性地运用于国家形象的研究中，使之能够较为充分地观照国家形象的存在现实，并有效地解释国家形象的形成过程。

建构主义为国家形象研究提供了一个全新的宏观结构，它从国际体系结构而非个体国家单位的系统层面来看待国家形象。在建构主义理论范式的观照下，国家形象不再是一个客观既定或先天预定的、有待如其所是地去传播的个体实物，也并非一种自我设计、定位和建构的结果，它既不是内生于国家自身的，也不外生于对象国或目标国的反映。它是一种国际社会或集体实践即跨国交往互动（传播）的产物或社会构建（"结构"）物，因而反映出一

---

① 按照建构主义的理解，所谓"文化"就是一套被相关个人或组织共享的社会性知识或观念。文化（共有知识）是中性的，从基本意义上讲，国际社会具有三种文化（体系）：相互敌对的霍布斯式文化、相互竞争的洛克式文化和相互友好的康德式文化。参见亚历山大·温特. 国际政治的社会理论［M］. 秦亚青，译. 上海：上海人民出版社，2008：141.

种在国际社会中被"结构"出来的关系——一种相互承认、"认同"[①]即"集体认同"（collective identity）的社会关系，它体现为国家在国际社会中的"身份"或"角色"。[②]概而言之，可以把国家形象定义为：国家在国际社会中通过交往互动而被相关国家赋予的一种身份表现或折射。从过程上说，国家间基于交往互动的相互身份认同关系构成后，两个国家在对方国家心目中的形象随之产生和确立，因为一个国家在对象国心目中的形象是由该国被对象国所界定的身份所规定的。在国际社会中，抽象的国家身份必然表现为具体的国家形象，而为国家形象所折射。譬如，冷战期间，在互为敌人的身份认同关系规定下，苏联在美国眼中的国家形象是"法西斯集中营"、极权恐怖的"巨大的魔影"；与之相应，美国在苏联眼中的国家形象是"帝国主义的化身"。基于国家形象不是国家自身的建构物，而是国家与作为"他者"的对象（目标）国相互建构（"互构"，co-constitute）出的社会建构物即与他者关联的"共生"（共同生成，symbiotic）物，从这个意义上说，国家形象就不是国家自有的形象，而是具有国家主体间性（inter-subjectivity）的（相互）形象，它总是同对象国的国家形象对应、对等地并存（co-existence）着。

由此可见，在建构主义方法论的观照下，作为国家身份的国家形象实质上是一种关系，即国际或国家间的相互认同关系，而不是一种独立自存的实体或对实体的反映。上述定义下的国家形象概念应当属于关系范畴，它所折射出的是一种关系性思维。由此，所谓"本国媒体中的国家形象与外国媒体中的国家形象的不一致性""真实的国家形象与媒体的国家形象的不一致性""自我期望产生的国家形象与社会实际产生的国家形象的不一致性""理想的国家形象与现实的国家形象的不一致性"等实体化的本质主义说法统统

[①] 从某种意义上讲，建构主义是认同政治（或"身份政治"，politics of identity）理论。"认同"或"身份"（identity）是建构主义的逻辑起点和核心概念。"identity"一词有多重彼此一致的含义，如"认同""身份""同一性""特性""属性"等，因而可以把"认同"与"身份"等同起来，在社会心理学中就有"身份认同"的说法。

[②] 在此，形象被界定为身份，国家形象即国家身份。事实上，在市场营销学或公共关系学中，企业形象就被视为企业身份——企业形象（身份）识别系统（Corporate Identity System，CIS）。

是不成立的。同样在建构主义方法论观照下，国家形象是由国际体系结构建构起来的，其形成机制表现为传播（互动）→构建（成型），也就是说，国家形象不是传播的前提、先在物、现成物或给定物，而是传播不断生成的结果或者说效果。这无疑是对国家形象的实物化理解的解构和对国家形象"构建→传播"的本质主义思维逻辑或路径的颠倒。国家形象从（个体的）实物（反映）变为（社会的）关系（角色），国家形象从存在（being）状态——"构建（成型）→传播"转为生成（becoming）状态——"传播→构建"，这里所要完成的是一种类似于哲学上康德所做的关于认识对象要符合认识主体的哥白尼式的革命。正是从上述意义上说，研究方法从本质主义转向非本质主义（建构主义），思维方式从实体性思维转向关系性思维和从个体主义（方法论上的个人主义）转向整体主义（方法论上的集体主义），是国家形象研究上的一场方法论革命和思维方式的革命。

三、通过改造交往互动模式重塑国家形象

建构主义的国家形象观表明：决定国家形象的必要因素不是有关国家"本体"的任何物质性或精神性构成要素（它们或许统统被排除在国家形象的核心"构成逻辑"之外），而是国家在国际社会中的身份即国家身份。而国家身份建基于国家间即本国自我与作为他者的对象国之间的相互认同的关系之上。因而，国家形象是基于双方国家相互身份认同而相互建构起来的。可见，作为国家身份的表现，一国的国家形象存在于本国与他国的关系之中，它是同他国相互依赖而非独立自在地存在着的，是结构性而非个体性地存在着的。事实上，一国在从对象国那里获得国家形象的同时也界定并赋予了对象国的国家形象。国际上任何一个国家的国家形象都依赖于对象国而同对象国的国家形象对应、对等地"现身"。这就是国家形象的最基本特性——结构性或相互依赖性。正是国家形象的结构性决定了国家形象存在的持续性（所谓"持存性"或超稳定性即惰性）及其转换的非自主性。

"自我和他者最初通过习得确立了关于自我和他者的共有观念，而后在不

断的互动中以因果方式加强了这些观念,这样在每一阶段自我和他者就共同界定了对方的身份。"显然,国家身份不完全受制于一国单方面的主观意志和努力,不取决于作为主体的国家一方同意。国家身份的形成需要经由主体国家和客体国家的共同"同意"(认同)而一致达成。而国家身份一旦确立,就不可以轻易选择放弃。进一步说,自我和他者之间的彼此相互认同、相互依存程度或"密切"程度决定着个体身份的确定强度。一个国家在与他国不断交往互动的过程中会以因果方式(互动的开启和展开与观念的生成和造就之间互为因果)再现和强化彼此间业已共享的观念,而观念共享程度或观念被结构化程度的加深则会增进相互认同的依赖关系,从而使彼此对对方国家身份的界定更为牢固,进而使各自在对方心目中的国家形象趋于固化。譬如,冷战期间,伴随着军备竞赛这种消极互动的不断推进,无论是美苏之间互为敌人的形象,还是美英之间互为盟友的形象,都有一种固化的趋势。由此可见,改善作为国家身份表现的国家形象就不是单个国家的个体性问题,而是国际社会中的结构性问题,是体制、系统性的问题。正因此,改善国家形象就不是一件容易的事情,不是国家自身通过努力作为或竭力宣示所能实现的。只要一个国家与他国或国际社会身份认同结构没有发生改变,该国在对象国或国际社会中的国家形象就不会改观。这就解释了为何中国在美国的国家形象并未因为多年来中国对美国传播的努力而改变和改善。

当然,国家形象并不是不可转换和改变的。伴随着国家间互动的不断推进和变化(在良性与恶性之间转换),原初通过习得而业已形成和确立起来的共有观念也会发生性质上的改变(在友好与敌对之间转换)。在此基础上,国家间所建构的相互认同关系在积极与消极之间相应地调整,从而使彼此界定的对方国家身份发生改变(在朋友、盟友与敌人、对手之间转换),进而引发双方国家形象的对等变化。这就是国家形象在国际社会体系结构转换进程中的再造的逻辑(机制)。可见,要重塑和再造国家形象,就必须重构国家同他国或相关国家之间的身份认同关系。而要重构国家间的身份认同关系,必先改造彼此共享的观念或知识,最终,若要改造国家间共享的观念,又必须先改造和优化彼此的交往互动模式。

那么，剩下的问题是：由谁来又如何来改造和优化国家间的交往互动模式？当然要由主观想要改观国家形象的国家，尤其是那些患有国家形象焦虑症的国家。从微观单位即国家层面上讲，其必然的出路是，以发展同世界的良性互动为目标，积极调整外交指向和重点，制定出具有最大开放性、包容性、民主性和人文性的外交政策，"单方面"不受干扰、持之以恒地予以推行。也就是说，要信奉和利用国家间观念和行为的"互应逻辑"（logic of reciprocity），① 打破恶的互动循环，代之以良性互动循环，在交感互应中去"同化"（co-opt）对象国，从而在双方国家间建立起积极的身份认同关系，进而彼此确立起对方良好的国家形象。当然，基于国家形象的结构性，国家形象的改善更寄望于通过双方和多方的共同努力，在宏观结构即世界体系的层面上促成国家间的交往互动对等化，并趋于良性化，进而实现全球互动模式的整体优化，最终成就全球积极"共识"（共有知识）和达成全球集体身份的认同。一个国家良好的全球形象终究建基于全球范围内的积极"共识"和全球共同体身份之上。

应该指出的是，上述重塑国家形象的对策是基于建构主义国家形象观的一种合理的逻辑推导。在一定国际关系现实情境下再造国家形象的实践中，由于相关决定性因素的多方参与，问题的实际解决要比学理上的推论复杂得多。但无论建构主义方法论的解释力有多大的限度，它至少提供了一种改善和提升国家形象的思路——倚重对外交往互动模式的外交路线，以供我们参考。

---

① 观念和行为的"互应逻辑"，是指观念和行为在人际间或群体间相互化和趋同化的一种运作机制。在人际或群际交往时，双方会在互动和反馈中相互参照和学习，一方对另一方持有某种观念取向（或积极友好或消极敌对）或采取某种行为策略（或积极友好或消极敌对），对方会以同样的观念取向和行为策略予以回应。

新世界主义：中国文化对外传播的新理念[*]

在中国崛起、国力大增的"后西方"时代背景下，在文化自信的激励下，"中华文化走出去"成为中国对外传播事业的主旋律和最强音。反观中华文化走向世界的大潮，必须追问：它到底是由一种什么样的"世界观"即世界观念（想象）所激发和引领？应该以何种理念作为未来中国文化对外传播的指导思想？抑或，如何为中国文化对外传播实践奠定一种坚实的理论基础？

一、天下观的历史衰落与逻辑反思

近年来，伴随着中国的迅速崛起和国力的不断提升，许多中国学者重新思考中国观和世界观，阐发和表达中国发展对塑造世界秩序的价值立场和价值承诺。为此，他们积极发掘中国传统文化思想的当代意义，其中，关于"天下体系"和"天下观"的讨论成为一个焦点议题。多数论者认为，天下思想是中华文明最为悠久且最有生命力的思想传统之一，可以将"天下"（观念）理解为中国独特的世界观念（可称为"天下主义"）或"中国的世界主义"，并且认为，"天下观"比西方以民族国家和国家间关系为核心的世界观念更具有开放性、包容性和和平性，因而在道德意义上也是最为优越的世界观念范式，它为未来和平公正与合作共赢的"后霸权"世界秩序的建立奠定

---

[*] 本文原载于《新视野》2018年第1期。

了人类共享的普遍主义规范基础。①

从历史上看,自 17 世纪伊始,随着中西交流的扩大,中国人就已经意识到存在着一个比原先想象的更为广大的世界——一个远远超出中华帝国疆界的世界。由此,以华夏为中心的天下构想(想象)发生了动摇。而直到晚清,中国真正遭遇一种不可同化而又难以被征服的另类文明——西方现代文明,它所造成的冲击彻底瓦解了"天下"这一中国人的世界想象,以中国为中心的世界图景破灭了,天下观随之衰落。在此后与西方现代文明持续不断的遭遇过程中,原初中国中心式的世界图景在国人的心目中被置换为一种以民族国家为基本单位、以国家间关系(国际关系)为基本内涵的世界图景。自此,中国踏上了建立和建设独立自主、繁荣富强的现代民族国家的征程。从总体上看,在现代中国人的世界想象中,占据主导地位的是作为政治实体的"民族国家"和民族主义意识,而不再是作为文明实体的"天下"和天下主义("天下人同")意识。

面向未来,作为一种传统文化智慧的天下观能否成为一种可资中国和世界未来发展所用的思想资源?业已衰落了的天下观和天下理想能否如论者所希冀的那样在当代条件下获得复兴呢?应该承认,在天下主义不断被民族主义取代的 20 世纪,毛泽东时代的社会主义中国并不完全受制于民族国家的思想框架,而是受到"全世界无产者联合起来"和"世界革命"的"天下"理想所鼓励,寻求重振天下的道路。不过,进入改革开放时期,中国人彻底放弃了这种传统的"天下想象",而是务实地发展和壮大自己的国家。由此,民族主义思潮——甚至极端化的民族主义思潮(表现为民粹主义、排外主义、复仇主义和"帝国主义")重新占据了中国人的世界想象的中心地位。当今中国人的世界图景几乎完全被民族国家和民族主义的思想框架支配,以至于传统的天下观或者说天下主义传统不只对于西方世界是陌生、异己的,对于当代中国人自己也是相当生疏的。显然,在当代条件下寻求天下理想的复兴已

---

① 赵汀阳.天下体系:世界制度哲学导论[M].南京:江苏教育出版社,2005;童世骏,陆丁.中国思想与对话普遍主义[J].世界哲学,2006(4):77-83;任晓.论中国的世界主义:对外关系思想和制度研究[J].世界经济与政治,2014(8):30-45.

经丧失了现实的可能性。

那么,到底是什么支配了天下观走向衰落的历史命运呢?其历史衰落的理论依据何在?或者说,如果深入地从逻辑上来看,遭遇衰落命运的天下观或天下主义到底是一种什么样的哲学理念?从哲学本体论上讲,天下观是一种天下本体论,即以"天下"作为世界的本源和本体,作为最本真的实在,其核心的思维方式是一元论即一元哲学的。在一元论的思维框架下,"天下"是"一",是"大一",是至大无外、全域性的、没有边界、无所不包的"文明实体",所谓"天下无外"即"天下一统""天下一体"。"天下"是一个无限外推、内外同构的同心圆结构,具体来说,是一个以华夏为中心、以蛮夷为边缘的文明差异(等级)秩序,形成一种所谓"华夷之辨"或"夷夏之辨"的差序格局,内部有着严格的远近亲疏、上下尊卑的等级。由此可见,这个"天下体系"无非是一个由"自我"与另一个品级较低的"自我"所构成的、自我指涉、自我融贯的系统,它没有真正意义上的"他者"(others)存在,也就谈不上对谁开放和包容——有的只是对内开放和包容,因而不具有真正意义上的开放性和包容性。正因此,虽然历史上华夏文明"包容"(吸纳、同化)了许多"蛮夷"及其文化而置于一体化的秩序格局中,但一旦遭遇现代西方文明这个全新的"外来者"(outsider)——与自我对峙、在道德上与己相当甚至更为优越的"他者","儒家世界秩序的丧钟"就敲响了,"天下大同""天下和为一家"的天下理想也随之破灭,"中华帝国"的"天下"观就此走向衰落。

二、世界主义的本质特征与现实遭遇

与中国传统"天下观"相对应的是西方自古以来的"世界主义"观念。"世界主义"观源自古希腊,从词源学来考察,"cosmopolitanism"(世界主义)这个词由"cosmos"(宇宙)和"polis"(城邦)两个词根组成,前者代表普遍性即普遍的宇宙,后者代表地方性或地域性即地方的政体。因此,作为一种普遍主义的原则,"世界主义"概念其实蕴含着双重性,其含义既有普遍性、整体性、全局性的一面，又有特殊性、地方性和局部性的一面。无论是古希腊犬儒主义和斯多葛学派描述和倡导的跨越国界、怀抱世界的"世界公民"对人类共同体的博爱和责任担当，还是18世纪启蒙运动哲学家如康德等主张建立"世界主义秩序"来保障主权国家的永久和平和任何人在任何一国享有国民待遇的"世界公民权利"，都蕴含着世界主义的上述两重性——世界性（普遍性）与民族国家性（地方性）。世界主义源于（地方）国家性，又是对（地方）国家性的超越，是（地方）国家性与世界性的对立统一。如果没有地方性的民族国家存在，就不可能想象出普遍性的世界，但如果仅仅局限于民族国家的地方性，同样也无法去构想一个普遍性的世界。

从逻辑上看，世界主义是一种二元论或二元哲学（二元对立的哲学思维），它是在二元论的思维逻辑下构想、想象出来的一幅以民族国家为基本单位、以国际关系为基本结构和以世界整体为核心的世界图景。在二元论的思维框架下，世界主义总是与地方主义或民族（国家）主义作为对立的两极并存着，两者既相互依存，又相互对抗。在这种世界/地方的二元论中，"它（世界主义）几乎是难以避免地要贬低地方的生活体验和实践，其言外之意是说它有点狭义、愚昧、狭隘、保守、乱伦、信息闭塞、缺乏更广阔的图景等"。而且，"这种文化的区分能够滑向一种道德的区分，其中世界主义者有可能被看作比地方居民具有某种道德上的优势"。[①] 可见，一旦在非此即彼的二元对立哲学思维中思考世界主义与地方主义（民族主义、国家主义）的关系，这两种不同的文化价值观念就会被置于同一逻辑层面上，因而被绝对地对立起来。由此，世界性与地方性始终处于一种两极不可调和的紧张关系之中。确实，从逻辑上讲，世界主义极有可能"升华"（实际上是沦丧）为一种褒扬全球文化、贬抑地方文化（体验）而使之处于世界主义的从属地位的世界中心主义意识形态。当然，现实地看，世界主义也有可能物极必反，走向自己的反面而自我否定——沦为一种抗拒全球文化而固守民族文化、地方文化的民族（国家）主义或地方主义。

---

① 汤姆林森.全球化与文化[M].郭英剑，译.南京：南京大学出版社，2002：277.

人类的世界观演化到现代，世界主义理念已经深深扎根于西方人的世界想象中，并有力地推动着全球化的发展进程。从很大程度上说，欧盟的建立就是基于对世界主义理念的追求而实现的。然而，进入21世纪第二个十年，全球出现了一股愈演愈烈的逆全球化浪潮，世界主义的全球观遭遇严重的挑战和严峻的考验。2016年6月，英国公投宣布脱离欧盟，令欧盟的一体化进程大幅度后退。与此同时，欧洲大陆的大多数国家，由于欧元区的经济危机和来自中东的难民移民潮，本地民粹主义与排外主义甚嚣尘上，代表国际主义、主张自由贸易和开放包容接纳外来移民的政党政权在新一轮选举中岌岌可危。同年11月，美国新任总统特朗普（Trump）发表就职演说，喊出"美国第一""美国优先"等口号，随后还宣布采取一系列带有"闭关锁国"色彩的对外措施，包括限制部分中东国家的民众入境、计划在美墨边境修建隔离墙等。2017年1月24日，特朗普正式宣布美国退出跨太平洋伙伴关系协定。基于上述世界情况，国际政治学者弗朗西斯·福山将美国民族主义者特朗普胜选描述为"一个新的民粹民族主义时代"的来临，并将普遍作出保守主义、保护主义的对外反应的各个国家视为"一个新的'民粹—民族主义国际'已经浮现"。① 不难看出，在西方世界，倡导超越各民族国家的普遍性原则的世界主义理念和精神遭遇了空前的危机，正面临被民族主义瓦解的威胁，而日趋走向自己的反面。

三、新世界主义的哲学基础和文化观念

无论是一元论的中国传统"天下观"还是二元论的西方现代世界主义，从哲学思维方式上说，都是独断论的，落实在文明观上都是文明中心论、文化霸权论或同化论的，即以某一种文明作为世界的中心，前者是以大一统的华夏文明为中心（华夏中心主义），而后者则是以一种超越基于某一民族国家

---

① FUKUYAMA F. US against the world? trump and the new global order [N/OL]. Financial Times, [2016-11-12]. http://www.ft.com/content/6a43cf54-a75d-11e6-8b69-02899e8bd9d1.

文明而扩张形成的帝国文明的共同体文明为中心（共同体中心主义）。区别只不过在于：前者中的华夏文明被先验地（天然地）认定为世界的中心，而与世界有一种本然的同一性，它以人文教化的方式同化"他者"（实为另一个"自我"）；后者所预设的共同体文明则是通过超越在国家间的争斗中崛起的帝国文明而成为世界的中心，它像帝国文明一样以对抗或折中的方式同化"他者"（"异己"）。这种文明中心论同时也蕴含着文明自我优越论，即自认为自身的文明是最优越的。文明中心论或自我优越论因其一元论或二元论的思维结构而隐含着从自我膨胀、壮大到自我颠覆、覆灭的霸权逻辑和自我交替循环的霸权结构。事实上，从历史上看，从古到今，帝国的兴衰、霸权的轮替、全球中心的转移及天下秩序或世界秩序的式微无不表明，任何一种由文明中心论或自我优越论所主导的世界构想和想象及其所成就的帝国、霸权国或超级帝国（"超国家共同体"）在实践中必然遭到来自内部或外部的新崛起势力的不断挑战而难以永久存在。

进一步深入文化的本体论层面来看，无论是天下主义下的华夏文明还是世界主义下超越帝国文明的共同体文明，都是先验的即先天既定的，都是其他个体文明追求而接受其同化的目标。它们都带有传统的目的论和形而上学的假设，被先行认定为其他一切文明存在的最终原因（依据）和发展的终极目的。显然，这种先验主义的文化观把文化当作实体（"文明实体"）来看待，从而把文化本质化了，因而也是一种本质主义的文化观。与此同时，这种先验式文化观预设了文明的优劣属性及文明之间的不平等性和对抗性的关系。

人类文明发展的历史与逻辑都已表明，不存在终极而永恒的文明或所谓"最文明的文明""至上的文明"，文明中心论和自我优越论都已破产，而建立在此种自我中心主义的文化观基础之上的世界构想亦摇摇欲坠或早已坍塌。由此，进入21世纪，伴随着人类对建构起一个彻底摆脱传统霸权逻辑、超越霸权结构而更为理想的后霸权世界秩序的期许，产生出了一种新的世界构想（全球想象）——新世界主义。新世界主义既是对中国传统天下主义的超越，也是对西方现代世界主义的超越。

新世界主义建立在一种全新的哲学思维之上，这种哲学思维方式既不是一元论的，也不是二元论的，而是多元论的。多元论的思维逻辑所构想和想象的世界图景是一幅源于世界各地的各种文化彼此独立、共存而又展开跨文明平等对话的图景。世界不是一个"天下"，也非处于与地方的二元对立关系之中，而是一种来自各方立场而又超越各方立场的眼界。这种多元论的哲学思维同时蕴含着主体间性（交互主体性）的哲学思想，即跨文明交流的双方是平等交流即对话的双方，双方都不把对方绝对地对象化而当作工具性的客体看待，而是视之为与自身具有同等主体性的、自主而自为（为自己，以自身为目的）的主体。这种主体间性哲学是对建立在主客体二分基础上的主（客）体性哲学的超越。

建立在多元论哲学思维基础之上的文化观是多元文化主义（multi-culturalism，文化多元主义）的。与文明中心论相反的是，多元文化主义预设了文化的非等级性和非中心性，即认定世界文化体系并不是一个由中介—边缘的二元结构构成的系统，其中没有一种文化或文明是居于世界中心的，所有的文化形态都是平权的。由此，世界范围内各种文化之间平等交流、跨文明对话和互鉴（相互学习）而达成真正的世界共识即所谓"对话式文明"（dialogic civilization）方成为可能。①

新世界主义建立在一种后形而上学的普遍主义理论之上：普遍主义或普遍性原则既不是先验给定的，也不是由某种强势文明单独界定的，而是在各民族文化之间的相互对话中建构的。作为一种新的全球想象，新世界主义首先是一套跨文化构建的、为世界各国所共享的普遍主义价值规范，它是世界各国、各民族建构世界新秩序和共建世界的普遍主义规范基础。这种世界范围内的、基础性的共同价值规范同样是作为一种关系性（相关于各种地方性文化）的文化形态而存在，因而同样地"不是先在的、不是现成的，也不是由某个'强国'或某种'优越文化'单独界定或强加的，而是在各种文化之间彼此影响与学习、相互竞争与对话的过程中共同创造并不断再造的"。换而言之，作为一种跨国界、跨文化而超越民族和国家的公共文化即世界性文明，

---

① 杜维明. 文明间对话的最新路径与具体行动 [J]. 开放时代, 2007 (1): 69-86.

新世界主义的普遍性原则是世界各国、各地区文化相互遭遇的集体性产物，因此，它并非先验预设而固定不变的，而是被建构出来的，即不是"现成的"而是"建成的"，而且始终处于不断被重构和重塑的生成过程中。由此可见，在这种新世界主义的全球想象中，世界的普遍性（cosmos）与地方的特殊性（polis）都不是现成的和凝固的，两者都在文化遭遇的对立统一辩证运动中不断建构与生成。①

四、新世界主义视域下中国文化对外传播

新世界主义所代表的、作为未来世界秩序之规范性基础的共同价值规范——"共同体文明"——是生成于各处特定的地方/地域，通过自我改造、与更大范围的环境展开调适并最终上升为普遍有效性原则的普世（普适）性规范，它是跨文化建构起来的，即在世界各地文化的跨文明平等对话过程中形成的。这也就是说，应当将作为普遍性文明或价值原则的新世界主义理解为一种跨文化的规范建构物，它是由各种源自或生成于特定地方的具有普遍主义潜力的文明要素在彼此的学习与对话过程中"汇聚而成"的。那些源自世界各地的可普遍化的文明要素一旦创生，如果能在跨文化遭遇的过程中越过"原产地"的范围，对更广泛的人类实践产生深刻的影响，并在新的适应与调整过程中获得持续发展，那么它就不再仅仅属于其原产地，而转化为人类共享的文明要素。这种源自各地方的多元地方性正是新世界主义所理解的跨文化普遍主义的一个特征。② 这是一个来自四面八方的地方性文化在汇聚中相互渗透影响、在"视域融合"中"融会贯通"，从而建构出新世界主义普遍性原则的过程。

由此，在新世界主义视野的观照下，世界的观念为之一变，世界也因此而改变，世界不再是由霸权逻辑支配、由霸权结构和秩序所构成的世界，也

---

① 刘擎. 重建全球想象：从"天下"理想走向新世界主义［J］. 学术月刊，2015，47（8）：5-15.
② 刘擎. 重建全球想象：从"天下"理想走向新世界主义［J］. 学术月刊，2015，47（8）：5-15.

不再是一个容纳不同文化而使之共存、自身则一成不变的公共处所，而是一个由来自不同文化传统的人们所共建的并不断得到改造而永无完工的建造物（作品）——"人类命运共同体"。在这项共建新世界即人类命运共同体的共同事业中，各民族国家的文化都或多或少、程度不一地参与其中，并贡献出各自价值体系内特有的普遍主义观念。

在世界主义或天下主义世界图景的观照下，人类历史上的帝国往往倾向于将自己的文明想象为世界的中心，并且试图通过武力征服或文化"皈依"的方式实际地去统治整个世界。新世界主义则拒绝各种傲慢自大的文明中心论（无论是美国中心论、欧洲中心论还是华夏中心论），警惕其潜在的帝国主义（或军事或经济或文化的）企图，将各种非历史化的"普遍主义"自我断言重新归置于"历史化"的批判之中，并揭示出其哲学（逻辑）和文化（文明）观上的困境。在今天这个全球化抑或逆全球化的世界中，任何一种文化自我中心主义或文明优越论主张，不仅在道德和法理上都是不可欲、不可辩护的，在跨文化现实中也都是行不通的。

曾经缔造过天朝帝国的中华文明，经历了近代以来落后挨打、挨骂的文化自卑期。进入21世纪，伴随着中国经济的腾飞，中华文明重新获得了复兴文化传统的文化自信。基于此，诸多学者提出了一套中华文明多元一体的普世话语，这套话语认为，"儒学是解决全球困境的重要资源"，因此，要以最大的战略包容精神对世界其他文明（包括西方文明、伊斯兰文明）予以开放和吸纳，在全球范围内推动各种文明交流互鉴，由此将自身发扬光大，最终形成多元一体——多元的世界各地文明由中华文明融汇于一体——的世界文明格局。表面上看，多元一体观是对传统天下主义理想的超越，而实质上则是在当代全球化语境下对"天下"理想（梦想）——"文化天下"（"关乎人文以化成天下"）——的一种重温。这幅"多元一体"的世界图景所蕴含的文化观依然是文明中心论的，而非文化多元主义的，因为所谓"多元"的世界各地文化终归要化归于"一体"的中华文化。由此可见，多元一体观无非是升级版的"天下"观，它所寻求的归根到底是在"引领新型全球化"目标下的"天下帝国的重归"。

建立在向其他文化开放、与其他文化互动的多元性、关系性文化观念之上的新世界主义图景或全球想象，则要求民族国家（或政治共同体）将自己置身于一个世界性的文明星座（constellation）之中来理解自身，同时要求各民族文化展开跨文化交流必须是平等的，而且是真正意义上的文明间对话，而不止于文明共存。对话是世界性（普世性）文明建构的基本机制。这种"对话"既是彼此学习的过程，也包含着争议、竞争甚至思想对抗，以及在相互尊重的前提下的妥协与协调机制。对话的意义不止于对话双方"相互理解"，而在彼此理解之后又仍然各持己见，也不止于在各文化现成存在、未做改变的价值规范之间"发现"或找到彼此现存的共同之处（"交集"）而达成所谓"重叠共识"，而在于对话双方更为积极地、深度地相互介入而相互影响和改变，并在此前提下达成具有普适性规范原则意义的跨文化共识，即建构起跨文明的普遍主义规范来。显然，新世界主义倡导的这种对话取向的跨文明普遍主义规范建构，是一个极为艰难的跨文化实践过程。

作为世界文明体系中的一支，中华文明如同世界其他文明，既有自身的特殊价值取向，又有超越地方性的普遍主义思想，譬如儒家思想中的恕道原则（己所不欲，勿施于人）和人道原则（仁道原则）。这些普遍性的思想原则，有可能在中华文化与世界其他各地的文化相互遭遇的过程中超越中国本土范围而对更为广泛的人类社会实践产生深刻影响，并在与嵌入其中的新环境相适应的过程中进行自我调整和改造，进而转化为人类共享的文明要素，成为建构未来世界秩序的规范性基础的有机组成部分。在此，中华文明是作为一种地方性、特殊性的民族文化参与到诸文明体即世界各地文化共同建构世界性文化和世界新秩序的进程中的。

在新世界主义视野下，中华文化对外传播的过程就是中华文化同世界上其他的民族文化相互遭遇中展开积极有效的建设性对话的过程，而不是独白式地对外表述世界（包括自我）的过程。传播即对话，对外传播即与作为"他者"的其他文明对话。中华文化对外传播的内在机制是对话式的，这就要求中华文化在对外传播时，不是以优越文明或普适文明自居、先入为主地"表述"（宣传）自己，博取世界其他文化圈的人们的认同，而是在遵循平等与尊重原则的前提下与世界其他文化展开真正的对话，即深入目标国或对象国的文化中，与之进行价值观念的碰撞和交流，或是相互吸引、学习，或是相互竞争、妥协，或是相互排斥、对抗，总之，是相互影响和相互转变。中华文化必须在跨文化对话中积极地改变自己，调适自己的思想价值观。这种文化上的自我转变恰恰是中华文化在跨文化对话中"走出去"得以实现的一个重要表征。

新世界主义的内在生成机制是通过世界多元文化的对话达成跨文化共识。各民族文化在相互对话中实现文化相互转变是达成跨文化共识的必要条件。在新世界主义视野下，中华文化对外传播的过程同时也是中华文化参与跨文化建构普遍主义规范而达成跨文化共识的过程。中华文化之所以要对外传播，要"走出去"，其宗旨不在于要去同化世界上其他民族的文化而一统天下，而是要积极地参与到同世界其他文化一同持续不断地建构跨文化普遍主义规范的人类共同事业中，为"求同"即达成跨文化共识、形成开放的世界性文明而共建新世界（人类命运共同体）作出应有的文化贡献。

新媒体时代国际传播的社会化转型*

在新媒体时代，新媒体赋权和赋能在很大程度上解放了人的信息化生存的本性，使世界各地的人们对信息传播——无论是发布还是获取信息——的诉求得到空前的释放和满足。正是新媒体技术跨国界（transnational）的应用和发展促成了国际传播超越主权国家政府的社会化转型，从而演变成为超国界（supranational）的全球传播。

一、国际传播社会化转型的技术动因：社交媒体的介入

新媒体技术是国际传播的关键性变革力量之一。每一次信息传播技术的升级换代，都伴随着跨国界传播活动的颠覆性变化。迄今为止，在全球范围内蓬勃发展的以互联网为代表的新媒体极大地打破和改变了国际传播原有的单一主体模式和样态。在 2015 年 1 月法国《查理周刊》杂志社突遭枪击事件的国际报道中，一个名为 Reported.ly 的推特账号成为这场国际新闻传播大战中的一匹"黑马"，令人侧目。Reported.ly 是著名独立新闻机构初见传媒（First Look Media）于 2014 年 12 月推出的新媒体项目，由美国从事社交媒体国际报道实践的先驱（因在 2011 年通过推特发布中东骚动的即时消息而一举成名）、全国公共广播前资深制作人安迪·卡尔文（Andy Carvin）领衔。Reported.ly 的运作模式是：拥有丰富媒体工作经验的运营者在社交媒体推特

---

* 本文原载于《对外传播》2019 年第 12 期，由笔者和博士生刘萌雪合作撰写。

上筛选、过滤各类即时信息并仍旧以推特为平台发布组合后的新闻报道。这样一来，Reported.ly 最大的特点就是不依靠任何传统媒体，甚至连自己的网站都没有，而完全以推特账号作为国际新闻报道载体。在国际新闻界，这是一个标志性事件，它标志着社交媒体业已成为国际新闻传播的主战场。无疑，国际受众的媒介接触习惯的改变即其获取信息的主渠道从传统媒体转移到社交媒体，助推了国际传播的主阵地从传统媒体转向社交媒体。

媒介即隐喻。一定的媒介象征着一定的社会关系，并折射出一定阶段的人类文明进程。社交媒体（社会化媒体）的出场蕴含着一股强劲的人类信息传播社会化趋势。社交媒体在跨国信息流通领域中的应用产生了极其深刻的传播效应，它极大地促进了国际传播超越主权国家（政府）一元化主导和中心化垄断的社会化进程。

二、国际传播社会化转型的显著表征：传播主体的多元化

国际传播社会化转型的一个最显著特征是国际传播主体的多元化趋势。进入 21 世纪，伴随着新媒体的涌现，加之媒介资本在全球范围内的流动和扩散，在国际传播领域出现了一股各种传播主体蓬勃兴起的新动向，包括媒体自身、跨国公司、国际非政府组织和个人等在内的诸多非国家行为体（non-state actors）纷纷参与到国际传播活动中。社交媒体具有面向各种互动主体的多维开放特征。在新媒体的强大赋权和赋能作用下，这些非国家行为体尤其是普通公众个人（譬如意见领袖）和个人组织（譬如非政府组织或民间团体）在国际传播中扮演了越来越重要的角色，因此而呈现出"全民传播"或"全面传播"（total communication）的态势。由此，国际传播从国家（间）的政治传播走向面向整个社会（间）的社会化传播。

从社会结构变迁的角度看，以传播主体多元化为特征的国际传播社会化趋势契合了后冷战时代西方社会国家—社会二元对立的（公民）社会化亦即去国家化的发展进程——所谓"小政府（化）、大社会（化）"。就全球范围而言，在多元传播主体介入和参与信息流通或信息交换的情况下，信息流动的

加速和信息流程缩短及双向化、信息向全球各地多向度扩散的国际传播新动向，挑战了由西方大国及其主流国际媒体所构建的单极化国际传播格局和不对等、不均衡的国际传播态势，并重构出一种自下而上的、多中心化或去中心化、趋于扁平化的国际传播新秩序。伴随着国际传播的社会化进程，人类社会由各主权国家所构成的国际社会逐渐演进为由各国政府、跨国公司、跨国公民及国际非政府组织所构成的全球公民社会。

三、国际传播社会化转型的实质：人性化

Web 2.0 时代的媒体是以"人"为中心，而不是以"内容"为中心的媒介形式。社交媒体把人与物（信息内容）的关系拓展深化为人与人的关系。这是因为，社交媒体将信息的生产和发布主导权交还给了个人或个体公民，从而充分发掘个人的自主性，使之积极参与构建一个由广大用户集体智慧和力量主导的互联网体系——一个基于用户关系的社会关系网络，进而形成一个在生存形态上更加人性化的传播生态圈。

在国际传播领域，作为基于用户社会关系的内容生产与传播平台，社交媒体可以吸引对某一国际话题感兴趣或有利益相关性的各国公众主动参与其中，包括以点击、点赞、留言、评论、跟帖、转发等方式进行内容分享和观点表达上的互动。这些国际公众既是消费信息内容的受众，又是创造信息内容的传播主体。由此，在世界范围内，传受双方形成一种互为主客体的、对话性的主体间性人际关系，国际传播因此获得了空前的个人接近性（personal proximity）。正是在社交媒体网络的作用下，国际传播正日益走向微观化、个体化（个人化）和个性化（差异化）。

从这个意义上说，社交媒体视域下的国际传播实质上是一种人际传播，是一种跨国性的人际传播。人际传播化的国际传播所构建的与其说是国际关系，不如说是跨国性的人际关系。因而，国际传播社会化的实质就是人性化。就国际传播的发展趋势而言，社会化转型实际上就是人性化转型。国际传播的这种人性化转向直接体现为国际传播内容倾向从主权国家和超国家机构至

上的高级政治转向公民个人和人类整体至上的低级政治，如气候变化、生态环境保护、身心健康、移民和跨国犯罪等。由此可见，人将在国际传播中越来越趋于中心位置，并将如同以往的民族国家一样成为未来全球化（所谓"全球化3.0"）的关键要素和主要推动者。

四、国际传播社会化转型的范式革命：全球主义

伴随着国际传播的社会化进程，国际传播的关怀对象和聚焦点持续不断地由民族国家的宏观层面转向个体"人"的微观层面。在国际传播学界，经典的也是主流的研究范式一直是国家主义即国家中心、本位主义的。该理论范式把民族国家或主权国家理所当然地当作唯一的分析单位（"单元"），把国际传播理解为国家与国家之间的传播乃至于政府与政府之间的传播，并以此为基础来探讨国家对外传播活动的动因、目的、过程和机制等。早在冷战结束后，伴随着新兴媒体的涌现和各国社会化浪潮的风起云涌，以国家为分析单位的传统国际传播研究范式越来越无法全面地涵盖和有效地解释全球范围内出现的各种国际传播新现象。于是，一些国际传播学者纷纷调转和调整他们的研究视角，从全球的角度和以个人为焦点来重新审视跨国信息传播现象，逐渐形成了一种新的国际传播研究范式——全球（中心或本位）主义，并相应地拓展出超越传统宏大叙事、向小叙事开放的叙事能力。作为新的国际传播解释范式（分析框架），全球主义范式意味着一场超越传统研究范式的方法论革命，它试图超越国家主义或国家中心、本位论取向，而把囊括了各种超国家或非国家行为体的全球传播网络体系纳入观照视域和分析框架之内。

全球主义范式所反映和揭示的正是国际传播的社会化及其实质——人性化。全球主义范式强调要以开阔的视域、开放的心态，超越主权国家利益和国际关系的局限，更为普遍地从"人的维度"（human dimension）来看待和解决国际传播问题。因此，人（而非国家）及人权（而非国家主权）应该成为国际传播研究新的、最重要的出发点和关切点。对此，国际传播学者罗伯特·福特纳（Robert Fortner）提出了国际传播研究的人类中心主义立场：人

是国际传播中除国家外的另一个中心。人不仅是作为国际政治和商业宣传对象的受众，而且是拥有传播权利的主体——世界公民。人权即人的传播权（right to communication，寻求信息和自由表达思想的权利），因而也是国际关系中主宰信息流通的基本原则（除了国家政治主权）。正是从这个意义上说，全球主义范式同时也是一种以人为本（本体、本位）的人本主义范式。有鉴于此，当前新媒体语境下国际传播的日益社会化即人性化转型进程恰好印证了这场转向全球主义即人本主义的国际传播学方法论革命。

从并立到综合：国际政治传播研究范式的创新发展*

一门学科既有其特定的研究对象，也有其观照和分析研究对象的特定视角和框架。这种观照视角和分析框架就是所谓研究"范式"。不同学科面对不同的研究对象——即使面对相同的研究对象，也有不同的研究范式，因而，研究范式成为一门学科之所以是该学科而非其他学科的重要表征。这种能够区分学科门类、作为学科标志的研究范式也被称为学科范式——学科研究范式。一门学科对应一种学科（研究）范式。对交叉学科来说，由于其双重乃至于多重学科属性，一般有两种或两种以上的学科范式并存，供学术研究使用。作为一门交叉学科，国际政治传播学具有国际政治学和传播学双重学科属性，相应地，两种学科范式——国际政治学范式和传播学范式并存于国际政治传播研究中。在学科进一步发展的要求下，这两种并立的学科研究范式将会不断走向综合。

一、学科范式间的并立：国际政治传播研究范式的现状

国际政治传播作为一门交叉学科——国际政治传播学，或者说作为一个相对独立的交叉学科的国际政治传播研究领域一直存在于当代社会科学学科体系中，分布在国际关系（国际政治）学和传播学的学科范畴内。涉足国际政治传播领域的学者从各自的学科专业背景（如国际关系学、国际政治学、

---

* 本文原载于《中国社会科学院研究生院学报》2020年第4期。

传播学等）出发来研究国际政治传播现象。纵观近年来国际政治传播研究的发展历程，大致说来，主要有两套学科研究范式——国际政治学范式和传播学范式——并行于其中。

作为一种人类社会活动，国际政治传播具有多重属性，但有两种属性是最为基本的：其一是国际政治性，因为它是一种跨国性的政治行为；其二是传播性，因为它是一种跨国性的信息传播行为。与之相对应，研究国际政治传播，有两种最基本的学科范式：一种是与国际政治性相应的国际政治学范式，一种是与传播性相应的传播学范式。

作为一种从国际政治或权力的角度来观照和分析世界的方式，国际政治学范式从国际政治即权力的视角来看待国际政治传播现象，把"国际政治传播"首先视为一种国际政治活动，因而以国际政治为本位即"国际政治本位"。在此，国际政治与传播是一种体（本）与用的关系——国际政治是"体"（"本"），是本体或主体；传播是"用"，是功用，是国际政治的表现形式（工具或工具性行为）和实现方式（实现国家的国际政治目标——国家利益或权力——的手段）。进而，用诸多国际政治（或国际关系）学的理论范式（框架）如现实主义、自由（制度）主义或建构主义来分析、解释国际政治传播现象和实践。从学科本位来说，由于国际政治传播研究以国际政治为本位，因而，国际政治学成为国际政治传播研究的本位学科。也就是说，国际政治学范式运作下的国际政治传播研究或国际政治传播学通常归于国际政治学的学科范畴之内。

同样，作为一种从信息传播、交流或沟通的角度来观照和分析世界的方式，传播学范式从信息交流或传播的视角来看待国际政治传播现象，把"国际政治传播"首先视为一种传播活动——一种带有政治性的跨国信息交流或传播活动，因而以传播为本位即"传播本位"。在此，传播与国际政治是体（本）与性的关系，传播是"体"（"本"）即本体或主体，国际政治是"性"即属性——国际政治性。这种国际政治属性是通过传播的工具或工具性内容——国际政治——来体现的。进而，用诸多传播学的理论范式（框架）如拉斯韦尔（Lasswell）的"5W"框架、"二级传播"理论、把关人理论、各种媒介理论、受众理论及效果理论来分析、解释国际政治传播现象和实践。从学科本位来说，由于国际政治传播研究以传播为本位，因而，传播学成为国际政治传播研究的本位学科。也就是说，传播学范式运作下的国际政治传播研究或国际政治传播学通常归于传播学的学科范畴之内。

当然，除了上述两种基本的学科研究范式，还有两种非基本的研究范式即国际传播学范式和政治传播学范式也存在于国际政治传播研究中。我们可以把"国际政治传播"解读为"国际（的）政治传播"或"国际政治（的）传播"，也就是说，分别把国际政治传播首先视为一种跨国性的政治信息交流活动或一种带有政治性的跨国信息交流活动。对国际政治传播的上述两种解读分别是以政治传播和国际传播为本位的。在此，"政治传播"与"国际"和"国际传播"与"政治"都是体（本）与性的关系，前者（政治传播、国际传播）是"体"（"本"），是本体或主体；后者（国际、政治）是"性"即属性（国际性、政治性）。基于对国际政治传播的上述两种解读，学者们分别用政治传播学和国际传播学两套学科范式（框架）分析、解释国际政治传播现象和实践。鉴于不论是政治传播学还是国际传播学在学科归属上都属于传播学的范畴，无论是政治传播学学科范式还是国际传播学学科范式，都归属于传播学的学科范式，因而，它们都不具有独立的学科范式的地位。

归纳起来看，自国际政治传播研究开启以来，上述两种基本的学科范式——国际政治学范式与传播学范式——既相互对立，又相互补充，既遵循各自的认知逻辑独立地进行知识生产，又使各自的观察视角和分析框架相互参照，共同推动着国际政治传播研究的发展。基于此，迄今为止，最为可靠的国际政治传播研究学术史的书写和叙事几乎都是以这两种主要的也是最基本的学科范式之间的对立和互补为主线来展开的。

二、超越学科范式间的并立：国际政治传播研究范式的发展困境

迄今为止，在国际政治传播研究中，两种基本的学科范式——国际政治

学范式和传播学范式各自在不同的学术轨道上运行,并没有相互趋近,更没有相互交叉、融合,甚至两者之间也未曾展开对话、辩论。这种两套学科研究范式并立并行的状况在一定时期内推动了国际政治传播研究的发展,但同时也制约着理论创新的空间,阻碍了国际政治传播学知识的进一步增长。

社会科学各门学科的发展史向我们昭示:一般来说,一门学科的理论知识主要是由两种乃至多种竞争性的、并立的理论范式所构成的。一门学科的发展往往是由其主要的理论范式间的辩论和综合所促成的。在同一学科内部,通常首先表现为各并立的(理论)"范式间辩论"(inter-paradigm debate),而正是在(理论)范式间的辩论中展开(理论)范式间的综合(inter-paradigm synthesis),建立起弥合各种理论范式之间的壁垒与隔阂的综合性(理论)范式。① 这种范式(间)综合的方式有两种:一种是折中式的外在综合,即以问题为导向,综合运用两种或多种理论,选取各自的一两个概念和要素(变量)加以组合,整合到一个松散的分析框架内,多因性地共同解决某个社会经验问题。这种理论综合方式的特点是对各种理论的概念或变量的选择组合是随机性的,所构建的理论范式是脆弱的。另一种是合成式的内在综合,即通过各种理论的基本假设的妥协修正、基本概念的移植挪用和核心命题(论断)的接受吸收,在融通这些理论各自的合理要素的基础上,构建起一个解释力更强(更能解释某种社会经验现象)的新理论范式(解释框架)。这种理论综合方式的特点是对各种理论的概念或变量的吸收融通是有机性的,所构建的理论范式是稳定的。

上述理论范式间的相互作用,无论是范式间辩论还是范式间综合,都是发生在同一门学科内部,因为这些理论范式本来就是在同一门学科下的,因而都属于同一种学科范式,是同一门学科的同一种学科范式下的多种理论表现形态。

社会科学的一般学科发展规律启示了交叉学科的发展趋势。如同一般性

---

① 刘丰.范式合成与国际关系理论重构:以现实主义为例的分析[J].中国社会科,2019,(8):187-203,208.

学科，一门交叉学科要突破知识增长的障碍，必须走（研究）范式创新之路。换言之，对一门学科（无论是一般性学科还是交叉学科）来说，要实现知识增量，最有效的途径是创新（研究）范式。而通过（研究）范式间综合建立起综合性（研究）范式是（研究）范式创新的一条重要路径。在此，如果说一般性学科内的（研究）范式间综合是各种理论范式的综合，那么，交叉学科内的（研究）范式间综合则是各种学科范式的综合。

如前所述，学科的身份标识和学科知识的核心要素是学科研究范式。应该说，缺乏一套统一的学科研究范式将成为作为交叉学科的国际政治传播学科发展和学科知识增长的主要障碍，甚至可能危及国际政治传播学作为一门交叉学科的合法性（独立性）。

然而，问题的关键在于，交叉学科能否像一般性学科那样进行研究范式间的综合，从而建立一套综合性的统一的研究范式。相比一般性学科内各种理论范式间的综合，交叉学科内各种学科范式间的综合（无论是外在综合还是内在综合）需要克服、超越或弥合的思维壁垒和学理隔阂要大得多。

一般来说，在同一门学科内，每一种理论范式都有其特定的本体论基础和基本的理论假设，因此，理论范式之间存在本体论或世界观上的分歧，但不管分歧有多大，毕竟是在同一门学科内，都属于同一种学科范式，因而还是共享本体论层面上的基本假设的。譬如，在国际政治（国际关系）学科内，三种并立的竞争性理论范式——现实主义、自由制度主义和建构主义各有其基本概念、关键命题、核心逻辑及论证过程，但都在国际政治学学科范式之下，因而还是共享一套基本的本体论假设即所有的民族国家都处于物质性的无政府状态之下。交叉学科则不然，交叉学科内的不同学科范式之间在哲学本体论、认识论、价值观和方法论上的分歧是根本性的，难以弥合的，各自的基本的学理假设和逻辑前提难以通约（共享），或者说，可通约性低，由此，其核心概念、命题、理论及论证逻辑极为殊异而难以融通。因而，要综合两种从根本处、起始处就存在分歧的学科范式实属不易。这就是交叉学科内学科范式间难以综合（哪怕是折中式的外在综合）而构建学科间或跨学科的综合性学科研究范式的根源所在。

作为一门交叉学科，国际政治传播学的两大基本学科范式——国际政治学范式和传播学范式之间在哲学本体论基础、基本的学理假设和逻辑前提上存在的根本分歧难以弥合。前者以国际权力为本体，以国际社会的无政府状态为学理假设，以主权国家的自我中心性或自助性为逻辑前提；后者则以信息为本体，以社会的有机结构为学理假设，以个体的社会性存在为逻辑前提。正是由于本体论基础、学理假设和逻辑前提难以通约，两大学科范式各自所包含的核心概念、命题、理论和论证逻辑亦难以融通。那么，通过学科范式间的综合即综合国际政治学和传播学两大学科范式来构建统一的综合性学科范式——国际政治传播学范式——是否可能？这成为摆在国际政治传播研究者面前的一大难题。

三、学科范式间的综合：国际政治传播研究范式的创新发展

至此，问题的关键是：是否会形成一种综合两种学科研究范式的跨学科研究范式，供未来国际政治传播研究之用，从而推动和促进国际政治传播学知识的持续增长？从人类社会科学学科的学术发展史看，借鉴跨学科知识（包括概念和理论）以应对社会现实提出的挑战，是一门学科知识增长的一条路径。各门学科相互引入其他学科的概念和理论，是近年来社会科学领域一个新的发展趋势。通常情况下，跨学科知识的借鉴是：为更有效地分析、解释某种社会现象，一门学科把另一门学科的某个或某些概念或理论适当改造后，引入自身的分析框架内加以运用。这种跨学科知识的借鉴仍然只是概念和理论在学科间的移植和挪用，其中的核心逻辑和论证过程仍然属于前一门学科（而不属于后一门学科），因而尚未构建起一个真正意义上的跨学科（学科间）的分析框架或研究范式。

如前所述，作为一门交叉学科，国际政治传播学的未来发展所依赖的研究范式的创新在于构建一种综合性的统一的学科研究范式——国际政治传播学范式。这是一种真正意义上的跨学科（学科间）的学科研究范式。国际政治学和传播学两种学科范式之间在哲学本体论基础、基本的学理假设和逻辑

前提上的根本分歧难以弥合，其可通约（共享）性低。但是，毕竟这两种学科研究范式各自所属的学科——国际政治学和传播学——都是（人类）社会科学，从本质上说都是"人学"，因而都属于人文社会科学的范畴，都具有不同于自然科学的学科特性——属人（人文）性和社会性，因此，两种学科范式在本体论基础、基本的学理假设和逻辑前提上还是可以对话和沟通的。而本源性的对话和沟通恰恰是在不同的学科范式间构建跨学科（学科间）的统一的学科范式的先决条件。因此，问题的关键在于如何突破以往国际政治传播研究中两种学科研究范式之间并立即彼此分立乃至于对立的状态，由对立走向对话，在对话中相互沟通，在对话和沟通中实现综合。

那么如何实现两种学科研究范式在本体论基础、基本的学理假设和逻辑前提上的对话和沟通呢？无疑，必须寻找到能够克服和超越两种学科范式的思维壁垒和学理隔阂的共同的对话和沟通平台。为此，两种学科范式各自的本体论假设或逻辑前提必须相互妥协，以跨越观照世界视角上的鸿沟，从而达成和解，进而构建起统一的综合性学科研究范式。如前所述，国际政治学范式是国际权力本体论的，而传播学范式是信息本体论的，前者以国际社会与主权国家之间的关系为基本的逻辑前提，后者以社会与个人之间的关系为基本的逻辑前提。那么，鉴于国际政治学和传播学都是关于人的学问，都属于"人学"，在国际权力与信息之间，在国际社会和主权国家与社会和个人之间，我们可以从本体论层面上找到一种可以共享的人的学科属性假设——"国际（政治）信息人"——作为基本的学理假设。

所谓"国际（政治）信息人"，是指兼具国际（政治）属性和（社会）信息属性这双重本质属性即双重学科属性的人。人之所以为人，首先是"信息人"，[1]即通过制造、运用符号来传播（包括接收）社会信息的动物。信息（传播）不仅仅是人的社会生存的基本条件，而且是人的社会生存本身。人本来就是以信息传播的方式存在于世，信息传播是人的基本生存方式。换言之，信息传播活动不仅仅是人形成、维系和延续生命的一种方式，而且是人的生

---

[1] 胡翼青.传播学：学科危机与范式革命[M].北京：首都师范大学出版社，2004：2-5.

命活动本身。因而，信息（传播）对人而言具有本体的地位和本体论（存在论）上的意涵。从这个意义上说，人即信息。人本然地是"信息人"，即"人＝信息人"；其次是"国际（政治）人"，即通过国际交往而存在于国际（政治）社会中的人。人类社会发展到社会关系网络无限延伸的今天，人类越来越相互依存，国家间的界线变得越来越模糊，国际社会不再只是国内社会的延伸，同时也是国内社会的放大。也就是说，国内社会与国际社会越来越重叠而具有越来越大的同一性。因此，人，作为一个具有社会属性的人即社会人，他（她）既存在于国内社会，同时又存在于国际社会。他（她）既是国内（社会）人，又是国际（社会）人——国内（社会）人和国际（社会）人这两重社会属性几乎是同时赋予的。诚然，在一个互联网络高度发达的信息传播全球化时代，尤其是在社交媒体的作用下，人类的生存现实越来越"跨国化""网络化"，因而，人的身份认同越来越多重化，个人不再只有民族国家身份，同时也获得了世界公民身份。从上述意义上说，人至少越来越是"国际（社会）人"。鉴于任何社会（无论国内社会还是国际社会）都是一张人置身于其中的权力关系网络，都具有政治性，因而都是政治社会，国际（社会）人同时就是"国际（政治）人"。而且，基于国际（政治）社会对人而言同样具有本体性的意义，人本然地是"国际（政治）人"，即"人＝国际（政治）人"。最后，综合而统一起来看，人既是以信息传播的方式存在于世的"信息人"，又是存在于国际（政治）社会中的"国际（政治）人"。归之，人是以信息传播的方式存在于国际（政治）社会的"国际（政治）信息人"。基于人同时是"信息人"和"国际（政治）人"，对人而言，"信息人"与"国际（政治）人"是一体两面的，即同一个人的两种面向而已。而且，鉴于人与"信息人"和"国际（政治）人"都具有绝对的同一性，"信息人"和"国际（政治）人"也是相同一的——"信息人"即为"国际（政治）人"，"国际（政治）人"即为"信息人"。因此，"国际（政治）信息人"可等同于"国际（政治）人"或"信息人"。

学理假设是社会科学学术研究范式的逻辑前提，同时也是学术研究的根本出发点——任何学术研究都是基于某一学理假设而展开的。基于"国际

（政治）信息人"这一学理假设的确立，国际政治传播研究获得了一个新的逻辑起点。正是基于将"国际（政治）信息人"这一人的学科性假设作为逻辑起点，国际政治传播学可以构建起一种统一的综合性的跨学科研究范式——国际政治传播学范式。可以说，国际政治传播学范式既是对国际政治学范式和传播学范式的综合，又是对国际政治学范式与传播学范式的双重超越。在"国际（政治）信息人"这一逻辑假设的推导和规范下，国际政治传播学研究范式将生成新的核心概念、命题和论证逻辑，由此而重新审视、解析原本分属于国际政治学和传播学两种学科范式下的各种理论（范式），展开理论的重组和重构，建立起新的理论丛或理论家族。

在现有的学术研究实践中，国际政治传播研究——无论是国际政治学范式还是传播学范式下的——几乎都采取国家（本位）主义研究范式，都是以主权国家作为研究的出发点、中心和基本分析单位。与之相对，新构建起来的以"国际（政治）信息人"为基本假设的国际政治传播学范式则要求以人为本位来展开研究，要求研究视角从主权国家转向（国际）人，从国际关系转向跨国人际关系，并聚焦于（国际）人与跨国人际关系的探讨。也就是说，要以（国际）人为研究的出发点、中心和基本的分析单位。就此而论，从方法论上看，新的国际政治传播学范式属于人本（位）主义的学科范式。诚然，在当今新媒介环境下，尤其在社交媒体的技术支持下，作为非国家行为体的个人譬如意见领袖（如国家元首、政府首脑、公众人物）和普通公众等纷纷参与到国际政治传播活动中，在国际政治传播中扮演了越来越重要的角色，发挥着越来越显著的作用。尤为引人注目的是，国际文化交流和文化外交越来越成为国际政治传播的重要表现形式。从本质上说，国际文化交流和文化外交都是以（个）人为基础的人民外交（People-to-People Diplomacy）或大众外交。由此，国际政治传播实践正日益走向微观化、个体（个人）化、人性化且个性化，国际政治传播越来越呈现出跨国性的具有政治属性的人际传播的一面。正是基于此，新的国际政治传播学范式从国际关系即国家间的冲突、对抗和合作中抽拔出来，首次发现了"人的维度"（human dimension），更为普遍地从人的传播的角度来分析国际政治传播现象和问题。"所有的人都是重要的"(all people matter),而世界上现存的、规范和管制信息跨国流动的各种国家权力并不都符合尊重和回归到人性和人本身的人道主义原则。因此,(国际)人(而非主权国家)及人权(而非国家主权)应该成为国际(政治)传播研究的新的、最重要的出发点和关切点。① 一方面,作为国际政治传播的受众,(国际)人不仅仅是国际政治宣传的对象,而且是拥有跨国政治传播权利的主体——世界公民。与此同时,"(国际)人"的人权即人的传播权(right to communication,寻求信息和自由表达思想的权利)也是国际关系中主宰信息流通的基本原则(除了国家政治主权)。② 由此,让"(国际)人"成为国际政治传播研究的新的、最重要的出发点和关切点,这正是以"国际(政治)信息人"作为逻辑起点的国际政治传播学范式所要求的。基于国际政治传播主体和渠道的日益多元化,传统的国家(本位)主义方法论范式将日益受到挑战,人们将超越单一国家、国家主权和民族国家利益的局限,从更广阔、更多维的视角超拔地看待国际政治传播现象及其中的不平衡、不公正问题,并提出各种理想的国际政治传播图景及诸多替代性的国际政治传播策略。可以预期,在新的统一(综合性)的国际政治传播学范式的观照和分析下,人类的国际政治传播实践将呈现一幅以(国际政治)人为中心、以主权国家为背景的人文主义新景观。由此,国际政治传播研究将被提升到一个新的境界,并生成众多新的蕴含"国际(政治)信息人"这一人的学科性假设的国际政治传播理论(范式)来。

(学科)研究范式既是学术研究的工具,又是学术研究的目的。作为综合两种并立的学科研究范式——国际政治学范式和传播学范式——的产物,统一的综合性跨学科研究范式——国际政治传播学范式的确立不仅是国际政治传播学科研究范式的创新,更是国际政治传播学科知识(以理论知识为主体)增长的保证。新的统一的国际政治传播学范式的引入和运用将有力地促进国

---

① 陈开和. 国际传播的研究历程及其与国际关系的理论联系[M]//关世杰. 跨文化交流与国际传播研究:第1辑. 北京:中国社会科学出版社,2011:33.
② 福特纳. 国际传播:"地球都市"的历史、冲突与控制[M]. 刘利群,译. 北京:华夏出版社,2000:32,37-38.

际政治传播研究及国际政治传播学的发展,从而有效地实现国际政治传播学知识的增量,最终从根本上夯实国际政治传播学作为一门交叉学科的合法性(独立性)基础。

四、结语

学科研究范式既是一门学科最重要的身份标识,又是其最核心的知识要素。一门学科的发展在很大程度上取决于该学科研究范式的探索和创新。交叉学科亦是如此。而且,相比于一般性学科,由于其学科研究范式的多重性和跨学科性,交叉学科通过学科研究范式间的综合构建起统一的综合性学科研究范式的难度更大。作为一门交叉学科,国际政治传播学发展的关键在于:突破以往国际政治传播研究中两种学科范式——国际政治学范式和传播学范式——之间并立的状态,实现两种学科范式间的综合。为此,必须寻找到能够克服和超越两种学科范式的本体论假设的共同的对话和沟通平台或基点——"国际(政治)信息人"(人的学科属性)假设,并以此为逻辑前提,构建起统一的跨学科研究范式——国际政治传播学范式。国际政治传播学范式的确立和运用将有力地促进国际政治传播研究的开展及国际政治传播学科的发展,并有效地实现国际政治传播学知识的增量。

构建中华文化对外传播话语体系，提升国际传播效能*

党的二十大报告提出："坚守中华文化立场，提炼展示中华文明的精神标识和文化精髓，加快构建中国话语和中国叙事体系，讲好中国故事、传播好中国声音，展现可信、可爱、可敬的中国形象。加强国际传播能力建设，全面提升国际传播效能，形成同我国综合国力和国际地位相匹配的国际话语权。深化文明交流互鉴，推动中华文化更好走向世界。"源远流长、博大精深的中华优秀传统文化既是历史的，也是当代的；既是民族的，也是世界的。为增强中华文明传播力、影响力，要以文载道、以文传声、以文化人，向世界阐释推介更多具有中国特色、体现中国精神、蕴藏中国智慧的优秀文化，全面提升中华文化的国际传播效能，更有力有效地推动中华文化走向世界。

一、"中华文化"和"国际传播效能"

全面提升中华文化的国际传播效能，首先需要对"中华文化"和"国际传播效能"的概念予以明确。

何谓"中华文化"？党的十九大报告提出："中国特色社会主义文化，源自中华民族五千多年文明历史所孕育的中华优秀传统文化，熔铸于党领导人民在革命、建设、改革中创造的革命文化和社会主义先进文化，植根于中国

---

* 本文原载于《新闻战线》2023 年 8 月下。

特色社会主义伟大实践。"党的二十大报告进一步提出："以社会主义核心价值观为引领，发展社会主义先进文化，弘扬革命文化，传承中华优秀传统文化，满足人民日益增长的精神文化需求，巩固全党全国各族人民团结奋斗的共同思想基础，不断提升国家文化软实力和中华文化影响力。"

何谓"国际传播效能"？党的二十大报告提出，要"加强国际传播能力建设，全面提升国际传播效能"。"效能"是"能力"与"效力"的统一。如果说能力属于实体范畴，只与主体相关，是指主体的能量、条件；那么效力则属于关系范畴，与对象相关，是指主体作用于对象的作用力、影响力。相应地，如果说属于实体范畴的国际传播能力只与传播主体（传者）相关，是指国际传播主体自身所具有的对外传播信息的能量或条件；那么，属于关系范畴的国际传播效力关乎传播对象（受众），是指具有一定信息传播能力的国际传播主体作用于国际传播对象所产生的作用力或影响力。"国际传播效能"既不同于"国际传播能力"，也不完全等同于"国际传播效力"，而是"国际传播能力"与"国际传播效力"的统一。总之，国际传播效能是对国际传播能力和国际传播效力这两种力量综合的体现。由此，国际传播能力与国际传播效力之间存在一种可能性与现实性之间的对应关系：一个国家具有何种国际传播能力，就有可能产生何种国际传播效力。相比于"国际传播能力"，作为国际传播能力与国际传播效力相统一的"国际传播效能"更能全面地反映一个国家真实的国际传播力量，尤其是实际的国际传播影响力。

二、通过创造性转化和创新性发展构建中华文化对外传播话语体系

构建中华文化对外传播话语体系是提升中华文化国际传播效能的重要条件。习近平总书记强调："要推动中华文明创造性转化、创新性发展，激活其生命力，让中华文明同各国人民创造的多彩文明一道，为人类提供正确精神指引。"中国特色社会主义进入新时代以来，习近平总书记提出的"创造性转化、创新性发展"这一重大文化命题，为我们加快构建中华文化对外传播话

语体系指明了方向和路径。

文化有两种状态,一种是自然状态,一种是自觉状态。日常生活中的文化是自然状态的文化,而用于学习、研究和传播的文化是自觉状态的文化。显然,用于对外传播的文化属于自觉状态的文化。从自然状态的文化变为自觉状态的文化,有一个转化和转换的过程。这是一个话语体系构建的过程。我们不宜简单地把自然状态的中华文化直接拿来对外传播,而必须对之"创造性转化、创新性发展",从而构建起用于对外传播的中华文化话语体系。

从话语内容上看,创造性转化中华文化的核心价值观是构建中华文化对外传播话语体系的关键所在。所谓"创造性转化",就是要融汇古今、融通中外,也就是说,要面向整个人类社会,与当代人建立起价值关联,与世界各国人民建立起价值关联,从而形成既能准确概括中华文化的核心精神和价值又富有时代性的新概念、新范畴、新表述,进而构建起中华文化对外传播话语体系。

从话语形态上看,创新性发展中华文化核心价值观的表现形式是构建中华文化对外传播话语体系的重要环节。所谓"创新性发展",就是要与时俱进、推陈出新。话语体系是一套表达意义(价值)的表征或表意系统,即符号/象征系统。人类的话语内容丰富多彩,话语形态多种多样,主要分为语言符号与非语言符号两类。其中,非语言符号(如图画、影像等)相对于语言符号(包括口语和文字)更具开放性、多向度性、多义性,其叙事方式也更具柔性和包容性。而在语言符号中,故事性话语文本要比解说性话语文本更具开放性、多向度性、多义性,其叙事方式也更具柔性和包容性。解说性话语文本则以其刚性、排他性的叙事方式削减不确定性和对意义的多重性解读。基于此,在这个视觉传播日益兴盛的时代,我们要用纪录片、微纪录片、纪实类短视频等视觉符号、影像符号和故事性叙事文本构建起一套全面、立体的具象化表述"人类命运共同体""人文共同体""生态文明"等核心理念的话语体系。

如在表现和表达"人类命运共同体"价值观上,纪录片《丝路,重新开始的旅程》将人类文明起源和交融互鉴的演进路径以故事化叙事的方式展现给全世界，自然而然地以一种极强的代入感激起丝绸之路相关国家人民的命运共同体情怀。在表现和表达"人文共同体"价值观上，北京冬奥会吉祥物"冰墩墩"以憨态可掬的中国熊猫为原型，这一中华文化符号引得海外用户一片"可爱"之赞，而且日本、韩国等不同国家用户在社交平台上自发进行二次创作，形成一种开放、参与、共创的文化话语形态。在表现和表达"生态文明"或"绿色文明"价值观上，北京世园会的主题纪录片《影响世界的中国植物》、中外合作纪录片《被点亮的星球》、李子柒的田园耕作和饮食生活类短视频，通过视觉符号唤起了身处现代文明中的各地人民复归自然、物我合一的生态意识。2023年，中央广播电视总台央视纪录频道向世界呈现《时间，千年之旅》《飞越丝绸之路》《"一带一路"：一场旷世的时代之旅》《野性四季：珍稀野生动物在中国》等一系列纪录片，以影像符号建构了一套中国话语体系，立体全面地表述了"人类命运共同体""人文共同体""生态文明"等核心理念。

三、结语

中华文明拥有五千多年的历史，而且从未中断过，绵延不绝，传承至今。中国特色社会主义进入新时代以来，中华文化焕发出勃勃生机。未来，我们既要在话语内容上创造性转化中华文化的核心价值观，又要在话语形态上创新性发展中华文化核心价值观的表现形式，从而加快构建话语内容与话语形态相适配的中华文化对外传播话语体系。唯其如此，我们才能全面提升中华文化的国际传播效能，增强中华文明的传播力、影响力。

再论国家形象的内涵及其塑造[*]

进入21世纪的二十余年来，国家形象一直是国内人文社会科学界关注和研究的热点。从研究视角上看，有关国家形象的研究涵盖新闻传播学、商品广告学、社会心理学、文化学和后殖民主义等一系列理论视角。从研究主题上看，有关国家形象的研究涉及国家形象的定位、设计、构建、传播以及国家形象修辞、战略等一系列问题。就学科归属而言，新闻传播学、经济学、文化/社会学和国际政治（国际关系）学是国家形象研究的四大知识领域。相应地，国家形象研究诉诸新闻传播学、市场营销学、文化/社会学和国际政治（国际关系）学等多种学科理论范式。从总体上看，这些国家形象研究基本上对国家形象作出反映论、实体论和本质主义的理解。[①] 然而，关于国家形象的认识论、实体化和本质化的思维逻辑并不符合国家形象的存在和生成现实。鉴于国家形象问题的复杂性与提升或改善国家形象上的现实困境，有必要反思和追问传统的国家形象观，对国家形象的基本内涵予以再认识，确立起建构主义的国家形象观。唯其如此，方能找到塑造国家形象的新的有效路径。

---

[*] 本文原载于《西部学刊》2023年9月上。
[①] 李智.本质主义与建构主义：国家形象研究的方法论反思[J].新视野，2015（6）：124-128.

一、存在论：超越国家形象的认识论理解

从传统学术上看，"国家形象"概念属于认识论范畴。美国政治学家博尔丁（K.E.Boulding）最早于1956年将现代国家形象界定为一个国家对自己的认知以及国际体系中其他行为体对它的认知的结合。① 此后，有西方学者进一步将国家形象理解为外部群体对某一国家形成的观念认知，譬如，有人认为一个国家的形象包含了人们对该国进行思考时认知（或想象）的总体属性。② 另有人认为国家形象是一个族群对另一个族群的三维评价——目标兼容性（威胁或机遇）、相对权力大小、相对的文化地位所决定的综合印象。③

中国学者对国家形象的研究基本上沿袭了上述界定，其中具有代表性的看法有："国家形象是一国内部公众和外部公众对该国政治、经济、社会、文化与地理等方面状况的认识与评价。"④ "国家形象是国际舆论和国内民众对特定国家的物质基础、国家政策、民族精神、国家行为、国务活动及其成果的总体评价和认定。"⑤ 归纳起来，无论是认知、想象还是评价、认定，都是认识活动——对客观实在的主观反映。因而，国家形象就是人类认识的产物，是基于某一特定的对象即客观存在物（国家）的主观反映（映像或再现），或者说，是基于一国的实际情况，是一个国家（本体、实体）的客观存在或客观状况在人们头脑中的反映。然而，这种认识论意义上的国家形象观往往陷入一种很可能被经验事实所证伪的虚假逻辑：如果国家的客观存在（实在）好，

---

① BOULDING K E. The image: knowledge in life and society [M]. Ann Arbor: University of Michigan Press, 1956: 120-121.
② SCOTTW A. Psychological and social correlates of international images [M] //KELMAN H C. International bahaviour: a socio-psychological analysis. New York: Holt, Rinehart & Winston, 1965: 71-103.
③ HERRMANN R K, FISCHERKELLER M P. Beyond enemy image and spiral model: cognitive-strategic research after cold war [J]. International Organizations, 1995（49）: 415-450.
④ 孙有中. 国家形象的内涵及其功能 [J]. 国际论坛, 2002（3）: 14-21.
⑤ 张昆, 徐琼. 国家形象的刍议 [J]. 国际新闻界, 2007（3）: 11-16.

那么国家形象就好；反之，如果国家的客观存在（实在）差，那么国家形象就差。如果国家的客观存在（实在）发生改变（或变好或变坏），那么国家形象也会随之改变（或变好或变坏）。而实际上，现实世界中的国家形象现象和问题要复杂得多，其存在和变化并不完全遵循上述逻辑。综观整个国际社会，一国的"实在"即综合国力或实力与该国的国家形象之间并不存在一种必然的、线性的因果关联性，更不存在一种绝对正相关的关系。此外，同一个国家在不同国家国民心目中的形象也可能大不一样。还有，一个国家的客观物质状貌/状况、社会体制及精神风貌的改变与其国家形象的变化之间也不存在同步性——或超前或滞后。由此看出，关于国家形象的这种认识论——更准确地说，反映论的理解并不符合国家形象的存在和生成现实。

为了走出这种认识论或反映论逻辑与国家形象现实之间矛盾的困境，有必要重新"认识"和理解国家形象。其实，国家形象不是认识即反映或再现国家"本体"或"实在"本身的结果，否则，难以解释一国的国家形象为何会同该国本来的状况或样貌存在出入乃至于大相径庭。国家的形象不是认识国家的产物，而是国家间（交往）实践的结果——国家形象建立在相关国家之间的国际交往即互动实践的基础之上。作为个体的人的集合体，国家"生存"或"存在"于国际社会中，它是在与他国的国际交往实践中形成国家形象的。如果一个国家脱离国际社会，不与他国展开国际交往而孤立存在，是不可能同他国建立起紧密的相互认同关系的，因而也获取不到自身在国际社会中的身份，进而形不成自身在他国心目中的形象即自身的国家形象。这是因为，如果一个国家单单被他国外在静观或感性直观，乃至于被他国概念地本质把握，或者说，如果只是被认知——无论是感性认识还是理性认识，那么，它是没法与他国形成相互承认、认同即身份认同关系的。无论是国家之间相互的身份认同关系的构建，还是建基于国家之间身份认同关系之上的国家形象，都只能建立在国家间的国际交往实践之上。

对于一个处于国际社会中的个体国家来说，实践性是一种基本的存在规定性——国家是（交往）实践着的国家。或者说，国际交往实践是国家的一种基本的存在方式——国家是以国际交往实践的方式而存在的。正因为如此，与其说国家的国际交往实践是国家的产物，倒不如说，国家是其国际交往实践的产物。换而言之，不是国家（的存在）规定其国际交往实践，而是国家的国际交往实践规定国家（的存在），或者说，国家（的存在）被其国际交往实践规定——一个国家从事什么样的国际交往实践活动，这个国家就以什么样的方式存在，它就是什么样的国家。因而，"存在即实践"，国家的存在与国家的国际交往实践具有同一性，国家的存在本身就是其国际交往实践；反之亦然。由此可见，作为国家身份表征的国家形象只能建立在国家的国际交往实践——国家的"生存"（"存在"）——基础之上。正是从这个意义上说，国家形象不是认识论意义上的概念，而属于存在论的范畴。

二、关系论：超越国家形象的实体论理解

在人类社会中，任何事物的意义都不是自身固有的，而是在一定的文化意义系统内被赋予的。换而言之，单纯的客观物质存在是没有意义的，它只有处于或置身于一定的社会关系网络中才能获得意义。国家亦是如此，国家的意义是从国家所处的国际社会中获得的。因此，作为国家的身份表征，国家形象是从国际社会关系网络中获得其意义，进而获得其存在的。由此，严格地说，国家形象并不是国家自身具有的形象，而是国家在国际社会（关系）中的形象，或者更具体地说，是国家在他国或目标国/对象国民众心目中的形象。甚而言之，国家形象是在国际体系中他国对该国的形象——他国关于该国的形象。因而，准确地说，"国家形象"其实不是国家的形象，而是国家的国际形象（nation's international image）。鉴于国家形象并不是国家自身所拥有的形象，即不归属于国家自身、不为国家自身所有，国家形象就不是"物"或实物（无论是物质性的物，还是观念物；无论是"自然物""自在物"，还是"为他物"或"自为物"），不是某种实体（无论是物质实体，还是精神实体）或实体性存在，而只能是关系或关系性存在。准确地说，国家形象形成于一国与他国之间的关系——一种国际社会关系，即一种在国际社会中与对象国或目标国交往互动过程中所形成的相互承认、相互认同即"集体认同"

（collective identity）——无论是积极的认同还是消极的认同的关系。由此可见，国家形象既不内生于国家自身的构建，也不外生于对象国或目标国的反映。国家形象并不是一个先天预定或客观既定的、有待如其所是地去反映、去传播的现成物即认识或传播的对象，也并非一种自我定位、设计、构建和塑造的结果即自我建构物，而是一种国际社会中集体实践即跨国交往互动的产物即社会的建构（socially constructed）物。概而言之，国家形象所反映的不是一种独立自存的实体或实物，而是一种在国际社会中被"结构"出来的国家间相互身份认同关系。正因"身份"不是实体（物），而是关系，作为身份表征的国家形象不是一种实体性的存在，而是一种关系性的存在，因而它不是一个实体概念，而属于关系范畴。

由于国家身份建基于国家间即本国自我与作为他者的对象国之间的相互认同的关系之上，因而国家形象是基于双方国家相互身份认同而相互建构起来的。可见，作为国家身份的表现，一国的国家形象存在于本国与他国的关系之中，它是同他国相互依赖而非独立自在地存在着的，是（关系）结构性而非个体性地存在着的。事实上，一国在从对象国那里获得国家形象的同时也界定并赋予了对象国的国家形象。国际上任何一个国家的国家形象都依赖于对象国而同对象国的国家形象对应、对等地"现身"。这就是国家形象的基本特性——（关系）结构性或相互依赖性。正是国家形象的（关系）结构性决定了国家形象存在的持续性（所谓"持存性"或超稳定性即惰性）及其转换的非自主性。

正因如此，国家形象及其改变不完全受制于一国单方面的主观意志和努力，不取决于作为主体的国家一方同意。国家形象的形成需要经由主体国家和客体国家的共同"同意"（认同）而一致达成。国家形象一旦确立，就不可以轻易改变或选择放弃。进一步说，个体自我和他者之间的彼此相互认同、相互依存程度或"密切"程度决定着个体身份的确定强度。一个国家在与他国不断交往互动（无论是良性的还是恶性的互动）的过程中会以因果方式（互动的开启和展开与共享观念的造就和生成之间互为因果）再现和强化彼此间业已共享的观念（shared ideas，无论是友好型还是敌对型观念），而观念共享程度或观念被结构化程度的加深则会增进相互认同的依赖关系，从而使彼此对对方国家身份的界定更为牢固，进而使各自在对方心目中的国家形象趋于固化。譬如，冷战期间，伴随着军备竞赛这种消极互动的不断推进，无论是美苏之间互为敌人的形象，还是美英之间互为盟友的形象，都有一种固化的趋势。

三、过程主义：超越国家形象的本质主义理解

传统的国家形象观习惯于把国家形象理解为一种"现象"，进而不可遏制地去探求国家"现象"背后不直接显现或不可直观但更基本、更本源、更实在的"本质""本原""实体"或"实在"即国家"本体"。实际上，这种国家形象观预设了在"国家形象"背后有一个先行存在且相对稳定的、未被国际社会化的"国家"自身。进而，它认为，国家形象根源于或建基于因而也从根本上取决于一种有着内在本质即自身固有属性的"实在"即国家的本然状态，因而确认了国家形象的客观实在性。也就是说，这种国家形象观在确认作为客观实在的国家的本质性存在的同时，也确认了作为对客观实在的主观反映的国家形象的本质存在性。因而，这是一种本质主义的国家形象观。

与之相对的是一种过程主义的国家形象观。这种过程主义的国家形象观认为，国家形象不是一种本质性的存在，而是一种过程性的存在。这是因为，国家形象不再被表象化地理解为"对客观实在的主观反映"，不再被理解为任何"物"——包括一般性的物（所谓"物质"）或实体性、对象性的物（对象物），而是被现象学般（排斥任何间接的中介而直接把握事情本身）地视为"物"之为"物"或"物"何以为"物"的依据——"物自身"或"事情本身"，或者说"存在"本身。"存在"不是"存在者"（存在物），而是"存在"过程本身。[①] 概而言之，"存在"不是"物"，而是过程。可见，在现象学观照下，作为"存在"本身的国家形象就不是任何现成物，而是"存在"即生成

---

① 海德格尔.现象学之基本问题[M].丁耘，译.上海：上海译文出版社，1995：2-3.

过程本身。① 正是从这个意义上说，国家形象不是一个本质主义的概念，而属于过程性范畴。

在反本质主义的视角观照下，世界不是一个聚合所有存在者的、终极而永恒的"存在者"整体，而是一个去"存在"(to be)即自我生成、变易的过程——整个世界不是一种本质性的存在，而是一种过程性的存在，世界就是生成、变易过程本身。具体地说，世界不是一个如同容器般容纳各民族国家及非国家行为体而使之共存于其中的自立自足、固定不变的"存在者"，而是基于各民族国家和非国家行为体等国际社会中所有行为体之间的持续互动而处在不断生成过程中的"存在"本身——其中的民族国家之间、非国家行为体之间及民族国家与非国家行为体之间始终处于互动和互构的关系之中。伴随着国家间的国际交往实践不断展开，作为国家身份表征的国家形象处于不断构建的过程中。从整个国际关系的过程来看，国家间基于交往互动的相互身份认同关系构成后，相关国家彼此在对方国家心目中的形象随之形成并确立，因为一个国家在对象国心目中的形象是由该国被对象国界定的身份规定的。国家的国际交往过程决定了国家间相互身份认同的过程，进而决定了国家形象的生成过程。国际交往方式的改变必然带来国家间相互认同关系的改变，进而带来国家身份的表征即国家形象的改变。只要国际交往互动的过程没有终结（也不可能终结），国家形象就始终处于不断"存在"（生成）的过程中。

四、国家间交往互动基础之上的国家形象塑造

在传统的国家形象观观照下，国家形象的塑造路径是：国家构建自我形象并把构建好的自我形象传播出去，以求给国际受众留下良好的印象，从而形成合意的国家形象。因此，传统的国家形象塑造逻辑是：（自我）构建

---

① 海德格尔. 存在与时间 [M]. 修订译本. 陈嘉映, 王庆节, 译. 北京：生活·读书·新知三联书店，1999：3-6.

（building，设计与包装）→（自我）传播（宣传）→（他者）反映（认知与评价）——一个国家通过对外传播把自塑的潜在形象转化为他塑的现实形象的过程。

然而，在新的建构主义国家形象观照下，塑造作为国家身份表现的国家形象并不是一个单个国家的个体性问题，而是嵌入国际社会体系中的一个结构性问题，即体制、制度性的问题。正因此，一国的国家形象并不受主体国家的主观塑造意愿支配，也不完全受控于主体国家自我构建和对外传播上的作为和努力，也就是说，塑造国家形象不是国家自身通过单方面努力作为或竭力宣示所能实现的。只要一个国家与他国或国际社会身份认同的结构性关系没有发生改变，该国在对象国或国际社会中的国家形象就不会改观。这就解释了为何中国在美国的国家形象并未因为多年来中国对美国传播的积极努力而发生根本性改善（甚至还有恶化的趋势）。中日关系亦是如此。

与此同时，由于国家形象始终处于一个基于国际交往互动而被不断建构的过程当中，它并不是不可转换和改变的。伴随着国家间互动及其模式的不断推进和变化（在良性与恶性之间转换），原初通过习得而业已形成和确立起来的共有观念也会发生性质上的改变（在友好与敌对之间转换）。在此基础上，国家间所建构的相互认同关系相应地调整（在积极与消极之间转换），从而使彼此认定、界定的对方国家身份发生改变（在朋友或盟友、竞争对手与敌人之间转换），进而引发双方国家形象的对等变化（或趋于良好或趋于恶劣）。这就是国家形象在国际社会体系结构转换进程中再造的逻辑（机制）。可见，若要重塑国家形象，就必须重构国家同他国或相关国家之间的相互身份认同关系。而要重构国家间的身份认同关系，必先改造彼此共享的观念或知识。最终，若要改造国家间共享的观念，又必先改造和优化彼此的交往互动模式。

那么，一个国家到底如何去改造和优化与目标国之间的交往互动模式？从微观单位即单个国家层面上讲，其必然的出路是，以发展同世界各国的良性互动为目标，积极调整国家的外交指向和重点，制定具有开放性、包容性、民主性和人文性的外交政策，并且"单方面"不受干扰持之以恒地予以推行。也就是说,要信奉和利用国家间观念和行为的"互应逻辑"(logic of reciprocity)[1],打破恶性的互动循环,代之以良性互动循环,在交感互应中去"同化"(co-opt)对象国,从而在双方国家间建立起积极、友好的身份认同关系,进而彼此确立起在对方心目中的良好的国家形象。当然,基于国家形象的结构性,一国国家形象的改善更寄望于通过双方和多方的共同努力,在宏观结构即世界体系的层面上促成国家间的交往互动对等化,并趋于良性化,进而实现全球互动模式的整体优化,最终成就全球积极"共识"(共有知识)和达成全球友好的集体身份的认同。一个国家良好的全球形象终究建基于全球范围内的积极"共识"和全球命运共同体(global community of shared future)"人类大家庭"成员身份之上。

五、结论

在认识论、实体论和本质主义思维逻辑支配下的传统国家形象观是成问题的,它对国家形象的存在和生成、变化缺乏充足的解释力。这同时也决定了传统的国家形象观在国家形象塑造决策上的思想指导意义有着较大的局限性,其改善国家形象的政策建议有可能失效。正因此,无论是基于学理上的探讨还是实践上的考量,破除反映论、实体性和本质化思维模式,超越对国家形象的认识论、实体论和本质主义理解,进而确立起存在论、关系论和过程主义的国家形象观显得极为必要。唯有重新认识国家形象,确立起新的国家形象观,方能找到改善和提升国家形象的新的有效路径。新的建构主义国家形象观所规定的国家形象塑造机制表明:在战略决策上,改善和提升国家形象的关键不在于国家的自我形象构建和对外传播(宣传),而在于相关国家间交往互动模式的改造和优化——因为国家形象的优劣从根本上取决于国家

---

[1] 观念和行为的"互应逻辑",是指观念和行为在人际间或群体间相互化和趋同化的一种运作机制。在人际或群际交往时,双方会在互动和反馈中相互参照和学习,一方对另一方持有某种观念取向(或积极友好或消极敌对)或采取某种行为策略(或积极友好或消极敌对),对方会以同样的观念取向和行为策略予以回应。

间的交往互动模式。在此，就国家形象的塑造而言，外交（对外交往）要更重于内政（国家自身的建设）；在策略操作上，鉴于国家形象的塑造从根本上建立在相关国家间交往互动之上，塑造国家形象的关键在于国家积极展开对外交往活动，而且，国家在对外交往中要"从我做起"，主动调整行为策略，且持之以恒地贯彻对对象国或目标国的友好行为策略——在国家的国际形象塑造上，国家的对外行动要胜于国家的对外宣传（所谓"行胜于言"）。

自主构建和对外传播中国式现代化话语体系[*]

党的十八大以来，习近平总书记对中国式现代化作出一系列重要论述，特别是在党的二十大报告中系统阐释了中国式现代化的理论内涵，强调"科学社会主义在 21 世纪的中国焕发出新的蓬勃生机，中国式现代化为人类实现现代化提供了新的选择，中国共产党和中国人民为解决人类面临的共同问题提供更多更好的中国智慧、中国方案、中国力量"，"以中国式现代化全面推进中华民族伟大复兴"。在学习贯彻党的二十大精神研讨班开班式上，习近平总书记强调："概括提出并深入阐述中国式现代化理论，是党的二十大的一个重大理论创新，是科学社会主义的最新重大成果。"中国式现代化是中国共产党领导的社会主义现代化，具有独特的理论内涵和话语表达。为了让世界读懂中国式现代化，并认同中国社会发展道路这一核心话语，打破西方对现代化的定义、解释和评判的垄断局面，加快构建和传播中国式现代化话语体系，努力提升中国式现代化的国际话语权，成为一个亟须解决的重大理论问题和一项迫切的现实需要。

一、中国式现代化话语体系的基本理论内涵

我们到底要构建一套怎样的中国式现代化话语体系？从历史和现实的角度讲，作为党的二十大的一个重大理论创新，中国式现代化理论是一套立

---

* 本文原载于《人民论坛》2023 年 9 月下。

足中国、面向世界的现代化话语体系。构建中国式现代化话语体系应以宏观的世界视域审视中国式现代化的独特性、科学性和系统性。因此，在习近平新时代中国特色社会主义思想指引下，融通中外成为构建中国式现代化话语体系的观照视域、价值取向和路径方法。所谓"融通中外"，就是在重新界定"现代化"概念而进行话语创新时，既立足中国视角，又对接世界认知。

一方面，应充分肯定现代化是现代国家寻求发展与进步的必经之路，是人类社会文明演进的基本方向。世界几乎所有国家的现代化历程都包含了转型和发展两个维度。在转型维度，现代化意味着摒弃传统社会僵化、保守、落后的成分，代之以现代社会文明、开放、先进的政治、经济和文化制度；在发展维度，现代化意味着国家综合国力、民众收入水平和精神素养的不断提高。

另一方面，从本体论的角度看，中国式现代化的观照视域是普遍性与特殊性的有机统一，即中国式现代化是在遵循现代化发展的普遍性规律的基础上进行符合中国国情的"中国式"探索的现代化；从价值观的角度看，中国式现代化的价值取向是民族性与世界性的有机统一，即中国式现代化是在坚守本土立场、创造巨大民族性价值的基础上超越单一民族国家的界限而产生强大的世界历史效应的现代化；从方法论的角度看，中国式现代化的基本方法是守正与创新的有机统一，即中国式现代化是建立在社会主义制度基础之上，根据时代和实践的发展而不断进行改革创新并赋予新的时代内涵的现代化。由此，中国式现代化概念同时包含着世界性和民族性的双重内涵，是以中国式的内涵对过去由西方所界定的现代化概念的重新定义。中国式现代化是人口规模巨大的现代化、全体人民共同富裕的现代化、物质文明和精神文明相协调的现代化、人与自然和谐共生的现代化和走和平发展道路的现代化。相应地，中国式现代化概念系统是一套异于西方一元论现代化概念系统的、阐释中国式现代化独特模式的概念系统。中国式现代化话语体系是一套基于这一新定义的"现代化"概念而构成的"既有各国现代化的共同特征，更有基于自己国情的中国特色"的全新概念系统。

二、中国式现代化话语体系的自主构建过程

中国式现代化话语体系是如何被构建起来的？一方面，从话语体系形成的历史过程看，中国式现代化话语体系是中国共产党领导中国人民在现代化探索和建设进程中自觉自主提出的。中华人民共和国成立70多年来，中国共产党团结带领中国人民不断探索中国的现代化道路。2021年，习近平总书记在庆祝中国共产党成立100周年大会上发表重要讲话时指出："我们坚持和发展中国特色社会主义，推动物质文明、政治文明、精神文明、社会文明、生态文明协调发展，创造了中国式现代化新道路，创造了人类文明新形态。"党的十九届六中全会通过的《中共中央关于党的百年奋斗重大成就和历史经验的决议》明确提出："党领导人民成功走出中国式现代化道路，创造了人类文明新形态，拓展了发展中国家走向现代化的途径，给世界上那些既希望加快发展又希望保持自身独立性的国家和民族提供了全新选择。"现代化的实践决定现代化话语体系的形成。在推进中国式现代化实践的过程中，构成中国式现代化的话语解释视域不断拓展，具有中国特色的现代化话语体系不断生成。中国式现代化话语体系的最终形成是通过自主构建完成的。中国共产党的百年奋斗历程始终贯穿着带领中国人民持续探索现代化道路、实现中华民族伟大复兴这一主题。但不同于西方现代化发展的道路选择，中国式现代化在遵循现代化发展一般规律的基础上，打破对西方现代化发展的路径依赖，立足中国独特历史文化传统和基本国情，独立自主坚持走适合本国自身特点、独具特色的现代化发展道路，拉开了人类新的现代化历史的帷幕。中国式现代化道路是中国人自己走出来的，由此，作为一套全新的话语体系，中国式现代化话语体系是由中国自主构建起来的，中国牢牢掌握自身现代化话语体系构建的主动权。

另一方面，从话语体系形成的逻辑过程来看，中国式现代化话语体系是对中国式现代化进程这一具有世界意义的社会发展经验予以话语建构的产物。话语是对现实经验的反映，它表达社会意义。话语体系则是一套反映现实经

验并表达社会意义的表征系统即符号（象征）系统，同时也是一套通过对核心概念的界定和深入阐发并进一步加以学理化、理论化而构建起来的概念系统。"中国式现代化"既是一种概括和反映处于世界体系中的现代中国社会发展性质和特征的话语，又是一种阐释和表达走中国式现代化道路这一社会发展理念的话语。中国式现代化话语体系则是一套反映中国社会主义现代化强国建设实践和表达现当代中国社会发展独特经验及其世界意义的符号表征系统，同时也是一套由人类命运共同体、全过程人民民主、生态文明等一系列范畴和表述所组成的系统。中国式现代化话语体系遵循概念范畴由分散单一趋向综合统一、组织架构趋向系统完整的演进逻辑而构建起来。

三、中国式现代化话语体系的对外传播路径

如果不能面向世界对外传播并为世界所认知、理解和认同，中国式现代化话语体系就难以在世界范围确立起来。以往我们的国际传播基本上以信息传递为本位，这种传递性传播的效果完全取决于传播内容对受众需求的满足和传播媒介对受众使用习惯的适应。在国际传播中，受自然地理和人文社会因素差异的影响，加之话语文本跨文化传播过程所带来信息传递的"文化折扣"问题，传递性传播的效果一直不佳。与传递性传播相对的是一种更本原、更基本的传播形态，即以交往为本位的交往性传播。相比于传递性传播，交往性传播以具身体验和即时互动的方式进行，易于激发传受双方之间的同情心和同理心，能更有效地与目标受众产生共振、共鸣、共情和共识。

数字技术革命与经济全球化进程突破了地理边界的限制，加速了人类从地域交往迈向世界交往的进程，不同国家、文化或文明形态之间的关系不再仅仅取决于地缘因素。尤其是在人人皆媒介、持续在线和永久连接的社交媒体语境下，人类交流在全球范围不断拓展和深化，国际传播越发以国际交往的方式进行。由此，交往性传播应该成为未来对外传播中国式现代化话语体系的主要传播路径。

首先，需要多元主体参与对外传播中国式现代化话语体系，不断扩大国

际交往的接触点和接触面,形成多维多层立体的国际交往新格局。在以社交媒体为代表的新媒体时代,国际传播发生了社会化、个人化转型,日益呈现出跨国性的人际传播态势。为此,除了积极开展政府间的传统外交外事活动,还可以广泛动员跨国公司、民间社会组织、智库、媒体、学者及民间意见领袖或公民个人等非国家行为体通过贸易、公关、演出、旅游、学术交流乃至探亲访友等形式开展跨国界的人际或群际交流,从而通过"现代中国人"这一最重要的信息、意义载体和最核心的文化象征符号,展示和传播中国式现代化的丰富内涵。

其次,让具有交互性、互动性技术属性的社交媒体成为接触国际受众、引导国际舆论的主要技术媒介。社交媒体因其交互性、互动性的技术特征而天然地适用于交往性传播活动,从而成为对外传播中国式现代化话语体系的首选媒介。中西方"现代化"价值观在社交网络平台所敞开的"互动场"中相互显现、相互碰撞和相互参鉴。借助社交媒体平台,中国式现代化话语体系得以传播到世界各地。不同于传统社交媒体,新的社交媒体通过 VR、AR 等智能化技术增强用户的在场感及社交体验,以实现社交关系的智能化和智慧化。智能或智慧型社交媒体所实现的虚拟现实跨国社交互动有望彻底改变旁观式异步延时交互方式,不仅能还原真实的国际社交场景,还能实现沉浸式同步实时交互,从而让国际社交参与者获得超现实的跨国界社交体验。为此,将智能社交媒体作为中国式现代化话语体系对外传播的重要平台,可以营造关联性媒介场景,使国际社交用户身临其境般感受中国的现代化生活,以生活感、人情味、审美趣味等因素关联受众,让沉浸于其中的国际受众在潜移默化中认知和认同中国式现代化话语体系。

最后,选择开放性、多向度、多义性的话语形态作为符号媒介,以形成一种交往性传播的态势。国际传播的实质是跨文化交流,其核心机制是对话。话语并非一般性的语言,它是在特定语境下的交谈,是"语言在鲜活的交流中的显现",是在言说和倾听、书写和阅读的双向沟通中展开,因而在"话语场"动态交流的过程中能够随时生成新的意义。也就是说,话语不只是承载和传递信息的工具或载体,它本身就是对话的基本形式。真正的话语潜蕴着公共讨论的协商价值,因为它能向读者、观众或听众敞开一个开放性、参与性、共创性的对话空间,从而构成一种协商传播的态势。在话语形态中,非语言符号(如图画、影像等)相对于语言符号(包括口语和文字)更具开放性、多义性,其叙事方式也更为柔性和包容。而在语言符号中,故事性话语文本比说理性话语文本更具开放性、多义性,其叙事方式也更为柔和与包容。基于此,在这个视觉传播日益兴盛的信息时代,相对于使用语言文字符号,我们不妨用纪录片、纪实类短视频等视觉符号、影像符号和故事性叙事文本构建起一套立体、全面地具象化表述"人类命运共同体""全过程人民民主""生态文明"等理念的中国式现代化话语体系,并借助社交媒体平台传播到全世界。反之,若动用旨在杜绝、消除不确定性和意义多重性解读的封闭性、单向度、单义性的说理性话语文本,其刚性、独断性的叙事方式极有可能引起处于另一种现代化视域下的部分民众对"中国式现代化"的疏离。

四、在自主构建和对外传播中提升中国式现代化的国际话语权

文艺复兴、宗教改革和工业革命以来,西方国家率先走上现代化之路,且在现代化发展进程中取得了物质文明和精神文明成果。西方现代化的发展成果不断地在生产、验证和强化着西方现代化话语,并持续地压制着世界上其他现代化话语的出现,由此制造出一种主宰、规范整个人类社会发展进程的现代化话语霸权——"现代化即西方化"。然而,进入20世纪后半期以来,随着经济全球化的加速发展,资本主义现代化发展模式自身遭遇空前失灵失效的窘境,更无法适应广大发展中国家的基本国情、历史传统、发展实际和要求。由此,西方现代化话语因无法有效解释发展中国家现代化过程的独特性与复杂性,从而日渐陷入公信力危机,而发展中国家又因为缺乏一套被世界认同的现代化话语而缺乏国际话语权。长久以来,通过重新定义、解释和评判"现代性",构建和传播自己的现代化话语体系,以打破西方现代化话语垄断和裹挟,从而获得自身现代化发展的主动权,已经成为广大发展中国家

现代化进程中亟待破解的问题。

中国式现代化发展历经百余年，但中国式现代化话语体系的自主构建和对外传播才刚刚起步。相比于西方现代化话语，中国式现代化话语尚处于发展阶段，其国际话语权还有待增强。改革开放40多年来中国的现代化发展所取得的巨大成就为提升中国式现代化的国际话语权奠定了硬实力基础，但由于长期受西方现代化话语霸权的影响，对外阐释、表达和传播中国式现代化话语体系的形成和发展任重道远，提升中国式现代化的国际话语权还面临着诸多挑战。

在以中国式现代化全面推进中华民族伟大复兴的新时代，中国正在朝全面建成社会主义现代化强国迈进，机遇与挑战并存是提升中国式现代化国际话语权所面临的客观现实。唯有增强历史自觉、理论自觉和实践自觉，以高度责任感、使命感推进自主构建和对外传播中国式现代化话语的进程，在寻求共振、共鸣、共情和共识中彰显中国式现代化的吸引力、影响力和感召力，才能提升中国式现代化的国际话语权。

硬实力是软权力的基础。一国的综合国力（包括国际贡献力）是该国的国际话语权基础。一国强大的国际话语权即其话语的国际力量离不开该国的整体综合实力。换言之，发展优势（包括国内全球治理绩效）决定国际的话语优势。中国式现代化的发展优势决定中国式现代化的话语优势。为了将中国式现代化的发展优势转化为中国式现代化的话语优势，当务之急是通过自主构建和对外传播中国式现代化话语体系，将我国社会主义现代化的优越性和中国式现代化的世界意义充分彰显出来。

当前，鉴于世界范围国家之间现代化的符号竞争、话语博弈和国际话语权争夺日趋激烈，中国式现代化的实践效力与话语效力之间存在一定差距，自主构建和对外传播中国式现代化话语体系迫在眉睫。党的二十大以来，伴随着中国特色社会主义现代化建设事业的全面推进以及中国式现代化话语体系构建和传播的条件和机制的不断优化，中国将不断加快自主构建和对外传播中国式现代化话语体系的步伐，使中国式现代化和人类文明新形态在世界上展现出更强大、更有说服力的力量。